미래교육을 준비하는

수업컨설팅

-이론과 실제-

신재한 · 김덕희

박영story

PREFACE

머리말

수업컨설팅은 교사의 수업 활동에 초점을 맞춘 학교컨설팅이다. 수업 능력이 이미 검증된 교사들이 동료 교사들의 수업을 개선하도록 도와줄 수 있다. 따라서, 기존의 위에서 아래로 상부 하달 방식의 수업장학과 달리, 수업컨설팅은 '지도'보다는 '상담'에 초점을 둔다. 이러한 수업컨설팅은 컨설턴트가 자신의 수업 전문성을 바탕으로 수업 관찰, 면담, 자료 등에 기초하여 문제점을 진단하고 적절한 조언과 처방을 내리는 지원을 함으로써, 수업에 대한 지속적인 정보를 제공하고, 교사의 수업방법 개선에 대한 열의와 욕망을 만족시켜 줄 대안을 제시하는 데 의의가 있다.

이러한 수업컨설팅을 통해서 다음과 같은 효과를 기대할 수 있다. 첫째, 수업컨설팅을 통한 교과 수업기술 및 교실수업의 질을 향상시킬 수 있다. 둘째, 교실수업의 질 향상을 통하여 학생들의 학력 신장을 도모할 수 있다. 셋째, 창의·인성 교수·학습 방법 및 전략을 통한 창의적 인재를 육성할 수 있다. 넷째, 교과별·주제별·학년별 교수·학습전략 지원을 통한 교사의 수업 전문성을 신장할 수 있다. 다섯째, 시범수업 공개, 수업컨설팅을 통한 우수 수업을 확산시킬 수 있다. 여섯째, 교사들의 수업 개선 의지를 고취시킬 수 있다.

한편, 본 저서는 크게 3부로 구성되어 있다. 1부는 수업컨설팅의 전반적인 이해를 돕는 내용으로서 수업 설계, 수업지도안 작성, 교사 발문, 수업평가, 수업보형 등으로 구성되었고 2부는 수업컨설팅의 실제를 다루어 장학과 학교컨설팅, 수업컨설팅, 장학론, 수업관찰 및 분석, 교과별 수업컨설팅의 실제 등으로 구성되었으며 3부는 미래교육을 준비하는 핵심 역량 향상을 위한 수업컨설팅 방법으로서 미래교육 역량, 인공지능, 원격 수업 등으로 구성되었다.

실제만한 이론 없고 이론만한 실제가 없다는 헌트의 말처럼 수업과 컨설팅에 대한 다양한 수업장학의 학문적 암묵지(暗默知)를 실천한 이론의 실제화를 통한 형식지(形式知) 사례를 융합하여 현장교원의 전문성을 신장시키는 노력이 필요하다.

본 저서는 미래교육에 필요한 핵심 역량을 향상하기 위해 필요한 수업컨설팅의 전반적인 이론과 실제를 다루고 있기 때문에, 예비 교사, 현직 교사, 교육전문직원 등에게 매우 유용할 뿐만 아니라, 실제 사례를 중심으로 구성되어 있어 누구든지 쉽게 이해할 수 있다. 따라서, 본 저서는 수업컨설팅을 연구하고 현장에 실천하는 교육 전문가들에게도 많은 도움을 줄 것으로 기대한다. 아무쪼록 본 저서가 수업컨설팅을 실천하고 내실화를 도모하는 기초가 되는 활용 지침서가 되기를 바라는 마음이다. 끝으로 본서 출판에 도움을 주신 박영스토리 가족 여러분께 감사를 드린다.

2020년 12월

저자 **신재한·김덕희**

CONTENTS

차례

PART 01

수업컨설팅의 이해

CHAPTER 04 수업평가

CHAPTER 05 수업모형

CHAPTER 14 원격수업

부록 수업컨설팅 양식

PART

01

The Theory and Practice of Class Consulting for Future Education

수업컨설팅의 이해

CHAPTER

01

수업설계

1. 수업설계란 무엇인가?
2. 수업설계와 가까워지기
3. 수업설계의 원리
4. 수업설계 이론의 특징
5. 수업설계, 어떻게 할 것인가?
6. 수업설계의 모형

01
CHAPTER
수업설계

학습목표
- 수업설계의 개념과 원리를 이해한다.
- 수업설계의 요소 및 절차를 이해한다.
- 수업설계 모형을 비교하여 설명할 수 있다.

KEY WORD 수업설계, 교수상황, 교수방법, ADDIE모형, 거시적 수업설계, 미시적 수업설계

1 수업설계란 무엇인가?

수업은 교육과정에 명시된 목표와 내용을 학습자가 효율적으로 학습하도록 도와주는 작용이다. 교육과정은 교육에 있어서의 가르쳐야 할 '그 무엇'이며 수업은 그 내용을 잘 가르치기 위한 '어떻게'에 해당된다. 따라서 수업설계란 교육과정 내용을 잘 가르치기 위한 방법 또는 전략 구성이 실제라 할 수 있다.

수업설계의 역사적인 배경을 살펴보면, 첫째, 교육, 군대, 산업계에서 연구된 개별학습 기구, Pressy의 교수기계, Crowder의 분지형 프로그램, 컴퓨터의 수업 적용 등이 있으며, 둘째, 행동주의 이론과 학습이론의 발달, 즉 Skinner의 강화 이론과 교수기계의 출현 등이 있고, 셋째, 공학의 발달로 인쇄매체를 보조하는 시청각 기자재, 영화, TV, 비디오테이프 등의 발달 등이 있다(Briggs, 1977).

특히, 수업설계는 수업의 효과를 증진시킬 수 있는 최적의 교수방법을 처방해 주는 조직적인 절차로서, 바람직한 교수방법을 필요로 하는 다양한 교육 즉, 학교교육, 기업교육, 평생교육, 원격교육 및 성인교육에 효과적으로 적용될 수 있다(Reigeluth, 1983). 즉, 수업설계는 교과과정을 개선하기 위해 학습에 관한 이론이나 지식을 활용하는 연결과학이라 할 수 있다(Branson & Grow, 1987; Reigeluth,

1983). 이러한 수업설계는 교수활동에 대한 창의적인 아이디어를 갖추고 있어야 하며, 개발될 프로그램이 실현 가능성이 있어야 하고, 프로그램 계획에서 논리적인 체계성과 합리성을 갖추어야 한다(백영균 외, 2006).

따라서, 수업설계는 교육실무자와 교수개발자에 의해 수행되는 전문적인 활동으로서 교수방법들을 이해하고 개선하고 적용하는 것이고, 특정 학습내용이나 학습집단에 대해 학습자의 지식과 기능면에서 기대되는 변화를 가져오기 위해 필요한 최적의 교수방법이 무엇인지를 결정하는 과정으로, 이 과정의 최종 산출물은 학습을 위한 교수계획표(교수명세서)를 작성하는 것이다(변영계 외, 2000).

교사는 수업설계를 통해 목표를 벗어나지 않고 체계적인 수업이 가능하며 수업설계를 통해 실시한 수업을 반성하고 또한 반성한 결과를 다음 수업 계획에 반영함으로써 반성적 의사결정이 가능하다. 아울러 학습목표달성을 위해 필요한 학습 자료를 준비하고 사전에 학습상 불완전한 부분을 점검하게 해 준다. 수업설계는 교사의 수업평가, 학생의 학습 평가, 교육과정 운영 평가에 유용한 참고자료로, 이를 통해 학교 경영자 및 동료 교사들 간에 수업에 관한 의사소통을 가능하게 한다.

수업설계 과정의 4대 구성요소는 학습자(learners), 목표(objectives), 방법(methods),

그림 1-1 수업설계의 구성 요소

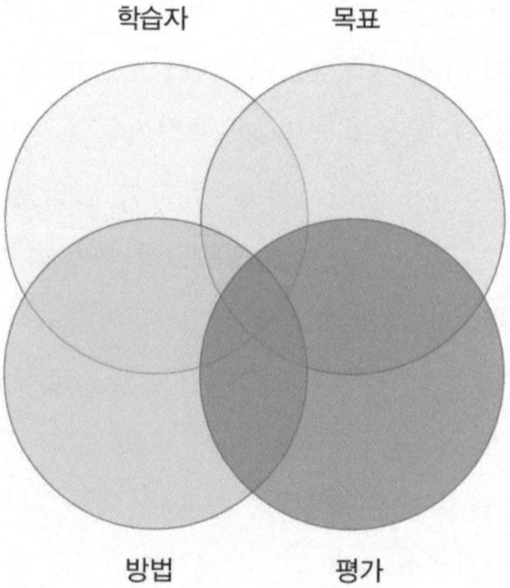

평가(evaluation)이다. 수업설계의 4대 구성요소는 [그림 1-1]과 같이 상호 연관되어 있으며, 수업 계획 전반을 구성하는 핵심 요소가 된다고 볼 수 있다. 교사는 이들 4대 구성요소를 고려하여 수업을 준비하고 설계하여야 성공적인 수업을 운영할 수 있다.

한편, 수업설계는 거시적 수준의 수업설계와 미시적 수준의 수업설계로 구분하여 <표 1-1>과 같이 비교할 수 있다.

국가수준 교육과정을 운영하는 우리나라의 경우, 교사가 하게 되는 수업설계는 대부분 미시적 수준의 수업설계라고 할 수 있다. 미시적 수업설계는 수업방법과 상황을 규명하고 세분화된 방법을 제시하여 수업에 대한 실제적인 설계도를 제시하는 것으로 학습자의 지적수준, 나이, 요구와 같은 학습요인과 교사의 나이, 성별, 교수수준과 같은 교수요인, 학급 환경, 교육 기자재와 같은 기타 요인에 따라 다양한 내용의 수업설계가 이뤄지게 된다. 교사는 이러한 요구를 분석하여 미시적 수준의 수업설계를 하게 되며 주로 시간 순서에 따라 교사와 학습자의 행위를 제시하여 명확한 안내와 지침을 제공할 수 있다. 교사의 교수역량을 결정짓는 가장 큰 요소는 바로 수업설계 능력이라 해도 과언이 아닐 것이다.

표 1-1 거시적 수준과 미시적 수준의 수업설계 비교

거시적 수준	미시적 수준
무엇을 가르칠 것인가?	어떻게 가르칠 것인가?
가르칠 내용의 선정에 관심	최적의 교수방법이 무엇인지 결정
교육과 학습문제를 해결하기 위해 체계적인 방법을 통해 교육, 교수체제를 개발하는 과정, 즉 교수체제개발(ISD)	특정의 학습내용과 특정의 학습자가 주어졌을 때, 학습자의 요구에 적합한 학습내용을 체계화하고 설정된 교수목표를 성취하는 방법을 계획하고 개발하는 과정

자료: Richey, R.(1995). Trends in instructional design: Emerging theory-based models. Performance Improvement Quarterly, 8(3). 재구성.

2 수업설계와 가까워지기

수업설계가 교수의 과정을 최적화하기 위한 활동이라는 측면에서 수업설계는 체제이론에 바탕을 둔 체제적 설계의 관점을 따르고 있다(이화여자대학교 교육공학과, 2001). 이러한 체제적 설계는 학습과정에서 영향을 줄 수 있는 상황의 여러 국면을 동시에, 창의적으로 고려하는 일을 의미한다(Seels & Richey, 1994).

결국, 체제적 설계는 수업설계를 체제접근에 의한 활동으로서 한 단계의 결과인 산출물이 다음 단계의 투입자료가 되어 처리되고, 이에 대한 피드백을 통해 단계들이 보완·수정되고 각 요소들은 최종 목표인 효과적인 교수를 창출하는 데 상호보완적인 관계 속에서 기능을 해낸다는 것이다(이화여자대학교 교육공학과, 2001). 즉, 체제 내의 구성요소는 상호 투입과 산출의 관계에 있게 되며, 목표에 도달하였는지를 판단하기 위해 전체 체제에 피드백을 하게 된다(백영균 외, 2006).

따라서, 수업설계는 교육에 관련된 요구 및 문제점을 파악하고 이를 토대로 목표에서 내용, 방법, 평가에 이르기까지 교수 체제의 전 과정을 계획하고 개발하기 위한 체제적 접근을 의미한다(박숙희·염명숙, 2007).

특히, 체제적 접근은 체제의 조화로운 통합 또는 전 일체성을 유지하는 것으로 체제를 구성하고 있는 각 요소들의 기능을 독립적으로 최대한 발휘하도록 하면서 동시에 각 기능이 상호보완적 관계에 놓이도록 하여 전체적으로 기능의 극대화를 이루도록 하려는 것이다(이화여자대학교 교육공학과, 2001). 이러한 체제적 접근을 수업설계에서 사용하는 이유는 첫째, 체제적 접근은 구성요소가 추구하는 공동의 목표에 초점을 두는데 수업설계 역시 교육목표의 달성에 초점을 두기 때문이며, 둘째, 체제적 접근은 체제 구성요소 간의 상호관계를 다루며, 수업설계도 교수목표달성을 위한 교육 프로그램 운영과 관련된 다양한 구성요소 하나하나가 중요한 역할을 하고, 셋째, 교수 프로그램은 일회적으로 끝나는 것이 아니라, 프로그램상 문제가 되는 요소를 계속적으로 수정·보완하여 기대되는 교육적인 성과를 달성할 수 있는 교육 프로그램으로 개발함으로써 많은 학생에게 지속적으로 사용되도록 하는 데 수업설계의 목적이 있기 때문이다(백영균 외, 2006).

또한, Briggs, Gustafson & Tillman(1991)은 수업설계에 있어서 체제적 접근

표 1-2 체제적 접근의 장점

장점	특징
효과성	• 많은 학생들이 학습목표를 성취하게 하는 것
효율성	• 학습에 소요되는 시간이 단축되고 경제적으로 적은 비용이 들고, 투입하는 노력의 양도 절감하면서 기대되는 목표 성취
매력성	• 학습자의 흥미를 유발시켜 주고 유지시켜 주는 것
관련성	• 획득하기를 원하거나 반드시 획득해야 되는 필수적인 지식이나 기능 등을 획득하도록 하는 것
일관성	• 교수목적, 교수방법, 교수평가 등이 기대하는 목표수준을 성취하는 데 최적의 교수–학습과정이 이루어지도록 일관성을 맺고 수업이 전개되도록 하는 것

의 장점으로 효과성, 효율성, 매력성, 관련성, 일관성을 제시하고 있다(<표 1-2> 참조).

한편, 체제적 접근의 접근은 비선형적·비순차적·역동적·상호작용적 접근을 특징으로 하는데, 단계적·순차적·직선적 접근을 특징으로 하는 체계적 접근과 구별된다([그림 1-2], [그림 1-3] 참조).

그림 1-2 체제적 접근 모형(상호작용적 접근)

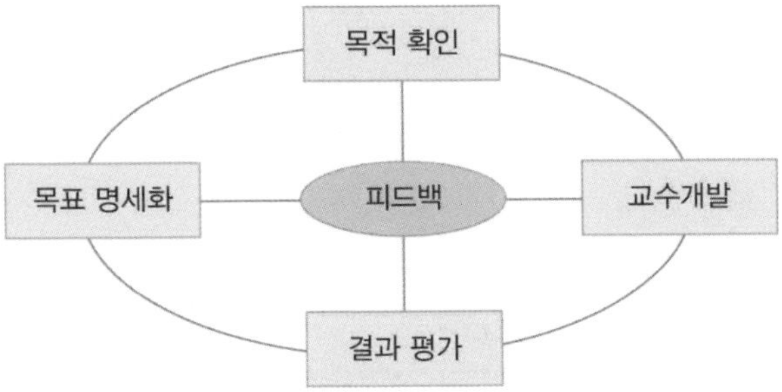

자료: 백영균 외(2006). 유비쿼터스 시대의 교육방법 및 교육공학. 학지사.

그림 1-3 체계적 접근 모형(직선적 접근)

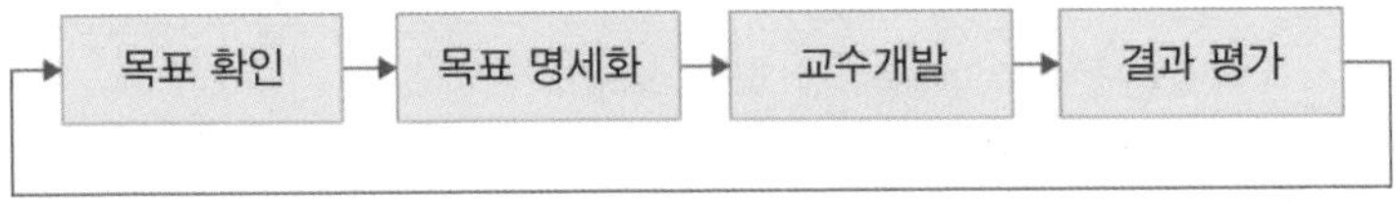

자료: 백영균 외(2006). 유비쿼터스 시대의 교육방법 및 교육공학. 학지사.

표 1-3 체계적 접근과 체제적 접근의 비교

구분	체계적 접근	체제적 접근
개념	• 순서, 절차, 간격	• 조직화된 전체
설계 절차	• 단계적, 순차적	• 역동적, 비순차적, 순환적
설계 방법	• 사전에 명세화된 절차	• 상황적 맥락 변인을 동시에 고려
설계 목적	• 목표의 효과적, 효율적 달성을 위해 수업 활동 설계	• 상황적인 특성을 고려하여 융통성 있게 설계

자료: 박숙희·염명숙(2007). 교수-학습과 교육공학(2판). 학지사, 재구성.

[그림 1-2], [그림 1-3]에서 살펴본 체계적 접근과 체제적 접근을 좀 더 구체적으로 비교해 보면 <표 1-3>과 같이 요약할 수 있다.

3 수업설계의 원리

수업설계는 교수를 위한 사전 계획으로서, 교수체제의 구성요소를 충분히 고려하여 효과적으로 설계하기 위해서는 핵심적인 준거로 활용할 기본적인 원리가 필요하다(박숙희·염명숙, 2007).

특히, 효과적인 수업의 요소 및 각 요소별 수업설계의 원리를 살펴보면 <표 1-4>와 같이 나타낼 수 있다.

표 1-4 수업설계의 일반적인 원리

설계 원리	특징
수업목표 제시	• 학습자가 학습목표를 명확히 인지하면 학습 촉진 • 학습자가 학습목표를 습득하는 절차를 이해하면 학습 촉진 • 학습이 완료되었을 때 기대되는 결과나 모범작품을 관찰하면 촉진
학습동기 유발	• 학습과제에 주의집중하면 학습 촉진 • 수업목표의 가치를 인식하면 학습 촉진 • 수업목표달성에 자신감을 가지면 학습 촉진 • 학습과정에서 성공적 경험을 계속하면 학습 촉진

설계 원리	특징
학습결손 발견과 처치	• 학습자가 해당 과제의 선수학습 요소를 충분히 학습하였을 때 목표달성이 용이 • 선수능력에 대한 자신의 결손을 분명히 알 수 있을 때 보충학습 효과를 촉진 • 선수능력 결손 부분에 적절한 보완학습자료나 보충학습자료를 제공하면 효과적
학습내용 제시	• 학습능력 수준에 맞게 학습활동을 개별화하면 학습에 효과적 • 학습활동에 능동적으로 참여하도록 하면 학습 촉진 • 수업목표의 유형에 따라 적절한 수업사태를 제공해 주어야 효과적 • 학습자의 다양한 학습양식에 적합한 수업매체를 선택해 주어야 효과적 • 수업목표의 하위 구성요소를 계열화 순서에 맞게 제시해 주어야 효과적 • 새로운 개념이나 원리학습은 선행조직자를 활용해야 효과적
연습	• 학생들에게 연습의 기회를 제공할 때 안내를 어느 정도의 수준으로 할 것인가를 고려 • 새롭고 다양한 상황에 적용해 볼 수 있도록 해야 효과적 • 학습자의 개인차를 고려해 연습량을 조절해야 효과적
형성평가와 피드백	• 학습 결과에 대해 즉각적으로 정보를 제공해야 효과적 • 학습 오류에 대해서는 즉각적이며, 구체적으로 교정해 주어야 효과적 • 학습자 자신이 학습 결과를 평가할 수 있는 기회를 주어야 효과적
전이 및 일반화	• 학습한 것을 자신이 익숙한 생활경험에 적용해 보면 효과적 • 학습 직후 학습내용을 정리하면 파지 및 전이의 일반화 수준이 높아짐

자료: 변영계·이상수(2003). 수업설계. 서울: 학지사, 재구성.

4 수업설계 이론의 특징

수업설계는 특정의 학습내용과 특정의 학습자가 주어졌을 때 기대하는 학습자의 변화를 일으킬 수 있는 최적의 교수방법이 무엇인가를 결정해 나가는 과정이다(Reigeluth, 1983).

따라서, 수업설계 이론은 학습자가 배우고 발달할 수 있도록 더 잘 도와주는 방법에 대해 명백한 지침을 제공하는 이론이다(Reigeluth, 1999). 즉, 수업설계 이론은 인간의 학습과 발달을 촉진하는 보다 나은 방법을 처방해 주는 이론이다(백영균 외, 2006).

한편, 일반적인 수업설계 이론의 특징으로 다음과 같이 제시하고 있다(Reigeluth,

1999).

첫째, 수업설계 이론은 서술지향적이 아니라, 설계지향적이기 때문에, 주어진 사태의 결과에 초점을 두기보다는 학습과 발달을 위한 주어진 목적달성의 수단에 초점을 두고 있다.

둘째, 수업설계 이론은 수업의 방법 즉, 학습을 지원하고 촉진하는 방법과 그 방법이 사용되거나 사용되어서는 안 될 상황을 구체적으로 제시해 준다.

셋째, 수업설계 이론에서 수업방법은 더 단순한 하위 방법 요소로 나누어 질 수 있는데, 이러한 하위 방법 요소가 교육 실제에 도움을 줄 수 있다.

넷째, 수업설계 이론에서 수업방법은 결정적이기보다는 개연적이기 때문에, 수업 방법은 목적 달성을 보장하기보다는 목적 달성의 가능성이나 확률을 높여 주는 역할을 한다.

특히, 지금까지 살펴본 수업설계 이론의 특징을 바탕으로 수업설계 이론의 요소를 도식화하면, [그림 1-4]와 같이 구체적으로 제시할 수 있다.

그림 1-4 수업설계 이론의 요소

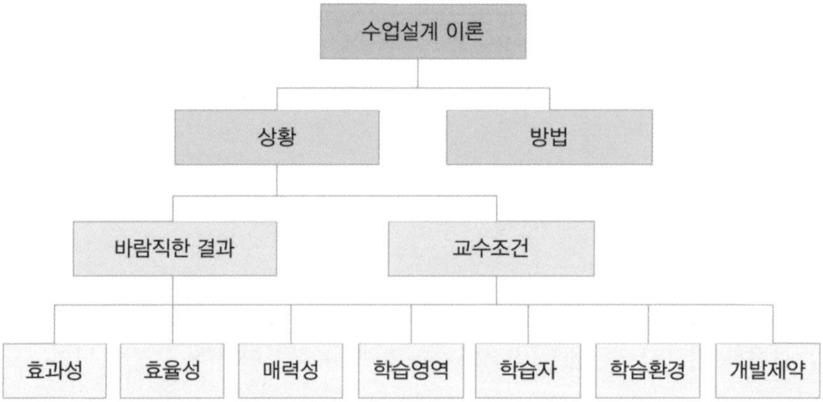

자료: Reigeluth, C. M.(1999). Instructional design theories and model: A new paradigm of instructional design. Volume Ⅱ. Mahwah, NJ: Erlbaum.

5 수업설계, 어떻게 할 것인가?

수업설계의 요소는 교수상황과 교수방법으로 크게 나누어지고, 다시 교수상황에는 교수조건(학습내용 특성, 학습자 특성, 학습환경 특성, 제한조건)과 학습성과(효과성, 효율성, 매력성)로 구분되고, 교수방법은 조직전략, 전달전략, 관리전략으로 <표 1-5>와 같이 세분화할 수 있다(Reigeluth, 1999).

표 1-5 수업설계의 요소

설계 요소			특징
교수상황	교수조건	학습내용	• 정보 기억능력, 관계 이해, 적용능력, 일반적 적용능력 • 학습하게 될 내용의 특성에 따라 적합한 교수방법이 서로 다르게 처방
		학습자	• 선행지식, 학습전략, 학습동기 • 학습자 특성에 따라 적합한 교수방법이 서로 다르게 처방
		학습환경	• 학습집단 크기, 학습매체, 학습자료 구비 정도
		제한조건	• 수업설계 및 설계에 따른 수업 개발에 소요되는 인력, 시간, 비용
	학습성과	효과성	• 교수활동이 얼마나 잘 진행되었으며, 학습목표가 얼마나 잘 달성되었는가에 관한 것
		효율성	• 효과성의 수준에 도달하는 데 학생들이 얼마나 많은 시간과 비용을 필요로 하는가에 관한 것
		매력성	• 학습자가 수업을 자신에게 얼마나 유의미한 것으로 인식하는가 하는 정도
교수방법	조직전략	미시	• 단일한 개념이나 원리 등을 가르치고자 할 경우 • 정의 제시, 사례 제시, 연습문제 제시, 대안 제시 등과 같은 차시 개념의 수업 조직할 경우 • Merrill의 내용요소 제시 이론 • 일반성, 사례, 피드백
		거시	• 단원 수준 이상의 여러 개념, 원리, 아이디어를 서로 연결하여 가르치고자 할 경우 • 아이디어를 선정하고 계열화하며 요약하고 종합하는 전략 • Bruner의 나선형 교육과정, Reigeluth의 정교화이론

설계 요소		특징
	전달전략	• 조직된 학습내용을 학생들에게 제시하고, 학생들의 학습 수행을 이끌어 가는 방법 • 교수매체, 학습자료, 상호작용과정
	관리전략	• 수업의 진행과정에서 언제, 어떻게 조직 및 전달전략의 요소를 사용할 것인가에 관한 전략 • 수업지도계획, 성적관리

자료: 백영균 외(2006). 유비쿼터스 시대의 교육방법 및 교육공학. 학지사, 재구성.

한편, 수업설계의 일반적인 절차는 분석 단계, 설계 단계, 개발 단계, 평가 단계 등 <표 1-6>과 같이 네 가지 단계를 거친다.

표 1-6 수업설계의 일반적인 절차

단계		특징
분석	요구 분석	• 목표를 설정하기 위한 단계 • 특정 지식이나 기능에 대한 현재의 상태와 기대되는 상태 간의 격차를 분석하는 단계 • 확인된 격차는 최종 수업목표로 결정
	과제 분석	• 수업목표달성을 위해 필요한 지식, 기능, 태도가 무엇인지 파악하고 이들 간의 관계와 계열성 구명 • 학습과제의 특성과 학습과제를 구성하고 있는 하위 구성요소 간의 관계 분석
	학습자 특성 분석	• 분석된 학습과제의 학습을 위한 학습자 특징 파악 • 학습자의 지능, 선수학습능력, 학습적성, 학습양식, 학습동기, 학습태도
	학습환경 분석	• 학습과제의 학습을 위한 교수매체, 시설, 기자재, 학습공간 등 분석
설계	행동목표 진술	• 학생이 학습을 마친 후 습득하게 될 학습 성과를 행동적 용어로 진술 • Tyler, Mager 등의 행동적 목표 진술 방식
	평가도구 설계	• 행동적 용어로 진술된 목표의 달성 여부를 평가하기 위한 도구 개발 • 사전검사, 사후검사, 학습증진도검사
	교수전략 결정	• 수업목표달성을 위한 구체적인 교수-학습 운영 방법 결정 • 수업전활동, 정보제시활동, 학습자참여활동, 각종 검사활동, 교정 및 심화, 보충활동
	교수매체 선정	• 학습내용을 학습자에게 제시하고, 학습을 촉진하기 위한 교수매체 선정

단계		특징
개발	교수자료 개발	• 수업에서 효과적, 효율적, 매력적으로 사용할 수 있는 교수자료 개발 • 교과서, 교사용 지침서, 학습자 지침서, 교수 프로그램, 각종 교수매체, 검사지
	형성평가	• 분석, 설계, 개발 과정을 통해 개발된 교수－학습 자료의 효과성, 효율성, 매력성을 종합적으로 점검하고 문제점을 발견하여 수정함으로써 프로그램의 질을 높이는 과정
	교수자료 수정	• 형성평가의 결과를 바탕으로 교수자료 수정
평가	총괄평가	• 개발된 교수자료를 실제 교육현장에 투입하여 실행하고 그 성과에 대해 평가하는 과정 • 교수－학습 프로그램의 효과성, 효율성, 매력성을 종합적으로 평가하여 해당 프로그램의 계속 사용 여부, 문제점 파악 및 수정사항 등을 결정

자료: 백영균 외(2006). 유비쿼터스 시대의 교육방법 및 교육공학. 학지사, 재구성.

6 수업설계의 모형

가. 일반적 수업설계의 모형

일반적 수업설계의 대표적인 모형인 ADDIE 모형은 분석(Analysis), 설계(Design), 개발(Development), 실행(Implementation), 평가(Evaluation) 단계로서, 어느 한 사람이나 소수의 학자에 의해 개발되고 정교화된 것이 아니라, 오랜 시간에 걸쳐 이루어진 것이다(한정선, 2004). 이러한 ADDIE 모형의 각 단계는 [그림 1－5]와 같이 도식화할 수 있다.

[그림 1－5]에서 살펴본 ADDIE 모형의 각 단계를 좀 더 구체적으로 살펴보면 <표 1－7>과 같이 정리할 수 있다.

그림 1-5 ADDIE 모형

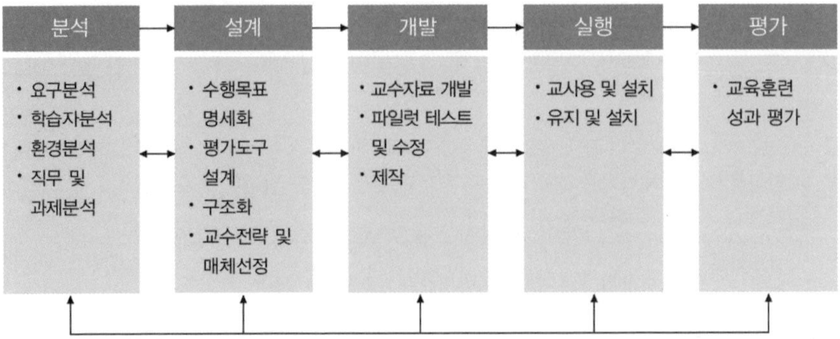

자료: 조규락·김선연(2006). 교육방법 및 교육공학-교육공학의 3차원적 이해-. 학지사.

표 1-7 ADDIE 모형의 개요

단계		특징
분석	요구 분석	• 어떤 바람직한 상태와 현재 상태 간의 차이를 밝히는 것 • 학습자가 필요로 하는 지식, 기능, 태도 등을 요구 파악
	학습자 분석	• 학습자 특성 파악 • 지적 특성: 지능, 적성, 선수학습 능력 • 정의적 특성: 동기, 자아개념, 불안, 태도
	과제 분석	• 교육 목적을 성공적으로 수행하기 위해 필요한 지식, 기능, 태도 등을 파악하고 이들 간의 계열성 구명
	학습환경 분석	• 설계 과정에 영향을 미치는 제반 환경과 교수 목적을 달성하기 위해 필요한 학습 환경에 대한 분석
설계	목표 명세화	• 수업설계의 방향을 제시하는 목표 진술 • 목표는 성취행동, 행동이 나타날 수 있는 조건, 성공적인 성취 행동으로 판단할 준거를 포함
	평가도구 개발	• 목표의 성취도 여부를 측정 • 준거지향검사 • 사전검사, 사후검사, 진도확인검사
	교수전략 결정	• 교수목표에 진술된 학습자의 성취행동 유형과 수준, 교과영역, 학습자의 장점과 선호도, 학습이론과 연구에서 유출된 정보, 경험에서 나온 통찰력, 시간과 자원의 제한점 등을 근거로 교수전략 선정
	교수매체 선정	• 학습내용, 학습자 특성, 교수방법 및 전략에 의해 결정

단계		특징
개발	교수자료 제작	• 실제로 사용할 교수 프로그램이나 수업에 사용할 교수자료 제작
	형성평가	• 개발된 교수자료의 효과성과 효율성을 증진시키기 위해 반드시 형성평가 실시 • 일대일평가, 소집단평가, 현장평가
	교수자료 수정	• 형성평가 결과는 교수 프로그램이나 교수자료 자체를 수정하고, 교수목표, 과제분석, 학습자 특성 파악 등 설계의 모든 과정에 대해 검토하고 수정할 기회 제공
실행	교수자료 활용 및 관리	• 개발된 교수 프로그램이나 교수자료를 실제 교육현장에 활용 및 관리
평가	총괄평가	• 개발된 교수 프로그램의 선택에 관련된 사항을 결정하기 위해 실시

자료: 박숙희·염명숙(2007). 교수－학습과 교육공학(2판). 학지사, 재구성.

한편, 일반적 수업설계의 각 단계의 역할, 세부 단계, 산출 결과의 관계를 살펴보면 <표 1－8>과 같이 정리할 수 있다.

표 1－8 일반적 수업설계의 역할, 세부 단계, 산출 결과

단계	역할	세부 단계	산출 결과
분석	• 학습내용 정의	• 요구, 학습자, 환경, 직무 및 과제 분석	• 요구, 교육목적, 제한점, 학습과제
설계	• 교수방법 구체화	• 성취행동 목표 진술, 평가도구 개발, 교수전략 및 매체 선정	• 성취행동 목표, 평가도구, 교수전략 등을 포함한 설계명세서
개발	• 교수자료 제작	• 교수자료 제작, 형성평가 실시 및 교수 자료 수정	• 완성된 교수자료
실행	• 교수자료를 실제 상황에 적용	• 교수자료의 사용 및 관리	• 실행된 교수자료
평가	• 교수자료의 효과성, 효율성 결정	• 총괄평가	• 프로그램의 가치와 평가 보고서

자료: 이화여자대학교 교육공학과(1996). 교육방법 및 교육공학. 교육과학사, 재구성.

나. 거시적 수업설계의 모형

1) Dick & Carey의 수업설계 모형

거시적 수업설계 모형 중에서 가장 대표적인 모형으로 알려진 Dick & Carey의 수업설계 모형은 체제적 접근에 입각한 절차적 모형으로서 효과적인 교수 프로그램을 개발하는 데 필요한 일련의 단계들과 그 단계들 간의 역동적인 관련성에 초점을 두고 있다(박성익 외, 2003). Dick & Carey의 수업설계 모형은 교사들이 수업을 계획하는 데 적용 가능성이 높다(박숙희·염명숙, 2007).

한편, Dick & Carey의 수업설계 모형을 도식화하면 [그림 1–6]과 같이 나타낼 수 있다.

그림 1–6 Dick & Carey의 수업설계 모형

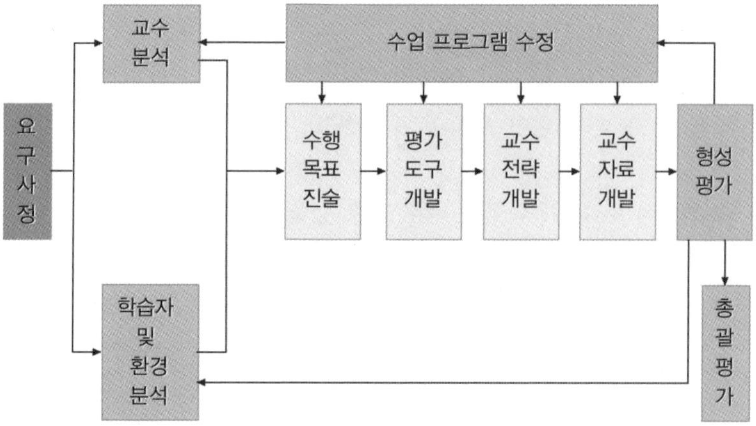

자료: 조규락·김선연(2006). 교육방법 및 교육공학–교육공학의 3차원적 이해–. 학지사, 재구성.

2) Reigeluth의 수업설계 모형

Reigeluth의 수업설계 모형은 교수정교화(elaboration theory of instruction)이론으로서, 여러 개의 아이디어를 어떻게 연결, 계열화하는가에 대한 교수전략을 다루고 있다(조규락·김선연, 2006).

특히, Reigeluth(1999)는 수업설계를 주어진 교육과정에 의해 가르쳐야 할 내용들을 골라 묶음으로 만들고, 이들을 가르치는 순서를 결정하는 것으로 정의하였다.

교수정교화이론을 이용하여 수업을 전개하는 과정은 카메라 줌렌즈로 사물을 관찰하는 것에 비유할 수 있는데, 먼저 사물의 전체적인 모습을 관찰하여 각 부분들의 관계를 먼저 파악한 후(zoom - out), 각 부분별로 확대해 세부사항을 관찰하고(zoom - in), 다시 전체 모습을 관찰해서 반복적으로 전체와 부분 간의 관련을 검토하며(zoom - out) 특정 부분을 확대해서 검토하는(zoom - in) 과정으로 설명할 수 있다(조규락 · 김선연, 2006).

특히, 교수정교화이론은 정교화된 계열, 선수학습의 계열, 요약자, 종합자, 비유, 인지전략 활성자, 학습자 통제 등 <표 1-9>와 같은 정교화 전략을 사용할 수 있다.

표 1-9 정교화 전략

정교화 전략	특징
정교화된 계열 (elaborative sequence)	• 단순한 내용으로부터 복잡한 내용으로, 일반적인 내용으로부터 세부적인 내용으로, 추상적인 내용으로부터 구체적인 내용으로 학습할 내용을 순서화시켜 가르치는 전략
선수학습의 계열 (learning - prerequisite sequence)	• 어떤 내용을 학습하기 이전에 반드시 학습해야 하는 사실이나 내용을 순서화시켜 가르치는 전략
요약자 (summarizer)	• 가르친 내용에 대한 간결한 진술이나 참조할 수 있는 예, 또는 사례 등처럼 일반적으로 수업 단원의 끝부분에 제시되어 학습한 것을 망각하지 않도록 도와주는 전략
종합자 (synthesizers)	• 단일 유형의 아이디어를 주기적으로 상호관련짓고 통합하기 위한 전략으로 한 수업단원 내에서 새롭게 가르친 아이디어들 간의 관련성이나 지금까지 가르친 아이디어들과의 관련을 맺도록 하는 전략
비유 (analogies)	• 배워야 할 새로운 아이디어를 친숙한 아이디어들과 관련시켜 새로운 아이디어를 좀 더 쉽게 이해할 수 있도록 하는 전략
인지전략 활성자 (cognitive - strategy activator)	• 학습자가 특정한 방식으로 내용을 다루고 상호작용할 수 있게 해 주는 그림, 도식, 비유, 기억술 등을 사용하는 전략
학습자 통제 (learner control)	• 학습할 내용이나 학습속도, 학습자가 선택하는 전략, 인지전략 등을 학습자가 선택하고 통제할 수 있는 자유

자료: Reigeluth, C. M., & Stein, F. S.(1983). The elaboration theory of instruction. In C. M. Reigeluth (Ed.), Instructional-design theories and models: An overview of their current status. Hillsdale, NJ: Lawrence Erlbaum Associates, 재구성.

표 1-10 수업을 정교화시키는 과정

단계	특징
정수 (epitome) 제시	• 정수는 학습내용의 유형인 개념, 절차, 원리 중 하나를 선택하여 제시 • 학습에 도움이 된다고 판단되면 비유를 제시하고 다음에 학습해야 할 내용을 기초적이고 대표적이며 일반적이고 단순한 내용부터 차례로 제시
제1수준 정교화 제시	• 제1수준 정교화 학습단원은 4~8개 정도로 구성 • 각 학습단원은 동기부여전략, 비유, 선수학습요소, 요약자, 종합자 등 정수를 제시할 때 사용되었던 모든 요소 포함
제2수준 정교화 제시	• 제1수준 학습단원에 숙달되면 제2수준 학습단원 제공 • 제1수준 학습단원을 기반으로 정교화해 나감
추가적 수준의 정교화 제시	• 목표로 설정한 내용의 상세성과 복잡성에 도달할 때까지 더 높은 수준의 정교화된 학습을 지속적으로 제시해 가는 것

자료: 변호승(2001). Reigeluth의 정교화이론. 전성연(편), 교수-학습의 이론적 탐색. 원미사, 재구성.

한편, 7개 정교화 전략을 활용하여 수업을 전개하는 과정을 제시하면 정수의 제시, 제1수준 정교화 제시, 제2수준 정교화 제시, 추가적 수준의 정교화 제시 등 크게 네 단계를 거친다(<표 1-10> 참조).

3) Wills의 R2D2 수업설계 모형

Wills의 R2D2 수업설계 모형은 정의(definition), 설계와 개발(design & development), 확산(dissemination)이라는 세 가지의 초점과 그 초점에서 수행해야 하는 과제를 제안한 모형으로서, 전통적인 거시적 수업설계 모형과는 달리, 분명한 시작과 끝이 없기 때문에, 세 가지 주요 초점 사이의 끝없는 상호작용이 존재하여 순환반복적이고, 창의적 과정인 설계와 개발을 매우 중시하는 모형이라 할 수 있다(조규락·김선연, 2006).

특히, Wills의 R2D2 수업설계 모형의 특성을 살펴보면 첫째, ISD과정은 순환적이고 비선형적이어서 때로는 무질서하며, 둘째, 계획은 체계적이지 않고 유기적·발달적·성찰적·협동적이고, 셋째, 목표는 분석에서가 아니라, 설계와 개발의 작업 중에 나오고, 넷째, ID전문가는 맥락과 내용에 익숙해야 하며, 다섯째, 수업은 맥락에서의 유의미한 학습을 중시해야 하고, 여섯째, 총괄평가보다

표 1-11 Wills의 R2D2 수업설계 모형의 초점과 과제

초점	과제	
정의	• 진단 분석 • 과제 및 개념 분석	• 학습자 분석
설계와 개발	• 매체와 형태 선정 • 산출물 설계와 개발	• 개발환경의 선정 • 형성평가 중심의 평가전략
확산	• 최종 포장 • 채택	• 유포와 보급

자료: 조규락·김선연(2006). 교육방법 및 교육공학-교육공학의 3차원적 이해-. 학지사, 재구성.

형성평가가 중시되며, 끝으로 객관적 자료보다 주관적인 자료가 더 중요한 것으로 밝히고 있다(정재삼, 1996).

한편, Wills의 R2D2 수업설계 모형의 초점과 과제를 제시하면, <표 1-11>과 같이 요약할 수 있다.

다. 미시적 수업설계의 모형

1) Gagne-Briggs의 수업설계 모형

Gagne-Briggs의 수업설계 모형은 인간학습의 세 영역인 인지적, 정의적, 심체적 영역을 포괄적으로 다루고 있으며, 교수를 위한 구체적인 처방을 제시하고 있어 적용 범위가 광범위하여 현재 교육 및 훈련의 실제 현장에서 매우 많이 활용되고 있다(이화여자대학교 교육공학과, 2001).

특히, Gagne(1985)는 학습을 통해 가질 수 있는 인간의 능력에는 다섯 가지 학습된 능력 즉 학습유형이 있고, 이러한 유형들이 학습의 결과나 교수의 목표가 될 수 있으며, 각각의 학습된 능력은 서로 다른 학습 조건을 요구하며 서로 다른 방법으로 학습된다고 주장하였다.

또한, Gagne-Briggs는 수업설계의 개념을 학습유형과 관련하여 어떤 내적·외적 조건하에서 학습이 일어나는지를 밝혀서 수업목표에 따라 어떤 방법과 내용을 어떻게 구성하고 제시할 것인가에 대한 논리적 절차 및 단계라고 정의하였다(Gagne & Briggs, 1979).

따라서, Gagne-Briggs의 수업설계 모형은 학습자의 내적 인지과정에 학습과정이 일치하도록 교수자가 학습자의 외적 조건을 9개의 바람직한 교수상태에 실어 순차적으로 제공하는 것이라 할 수 있다(Aronson & Briggs, 1983).

한편, 학습 유형에 따른 내적·외적 학습 조건을 제시하면 <표 1-12>와 같이 정리할 수 있다.

표 1-12 학습유형에 따른 내적·외적 학습 조건

학습 유형		내적조건	외적조건
언어 정보	명칭	• 언어연쇄 기억	• 명칭을 영상이나 의미 있는 문장에 연결시킴으로써 기호화함
	사실	• 의미 있는 정보맥락 기억	• 보다 큰 정보의 맥락 속에 사실을 귀속시킴
	지식	• 관련된 정보맥락 기억	• 새로운 지식을 관련된 정보의 맥락 속에서 귀속시킴
지적 기능	변별	• SR결합을 기억	• 동일한 자극과 상이한 자극을 제시하는 상황을 반복하며 피드백을 제공함
	구체적 개념	• 관련된 대상의 특징분류에 관해 기억	• 대상에 대한 관련성 없는 특징을 바꾸어 가면서 개념의 여러 가지 예를 제시함
	정의된 개념	• 구성개념을 기억	• 개념의 구성요소를 제시하거나 개념의 정의를 언어적으로 나타냄
	원리	• 구성개념들 또는 하위원리들을 기억	• 원리를 언어적으로 나타내어 학습자가 원리를 적용해 보도록 함
	문제 해결	• 관련된 하위원리를 기억	• 새로운 문제를 제시하고, 문제해결을 위한 새로운 원리를 제시함
인지전략		• 관련된 원리와 개념들을 기억함	• 해결방안이 구체화되지 않은 새로운 문제 상황을 연속적으로 제시함
운동기능		• 구성, 운동연쇄들을 기억함	• 실행의 하위 단계들을 확립하거나 기억하여 운동기능을 전체적으로 연습함
태도		• 목적된 개인행동들과 관련 있는 정보와 지적 기술을 기억함	• 사람에 대한 존경심을 확립하거나 기억하여 직접경험 또는 간접경험을 통해 개인적 활동에 보상함

자료: 조규락·김선연(2006). 교육방법 및 교육공학-교육공학의 3차원적 이해-. 학지사, 재구성.

또한, 학습 유형과 9단계 수업사상의 연관성을 살펴보면 <표 1-13>과 같이 요약할 수 있다.

표 1-13 학습유형과 9단계 수업사상의 연관성

9단계 수업 사상	학습성과의 유형				
	지적기능	인지전략	언어정보	태도	운동기능
주의 집중	감각 양식의 다양한 변화를 포함하여 여러 가지 멀티미디어 자극을 다양하게 제시				
목표 제시	• 기대하는 성취 수행을 설명하고 예를 제시	• 기대하는 해결 방안의 일반적 특성 명료화	• 해답해야 할 언어적 질문의 종류 명시	• 의도하는 행동 선택의 종류 제시	• 기대하는 성취 수행의 시범 제공
선행 학습 상기	• 선행요건이 되는 하위개념과 원리의 상기 자극	• 인지방략 및 관련 지적기능의 상기 자극	• 조직된 정보의 맥락을 상기하도록 자극	• 관련 정보와 기능 및 동일시하고자 하는 인간모델의 상기 자극	• 실행의 하위 절차와 부분 기능의 상기 자극
학습 내용 제시	• 개념 또는 원리의 예를 제시	• 신기하고 참신한 새로운 문제 제시	• 정보를 명제의 형태로 제시	• 인간모델을 제시하고 개인적 행위의 선택 실증	• 성취수행을 위한 도구, 실행을 포함한 외적 자극 제공
학습 지도	• 문제해결을 돕는 언어적 단서 제공	• 참신하고 새로운 해답을 위한 힌트나 단서 제시	• 보다 큰 유의미 맥락에 언어적 관련성 제공	• 모델의 선택 행위와 모델로 인한 강화의 관찰 제공	• 수행행동의 성취에 대한 피드백과 연습기회 제공
연습	• 학습자에게 새로운 예를 제시하고 규칙과 개념을 적용하도록 요구	• 문제에 대한 해결안 요구	• 학습자에게 정보를 부연설명하거나 자신의 말로 진술하도록 요구	• 학습자에게 실지 또는 모의 상황에서 행위 선택을 하도록 요구	• 성취수행의 실행을 요구
피드백 제공	• 규칙 또는 개념적용의 정확성 여부 확증	• 문제해결의 독창성 여부 확인	• 정보의 정확성 여부 확인	• 행위선택에 대한 직접적·간접적인 강화 제공	• 성취수행의 정확성과 타이밍의 정도에 대한 피드백 제공

9단계 수업 사상	학습성과의 유형				
	지적기능	인지전략	언어정보	태도	운동기능
성취 수행 평가	• 학습자에게 개념이나 원리의 적용여부를 실증하도록 요구	• 학습자에게 새로운 해답을 창출하도록 요구	• 학습자에게 정보를 부연설명 형태로 재진술하도록 요구	• 실지 또는 모의 상황에서 개인적 행위의 바람직한 선택 요구	• 학습자에게 전체기능의 수행을 실행하도록 요구
파지/ 전이 제고	• 여러 가지 다양한 예를 가지고 분산적 복습의 기회 제공	• 다양하고 참신한 문제해결의 기회 제공	• 정보의 부가적 복잡성에 대한 언어적 연결 제공	• 대안적 행위 선택에 대한 부가적 여러 상황 제공	• 학습자에게 지속적인 기능 연습 제공

자료: 강이철(2000). 코스웨어 설계를 위한 교육공학의 이론과 실제. 학지사.

2) Merrill의 수업설계 모형

Merrill의 수업설계 모형은 내용요소전시이론(component display theory)으로서, 수행과 내용 두 차원으로 학습과제를 분류하고 가르치도록 하였는데, 사실 개념, 절차, 원리 등 내용차원은 학습자가 수행해야 하는 과제에 따라서 기억하기, 활용하기, 발견하기 등 수행차원을 거쳐서 습득할 수 있게 된다(조규락·김선연, 2006). 그중에서도 사실에 대한 활용하기와 발견하기는 존재하지 않기 때문에 결과적으로 모두 10개의 학습범주가 [그림 1-7]과 같이 존재하게 된다(Merrill, 1983).

그림 1-7 수행차원과 내용차원의 내용요소전시이론

(수행차원)				
	없음			
발견하기	없음			
활용하기				
기억하기				
	사실	개념	절차	원리

(내용차원)

자료: 한국교육공학회(2005). 교육공학 용어사전. 교육과학사, 재구성.

Merrill의 수업설계 모형의 수행차원과 내용차원을 구체적으로 살펴보면 <표 1-14>와 같이 정리할 수 있다.

표 1-14 수행차원과 내용차원의 유형

차원		특징
수행	기억하기	• 이미 저장되어 있는 정보들의 항목을 재생하기 위해 기억된 것을 학습자들이 탐색하는 수행
	활용하기	• 학습자들이 추상성을 구체적인 상황에서 적용해 보는 수행
	발견하기	• 학습자들이 새로운 추상성을 도출해내거나 창안해내는 수행
내용	사실	• 사건, 날짜, 장소 등 지칭하기 위해 사용한 기호들과 같이 이름을 붙인 정보
	개념	• 공통적인 특성을 지니고 있고 똑같은 이름으로 불리는 사물, 사건, 기호들의 집합
	절차	• 어떤 목적을 달성한다든가, 어떤 특정한 문제를 해결한다거나, 어떤 산출물을 만들어내는 데 필요한 단계들을 순서화한 계열
	원리	• 어떤 사건이나 현상을 해석하기 위해 사용한 인과 관계나 상호관련성

자료: 조규락·김선연(2006). 교육방법 및 교육공학-교육공학의 3차원적 이해-. 학지사, 재구성.

Merrill의 수업설계 모형은 일차제시형과 이차제시형으로 구분되는데, 일차제시형은 수업의 뼈대 역할을 수행하고, 이차제시형은 뼈대의 기능을 돕는 근육의 역할을 수행하는 것으로 각각 <표 1-15>와 <표 1-16>으로 일차제시형과 이차제시형의 형태를 정리할 수 있다.

표 1-15 일차제시형

구분	말로 알려주기(설명식)	질문하기(탐구식)
일반화	설명식 일반화	탐구식 일반화
사례	설명식 사례	탐구식 사례

자료: 조규락·김선연(2006). 교육방법 및 교육공학-교육공학의 3차원적 이해-. 학지사, 재구성.

표 1-16 이차제시형

정교화 유형	설명식 일반화	설명식 사례	탐구식 사례	탐구식 일반화
맥락	설명식 일반화+맥락	설명식 사례+맥락	탐구식 사례+맥락	탐구식 일반화+맥락
선수 학습	설명식 일반화+선수학습	설명식 사례+선수학습	없음	없음
기억 촉진	설명식 일반화+기억술	설명식 사례+기억술	없음	없음
학습 단서	설명식 일반화+학습단서	설명식 사례+학습단서	탐구식 사례+학습단서	탐구식 일반화+학습단서
표현	설명식 일반화+표현	설명식 사례+표현	탐구식 사례+표현	탐구식 일반화+표현
피드백 (정답, 도움, 활용)	없음	없음	탐구식 사례+정답 탐구식 사례+도움 탐구식 사례+활용	탐구식 일반화+정답 탐구식 일반화+도움 탐구식 일반화+활용

자료: 조규락·김선연(2006). 교육방법 및 교육공학-교육공학의 3차원적 이해-. 학지사, 재구성.

3) Keller의 수업설계 모형

Keller의 수업설계 모형인 ARCS 모형은 주의집중(attention), 관련성(relevance), 자신감(confidence), 만족감(satisfaction)이라는 구성요소로 이루어져, 교수-학습 상황에서 동기를 유발하고 유지하기 위한 구체적·처방적 전략을 제시하고, 동기 설계의 체제적 과정을 보여 준다(박숙희·염명숙, 2007).

특히, Keller는 수행요인 모형을 소개하고, 개인적인 특성과 환경이 노력, 수행, 결과에 미치는 영향을 [그림 1-8]과 같이 설명하였다.

그림 1-8 수행요인 모형

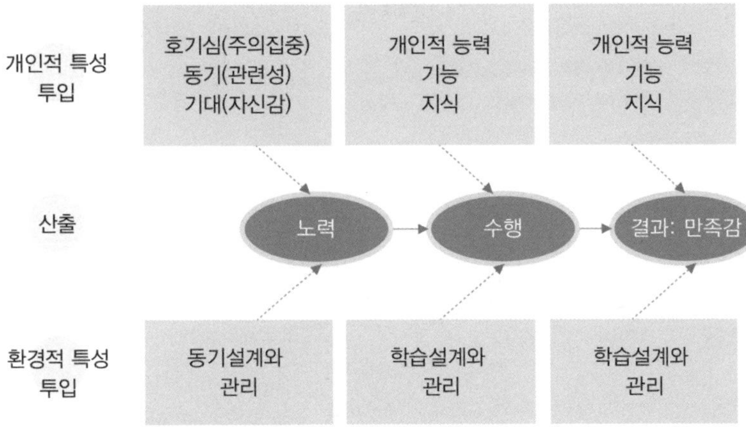

자료: Keller, J. M.(1999). Motivation in cyber learning environments. Paper presented at the Koeran Society for Educational Technology, Seoul, Korea.

ARCS 모형의 하위 개념과 동기유발 질문 및 지원전술을 살펴보면 <표 1-17>과 같이 요약할 수 있다.

표 1-17 ARCS의 하위 개념과 동기유발 질문 및 지원전술

구성요소		동기유발 질문	지원전술
주의	지각적 각성	흥미를 끌기 위해 무엇을 할 수 있을까?	새로운 접근을 사용하거나 개인적, 감각적 내용을 넣어 호기심과 놀라움 만들기
	탐구적 각성	탐구하는 태도를 어떻게 유발할까?	질문, 역설, 탐구, 도전적 사고를 양성함으로써 호기심 증진시키기
	변화성	그들의 주의집중을 어떻게 지속시킬 수 있을까?	자료제시 형식, 구체적 비유, 흥미 있는 인간적인 사례, 예기치 못했던 사건들의 변화를 통해 흥미 지속하기
관련성	목적 지향성	학습자의 요구를 어떻게 최적으로 충족시켜 줄 수 있을까?	수업의 유용성에 대한 진술문이나 사례를 제공하고, 목적을 제시하거나 학습자들에게 목적을 정의해 보라고 하기

구성요소		동기유발 질문	지원전술
관련성	모티브 일치	수업을 학습자의 학습양식과 개인적 흥미에 언제, 어떻게 연결시킬까?	개인적인 성공기회, 협동학습, 지도자적 책임감, 긍정적인 역할 모델 등의 제공을 통해 학습자 동기와 가치에 민감하게 반응하는 수업 만들기
	친밀성	수업과 학습자의 경험을 어떻게 연결시킬까?	구체적인 사례와 학습자의 환경이나 환경과 관련된 비유를 제공하여 교재와 개념들을 친밀하게 만들기
자신감	학습 요건	성공에 대한 긍정적 기대감을 어떻게 키워줄 수 있을까?	성공요건과 평가준거에 대해 설명하여 믿음과 긍정적인 기대감을 확립하기
	성공 기회	자신의 역량에 대한 믿음을 향상시킬 수 있는 학습경험을 어떻게 제공할까?	학습의 성공을 증가시키는 많은 다양한 도전적인 경험을 제공하여 역량에 대한 신념을 증가시켜 주기
	개인적 통제	학습자가 자신의 성공이 스스로의 노력과 능력에 의한 것이라고 어떻게 알 수 있을까?	개인적인 통제를 제공하는 기법을 사용하고, 개인적 노력 때문에 성공했다는 것에 대해 피드백 제공하기
만족감	내재적 강화	학습경험에 대한 학습자들의 내재적 즐거움을 어떻게 격려하고 지원할까?	개인적 노력과 성취에 대한 긍정적 느낌을 제공할 수 있는 피드백이나 정보 제공하기
	외재적 보상	학습자의 성공에 대한 보상으로 무엇을 제공할까?	언어적 칭찬, 실제적이거나 추상적인 보상, 인센티브를 사용하거나, 학습자들로 하여금 그들의 성공에 대한 보상을 제시하도록 하기
	공정성	공정성 처리에 대한 학습자들의 지각을 어떻게 만들어 줄까?	진술된 기대와 수행요건을 일치시키고, 모든 학습자의 과제와 성취에 있어서 일관성 있는 측정기준 사용하기

자료: 조규락 · 김선연(2006). 교육방법 및 교육공학 – 교육공학의 3차원적 이해 –. 학지사, 재구성.

한편, ARCS 모형과 Dick & Carey 모형을 서로 비교해 보면 <표 1-18>과 같이 제시할 수 있다.

표 1-18 ARCS 모형과 Dick & Carey 모형의 비교

단계	동기설계 단계 (ARCS 모형)	수업설계 단계 (Dick & Carey 모형)
분석	① 코스 정보 획득 ② 대상자 정보 획득 ③ 대상자 동기 분석	① 수업 목적 확인 ② 출발점 행동, 학습자 특성 확인
	④ 기존 교재 분석	③ 교수 분석
설계	⑤ 동기 목표 설정 및 측정 방법 열거	④ 성취 행동 목표 진술 ⑤ 준거지향검사 개발
	⑥ 예비 전략 열거 ⑦ 최종 전략 선택 ⑧ 교수 전략에 통합	⑥ 교수 전략 개발
개발	⑨ 교재 선택 및 개발	⑦ 교수 자료 설계 및 개발
평가	⑩ 평가와 수정	⑧ 형성평가 설계 및 실시 ⑨ 수정 ⑩ 총괄평가 설계 및 실시

자료: 박숙희·염명숙(2007). 교수-학습과 교육공학(2판). 학지사, 재구성.

이 외에도 Jones, Li와 Merrill의 제2세대 수업설계 개발 모형과 Branch의 일반적 수업설계 모형, Smith와 Ragan의 모형, Gerlach와 Ely의 체제적 수업설계 모형 등을 각각 [그림 1-9], [그림 1-10], [그림 1-11], [그림 1-12]와 같이 도식화할 수 있다.

그림 1-9 Jones, Li와 Merrill의 제2세대 수업설계 개발모형

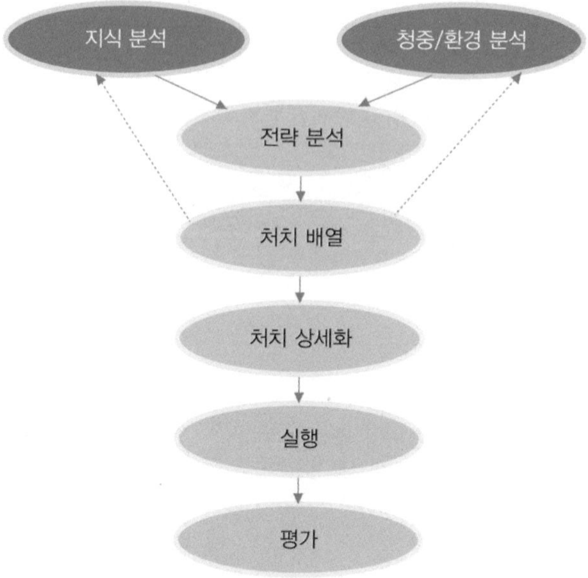

자료: 최동근·양용칠·박인우(2004). 교육방법의 공학적 접근. 교육과학사, 재구성.

그림 1-10 Branch의 일반적 수업설계 모형

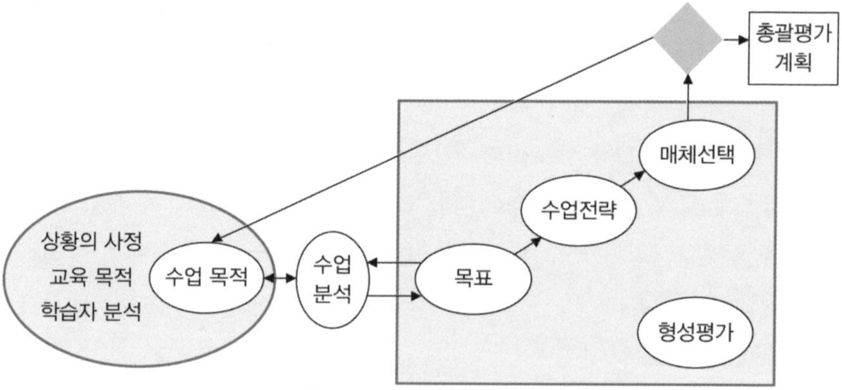

자료: 최동근·양용칠·박인우(2004). 교육방법의 공학적 접근. 교육과학사, 재구성.

그림 1-11 Smith와 Ragan의 모형

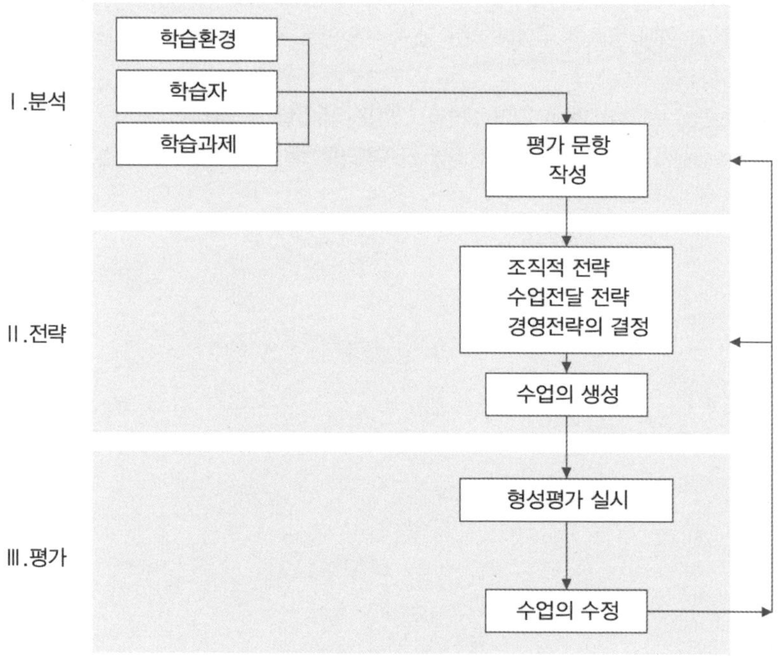

그림 1-12 Gerlach와 Ely의 체제적 수업설계 모형

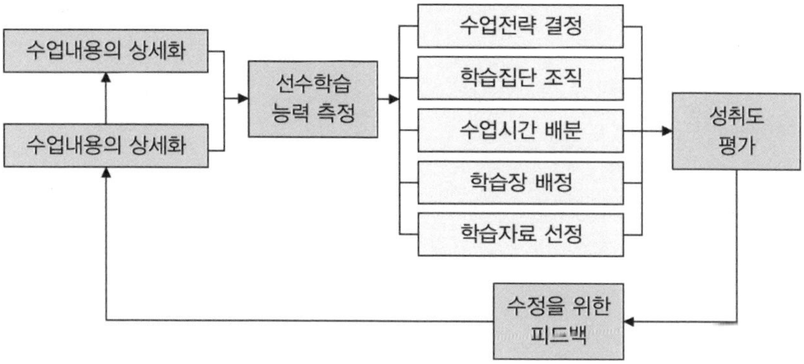

자료: 변영계·이상수(2003). 수업설계. 학지사.

| **토론문제** |

- 수업설계 시 가장 중점을 두어야 하는 것이 무엇인지 거시적 수준과 미시적 수준으로 나눠 토의하시오.
- 학생참여중심 수업설계에 ADDIE 모형이 가지는 의의를 설명해 보시오.
- 미시적 수업설계 모형 중 한 가지를 골라 교수학습과정을 계획하여 상호 의견을 나눠보시오.

CHAPTER

02

수업지도안 작성

02
CHAPTER
수업지도안 작성

학습목표

- 수업지도안 작성의 단계를 이해한다.
- 수업지도안 작성 시 유의점을 설명한다.
- 수업지도안 작성 단계에 따라 수업지도안을 작성한다.

KEY WORD 수업계획, 수업실행, 수업평가

1 수업지도안 작성의 중요성

수업지도안은 교사의 수업설계가 명시적으로 드러난 전문적 자료로써 수업설계의 각 요소에 따른 교사의 수업의도와 전략이 담긴 수업 로드맵이라 할 수 있다. 수업지도안은 교사 본인이 자신의 수업을 완벽히 인지하고 성찰할 수 있게 할 뿐 아니라 수업을 관찰하는 타인으로 하여금 수업에 대한 이해를 돕고 수업을 파악할 수 있도록 한다는 점에서 교육에 대한 전문성을 담고 있으면서도 누구나 이해할 수 있도록 구조적 명확성을 가지고 있어야 한다.

수업지도안은 교수-학습 과정의 행위에 따라 순차적으로 구성되어 있다. 교수-학습의 과정은 학습자의 요구분석에 따라 교육 목적 및 교수 목표 설정, 교수 내용의 분석, 학습자의 특성 진단, 교수방법 결정, 평가 계획 수립의 계획 단계(planning), 세워진 계획대로 수업을 진행하는 실행 단계(implementation), 목표에 대한 성취도를 측정하고 평가하는 평가 단계(evaluation) 등 크게 세 단계로 나눌 수 있다(박숙희·염명숙, 2007). 본 장에서는 교수-학습 과정의 행위에 따른 수업지도안 작성의 실제를 통해 수업지도안 작성의 과정을 살펴보고자 한다.

2 수업 계획하기

수업계획은 수업의 준비라고 부르는 수업활동의 한 단계로서, 건물의 설계도와 같은 기능을 한다(윤광보·김용욱·최병옥, 2003). 즉, 수업계획은 수업이 효율적으로 이루어지기 위해서는 반드시 사전에 수업에 대한 치밀한 계획과 철저한 준비를 의미한다(김민경 외, 2005). 이러한 수업을 계획하기 위해서 교사는 <표 2-1>과 같은 기본 지식을 갖추고 있어야 한다.

표 2-1 수업을 계획하기 위한 교사의 기본 지식

기본 지식	내용
교수설계에 대한 지식	• 학습자의 요구를 분석하고 그에 따른 교수 목적과 목표를 설정하고 학습 과제를 분석할 수 있는 지식을 갖추어야 함
학습자에 대한 지식	• 학습자의 능력과 선수학습 정도, 인성적인 특성을 미리 알고 있어야 함
학습내용에 대한 지식	• 교육과정, 학습내용의 조직, 구성 등에 관한 지식이 필요함
교수방법에 대한 지식	• 다양한 교수방법을 알고 있어서 학습내용에 가장 적절한 교수방법을 선택할 수 있어야 하며, 교수매체에 대한 지식도 갖추고 있어야 함
학습자를 오래 가르쳐 온 경험에서 나오는 묵시적 지식	• 묵시적 지식은 학습자를 관찰하고 수업을 지도하는 과정을 통해 터득된 지식으로서, 수업을 좀 더 융통성 있고 다양하게 함으로써 교사의 의사결정과 수업계획에 영향을 미침

자료: 박숙희·염명숙(2007). 교수-학습과 교육공학. 학지사, 재구성.

한편, 수업계획의 일반적인 원리를 살펴보면, <표 2-2>와 같이, 요약할 수 있다.

또한, 효과적인 수업계획을 위해 고려해야 할 점을 살펴보면, 첫째, 여러 가지 다양한 수업방법 중에서 학습자의 특성, 수업목표 및 수업내용에 적합한 수업방법을 선정하여 이에 따른 계획을 세워야 하고, 둘째, 한 시간 내지 한 단위 수업을 위해 학습활동에 관한 세밀한 계획이 수립되어야 하며, 셋째, 학습자 개개인은 각기 다양한 개성 및 배경을 갖고 있기 때문에, 다양한 학습자 변인을 수용하는 계획을 세워야 하고, 넷째, 수업을 진행할 교사의 능력, 자질, 수업 방

표 2-2 수업계획의 일반적인 원리

원리	내용
타당성	• 학습지도계획은 수업목표의 달성에 타당한 것이어야 하며, 효율성을 지니고 있어야 함
융통성	• 같은 목표, 같은 내용, 같은 대상을 지도하는 데도 개개 교사에 따라 계획이 달라지고, 또 수업방법에 있어서도 달라짐
과학성	• 계획, 실천, 평가 등의 과정을 통해 검증하고 검증된 결과에 비추어 다시 다음 단계에서 다시 선택할지 여부를 판단해야 함
유동성과 변경가능성	• 계획은 고정불변의 것이 아니기 때문에, 상황의 변화에 따라 조정될 수 있는 유동적인 계획이 마련되어야 함

자료: 윤광보·김용욱·최병옥(2003). 교육방법과 교육공학의 이해. 양서원, 재구성.

법을 고려해야 하며, 다섯째, 교사가 속한 학교, 지역사회 등이 갖고 있는 제 여건과 현실적으로 가능한 여건을 고려해야 한다(김민경 외, 2005).

특히, 수업계획은 장기계획과 단기계획으로 구분할 수 있는데, 장기계획은 학습의 연간계획, 월간계획, 단원계획이 포함되는 것이고, 단기계획은 장기 계획을 바탕으로 1주일 단위로 구체적인 지도 계획을 세우는 주안과 매일의 학습지도 계획인 일안, 매시간 학습내용에 따라 효과적인 학습지도를 계획하는 월안 등 [그림 2-1]과 같이 도식화할 수 있다.

그림 2-1 수업계획의 수준별 유형

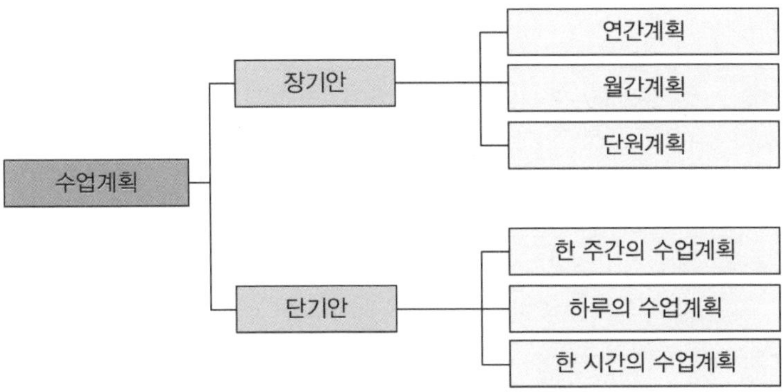

자료: 윤광보·김용욱·최병옥(2003). 교육방법과 교육공학의 이해. 양서원.

수업계획 수립 시에는 수업 목표를 효과적으로 달성할 수 있도록 내용과 방법을 정선하여야 하며 학습자의 개인차를 최대한 고려하여 설계하여야 한다. 아울러 최소의 투입으로 최대의 효과를 얻을 수 있는 방안을 고려하며 계획하여야 한다. 수업계획 시 고려해야 하는 수업설계 요소는 학습자, 목표, 방법, 평가이며 이를 고려하여 체계적인 수업을 수행하기 위한 수업계획 절차는 [그림 2-2]와 같다.

그림 2-2 수업계획 절차

초기설정	① 교과 ② 학년·학기 ③ 단원 ④ 학습주제
분석	① 단원분석, 학습내용 분석 ② 학습자 분석 ③ 학습환경 분석
설계	① 학습목표 진술 ② **교수·학습 방법(모형) 선택, 교수·학습활동 단계** ③ 세부전략: **학습동기 전략, 정보 제공 전략, 상호작용 전략, ICT활용 전략, 대안활동** ④ 평가계획 ⑤ 시간계획
개발	① 수업자료 ② 평가자료
실행	① 수업 전 고려사항 ② 수업 중 고려사항 ③ 수업 후 고려사항

3 수업 실행하기

수업실행은 학습자가 교수 목표를 성취하도록 하는 데 가장 적합한 교수 방법 및 절차를 선정하고 이를 활동으로 전개하며 학습 단원에 대한 본격적인 지도 활동이 이루어지는 단계이다(박숙희·염명숙, 2007).

보통 한 시간의 수업활동은 학습과제의 구체적인 목표를 제시하고 학습자의 동기유발을 위해 다양한 방법을 동원하는 도입 단계, 학습과제의 내용을 학생들에게 제시하고 학생들은 이에 반응하는 전개 단계, 학습된 내용을 정리하고, 연습을 통해 강화시키며, 새로운 사태에 적용하고 일반화할 수 있도록 지도하는 정리 단계 등 <표 2-3>과 같이 정리할 수 있다.

표 2-3 수업 실행의 단계

단계	시간	주요 활동	
도입	5분	• 동기유발 • 선행학습과 관련짓기	• 목표 제시
전개	35~40분	• 학습내용의 제시 • 학습자의 참여	• 학습자료의 제시 • 다양한 수업기법의 활용
정리	5분	• 요약 정리 • 일반화의 유도	• 강화 • 보충 및 예고

자료: 윤광보·김용욱·최병옥(2003). 교육방법과 교육공학의 이해. 양서원, 재구성.

특히, 수업을 실행하기 위해서는 교수-학습 과정안을 잘 수립해야 하는데, 교수-학습 과정안은 한 시간의 교수-학습 지도를 효과적으로 이끌기 위한 실제 수업의 시안이며 수업의 가설이라 할 수 있다(조성일·신재흡·최혜영, 2006).

보통, 교수-학습 과정안의 구성은 단원의 개관(교재관, 지도관), 단원의 목표, 학생의 실태 및 지도 대책, 단원의 지도계획, 본시 학습의 실제, 평가계획 등으로 나눌 수 있다(<표 2-4> 참조).

표 2-4 교수-학습 과정안(예시)

국어과 교수·학습안

대단원(차시)	학반	학생	지도일시 (장소)	지도 교사	적용모형
넷째 마당 말과 실천 2. 곧은 생각 좋은 세상 (7/18)	5-2	남 15명 여 17명 계 32명	2007. 12. 4. 화요일 2교시 (5-2 교실)	○○○	문제해결 학습
말·듣·쓰(말하기)					

Ⅰ. 대단원의 개관

1. 교재관

본 대단원은 설득과 비판적 분석 관련 단원으로서, 의견이나 주장을 효과적으로 표현할 수 있는 능력과 사실과 의견을 구별하며 글을 읽는 능력을 기르는 데 초점을 두고 있다.

<말하기·듣기·쓰기>에서 대단원의 근거를 이루는 교육 과정 내용은 '상대의 어휘 사용이 적절한지 판단하며 듣는다', '분류의 방법으로 내용을 전개하여 글을 쓴다', '분석의 방법으로 내용을 전개하여 말한다', '조사나 관찰을 통하여 내용을 선전해 글을 쓴다', '쓰기의 방법을 적극적으로 배우려는 태도를 지닌다'이다. 즉, 일상 생활에서 다른 사람들과 의견을 주고 받으며 자신의 의견을 표현하는 여러 가지 방법 중에서 간단한 만화 그리기와 토론 활동을 할 수 있도록 구성되어 있다.

<읽기>에서 대단원의 근거를 이루는 교육 과정 내용은 '사실과 의견을 표현한 부분을 구별하며 글을 읽는다'이다. 즉, 글 속에 나타난 내용이 사실을 나타낸 것과 의견을 나타낸 것을 구별하여 정리할 수 있고, 사실과 의견의 적절성을 비판할 수 있도록 구성되어 있다.

2. 지도관

<말하기·듣기·쓰기>에서는 조사나 관찰을 통해 자료를 수집하고, 이 내용을 만화로 표현하거나 토론의 주제로 삼아 다양한 말하기나 듣기 활동을 할 수 있도록 지도하겠다. 또한, 자신의 생각을 만화로 표현할 때, 머릿속에서 일어나는 일반적인 사고 과정을 이해할 수 있도록 자신의 의견을 만화와 글로 표현하였을 때의 효과를 비교하게 하고, 만화로 표현하기 위한 준비를 알아본 후, 자신의 생각을 만화로 표현하도록 지도하겠다. 특히, 토론할 때 주의해야 할 점과 토론 주제를 정하는 방법, 토론하는 방법, 토론 규칙 등을 잘 알 수 있도록 교사와 학생이 함께 문제를 해결해 나가는 문제해결학습모형을 사용하여 지도하겠다. 또한, 찬성과 반대로 나누어지는 토론할 때의 주장과 근거를 분명히 구별하고, 토론 내용을 평가해 봄으로써 토론을 할 때 주의해야 할 점을 말할 수 있도록 지도하겠다. 이 외에도 토론할 때 지켜야 할 규칙을 지키고, 적절한 근거를 들어가며 토론을 할 수 있도록 지도하겠다.

<읽기>에서는 글에 제시된 내용이 정확한지, 글쓴이의 의견이 올바른 사실을 바탕으로 하여 제시된 것인지를 판단하며 읽게 하며, 사실과 의견에 대한 내 생각을 제시하며 읽도록 지도하겠다. 또한, 사실과 의견을 찾아보며 글을 읽는 방법을 알게 하고, 글을 읽고, 사실과 의견을 구별하여 정리할 수 있도록 지도하겠다.

3. 대단원의 계열

선수 학습		본 학습		후속 학습
5-1-넷째 마당 이리 보고 저리 보고		5-2-넷째 마당 말과 실천		6-1-넷째 마당 의견을 모아서
• 말하는 상황에 어울리게 말하기	▶	**• 토론 내용을 듣고, 토론할 때의 주의할 점 알아보기** -토론 내용 듣고, 주장과 근거 찾기 -토론 평가하기 -토론할 때 주의할 점 알아보기	▶	• 주장하는 말하기에서 알맞은 근거를 들어 말하기

Ⅱ. 대단원의 목표

1. 말하기·듣기·쓰기
   - 의견이나 주장을 효과적으로 표현할 수 있다.
   - 토론할 때의 주의할 점을 알고, 적절한 근거를 들어가며 토론할 수 있다.

2. 읽기
   - 사실과 의견을 구별하며 글을 읽을 수 있다.
   - 글을 읽고, 사실과 의견에 대한 내 생각을 정리할 수 있다.

Ⅲ. 학생의 실태 및 지도 대책

N=32 (2007. 11. 21)

분석 내용	실태	지도 대책
1. 자신의 의견에 적합한 근거를 말하는 능력	• 자신의 의견에 적합한 근거를 말하는 능력을 조사한 결과, 상 8명(25.0%), 중 17명(53.2%), 하 7명(21.8%)으로 나타났다.	☞ 자신의 의견에 적합한 근거를 말하는 능력은 21.8%의 학생들을 제외한 78.2%의 학생들이 우수한 것으로 나타났기 때문에, 21.8%의 학생들을 자신의 의견(주장)에 적합한 근거를 말하는 방법을 알 수 있도록 지도하겠다.

2. 토론의 개념 이해 정도	• 토론의 개념 이해 정도는 상 7명(21.8%), 중 8명(25.0%), 하 17명(53.2%)으로 나타나 78.2%의 학생들이 토론에 대한 개념을 정확하게 알지 못하는 것으로 나타났다.	☞ 전반적으로 78.2%의 학생들이 토론의 정확한 개념을 모르고 있기 때문에, 본 차시 수업목표를 제시하기 전에 학생들에게 '교내 독서토론대회' 동영상자료를 보면서 토론의 개념을 분명히 인식할 수 있도록 지도하겠다.
3. 토론을 해 본 경험의 정도	• 토론을 해 본 경험의 정도는 '많다' 8명(25.0%), '보통이다' 12명(37.5%), '적다' 12명(37.5%)라고 응답하여 비교적 경험이 적은 것으로 나타났다.	☞ 토론의 경험이 학생들은 비교적 적은 것으로 나타나, 토론할 때 주의할 점, 규칙, 토론의 과정, 토론 주제 정하는 방법, 주장에 대한 근거를 제시하는 방법 등을 알 수 있도록 구체적인 교사의 시범과 예시를 사용하여 지도하겠다.

Ⅱ. 대단원의 지도 계획

대단원	소단원	교과서	차시	주요내용 및 활동	교수·학습자료
넷째 마당 말과 실천	1. 우리의 의견	말하기·듣기·쓰기	1/18	• 대단원 개관 및 학습 안내 • 의견을 만화와 글로 표현하였을 때의 효과 알기	PPT
			2/18	• 의견을 만화로 표현하기 위한 준비하기	인터넷
			3/18	• 의견을 만화로 표현하기	학습지
		읽기	4/18	• 대단원 개관 및 학습 안내 • 사실과 의견 구분하기	실물 화상기 PPT 낱말카드
			5/18	• 사실과 의견에 주의하며 글 읽기	실물 화상기 PPT 낱말카드
			6/18	• 사실을 나타낸 부분과 의견을 나타낸 부분을 구별하며 글 읽기	실물 화상기 PPT 낱말카드

대단원	소단원	교과서	차시	주요내용 및 활동	교수· 학습자료
	2. 곧은 생각 좋은 세상	말하기· 듣기· 쓰기	7/18 (본시)	• 토론 내용을 듣고, 토론할 때의 주의할 점 말하기 – 토론 내용 듣고, 주장과 근거 찾기 – 토론 평가하기 – 토론할 때 주의할 점 말하기	동영상 애니메이션 그림
			8/18	• 토론 주제 정하기 • 주장을 뒷받침할 근거 마련하기	PPT
			9/18	• 적절한 근거를 들어가며 토론하기 • 받침 <ㄷ>과 <ㅌ> 뒤에 <ㅣ>가 올 때의 소리 변화에 주의하며 발음하기	학습지 PPT
		읽기	10/18	• 글을 읽고, 의견을 뒷받침하는 사실 찾기	국어사전 백과사전 인터넷
			11–12/18	• 사실에 대한 글쓴이의 의견 정리하기 • 사실과 의견에 대한 내 생각 정리하여 말하기	백과사전 인터넷
	한 걸음 더	말하기· 듣기· 쓰기	13/18	• 되돌아보기	학습지
			14/18	• 더 나아가기(1) – 선택 과제형	학습지 백과사전
			15/18	• 더 나아가기(2) – 통합 과제형	PPT
		읽기	16/18	• 되돌아보기	학습지
			17–18/18	• 더 나아가기 – 선택 과제형	낱말카드 인터넷

Ⅴ. 지도상의 유의점

- 소단원 1에서는 5학년 1학기에 배웠던 자신의 의견에 대한 근거를 찾는 방법을 바탕으로, 의견이나 주장을 효과적으로 표현할 수 있도록 만화로 표현하였을 때와 글로 표현하였을 때의 효과를 비교해 보고, 만화의 장점이 드러나도록 자신의 생각을 표현해 보는 데 초점을 두어야 한다.

- 소단원 2에서는 주제에 대한 자신의 생각을 말하면서 토론이라는 활동에 익숙해질 수 있도록 지도해야 하며, 자신의 주장과 펼칠 때와 반대측의 의견을 들을 때 알아 두어야 할 점을 이해하고, 올바르게 토론 활동에 임할 수 있도록 지도한다.
- 본 차시에서는 토론 내용을 듣고, 찬성 의견과 반대 의견을 구분하여 그에 따른 주장과 근거를 정리하는 활동을 하는 것은 물론, 토론 내용을 평가함으로써 토론을 잘한 사람과 잘 못한 사람을 찾은 후에 그렇게 생각한 이유를 발표시킴으로써 토론할 때의 유의할 점을 말하는 이와 듣는 이로 구분하여 말할 수 있도록 지도한다.

Ⅱ. 본시 학습의 실제

1. 교수－학습과정안

본시 목표		• 토론 내용을 듣고, 토론할 때 주의할 점을 말할 수 있다.	
단계	학습요항 (분)	교수·학습 활동	□자료 ※유의점 ⑦평가 ☆창의성
문제 확인 하기	독서토론대회 장면에 관해 이야기하기 토론의 개념 알아보기 (5′)	• 1을 보고, 상황 알아보기 · 1에 나타난 장면이 어떤 내용인지 말해 봅시다. －교내 독서토론대회에서 토론을 벌이고 있다. ·독서토론대회에는 누가 나오는지 말해 봅시다. －사회자, 찬성토론자, 반대토론자 • 토론의 의미 파악하기 ·토론의 뜻이 무엇인지 간단하게 말해 봅시다. －찬성토론자와 반대토론자가 자신의 주장과 근거를 밝혀 이야기를 하는 것이다. ·토론이 제대로 진행되려면 어떻게 해야 할지 말해 봅시다. －토론할 때의 주의할 점과 지켜야 할 점을 알아야 한다. • 학습 문제 함께 알아보기 ♣ 토론 내용을 듣고, 토론할 때 주의할 점을 말해 봅시다.	1 동영상('교내 독서토론대회'의 일부) ☆ 민감성 ※ 토론의 개념을 분명히 알 수 있도록 지도한다.
문제 해결 방법 찾기	학습 순서와 방법 확인하기 (3′)	○공부할 순서와 방법 알아보기 (활동1) 토론 내용 듣고, 주장과 근거 찾기 (활동2) 토론 평가하기 (활동3) 토론할 때 주의할 점 말하기	※ 학습 순서를 알아봄으로써 학생들이 주체적으로 수업을 이끌어갈 수 있도록 유도한다.

단계	학습요항 (분)	교수·학습 활동	□자료 ※유의점 ⑦평가 ☆창의성
문제 해결 하기	토론 내용 듣기 주장과 근거를 메모하면서 토론 듣기	○ 토론 주제를 생각하면서 [2]를 활용하여 토론 내용 듣기 • 토론 주제를 생각하면서 토론 내용을 잘 들어 봅시다. • 토론 주제가 무엇인지 말해 봅시다. –'초등학생의 컴퓨터 게임은 통제되어야 하는가'이다. • 토론자가 몇 명인지 말해 봅시다. –4명이다. • 찬성 토론자와 반대 토론자는 각각 누구인지 말해 봅시다. –찬성 토론자(이은선, 김윤재), 반대 토론자(한경수, 박효민) ○ [2]를 활용하여 토론 내용 다시 듣기 • 주장과 근거를 간단하게 정리하면서 토론 내용을 다시 들어 봅시다. –주장과 근거를 정리하면서 토론 내용을 다시 듣는다.	[2] 애니메이션('초등학생의 컴퓨터게임은 통제되어야 하는가'에 대한 토론 내용) [3] 그림(토론자의 얼굴 및 이름) ※ 학생이 사회자, 찬성토론자, 반대토론자의 이름을 발표할 때 교사는 직접 칠판에 [3]을 붙인다.
문제 해결 하기	토론의 주장과 근거 발표하기 (10′)	○ 메모하면서 정리한 토론의 주장과 근거 발표하기 • 찬성 토론자의 주장이 무엇인지 말해 봅시다. –'컴퓨터 게임을 통제해야 한다'이다. • 찬성 토론자가 주장하는 근거는 무엇인지 말해 봅시다. –'눈이 나빠진다'이다(이은선) –'공부하는데 방해가 된다'이다(김윤재) • 반대 토론자의 주장이 무엇인지 말해 봅시다. –'컴퓨터 게임을 통제해서는 안 된다'이다. • ·반대 토론자가 주장하는 근거는 무엇인지 말해 봅시다. –'공부에 도움이 된다'이다(한경수) –'컴퓨터 분야의 재능을 발휘할 수 있다'이다(박효민)	[4] 그림(왕관) ☆정교성
문제 해결 하기	토론 평가 하기	• 토론을 잘 한 사람과 이유 발표하기 ·토론을 잘 한 사람은 누구인지 말해 봅시다. –이은선, 한경수 ·토론을 잘 했다고 생각한 이유는 무엇인지 말해 봅시다. –자료를 준비하였다(이은선) –생각을 분명하게 말하였다(한경수)	※ 잘 된 토론과 잘 못된 토론을 학생들이 찾지 못할 경우, 듣기 자료를 다시 들려준다.

단계	학습요항 (분)	교수·학습 활동	□자료 ※유의점 ⓥ평가 ☆창의성
문제 해결 하기	(7′) 토론할 때 주의할 점 알아보기 (10′)	• 토론을 잘 못한 사람과 이유 발표하기 ·토론을 잘 못한 사람은 누구인지 말해 봅시다. – 박효민, 김윤재 ·토론을 잘 못했다고 생각한 이유는 무엇인지 말해 봅시다. – 상대방의 말에 끼어들었다(박효민) – 토론에 집중하지 않았다(김윤재) • 토론할 때 주의할 점 토의하기 ·토론할 때 말하는 이와 듣는 이가 주의할 점을 토의해 봅시다. – 모둠별로 토의하여 공책에 개인별로 정리한다. • 토론할 때 주의할 점 발표하기 ·말하는 이가 주의해야 할 점을 모둠별로 발표해 봅시다. – 토의 주제와 관련된 의견을 말한다. – 다른 사람의 말에 끼어들지 않는다. – 알맞은 근거를 제시하면서 듣는다. ·듣는 이가 주의해야 할 점을 모둠별로 발표해 봅시다. – 진지한 태도로 끝까지 듣는다. – 중요한 내용은 메모하면서 듣는다. – 주장에 알맞은 근거가 맞는지 생각하면서 듣는다.	※ 4명 중에서 토론을 잘 한 사람에게는 [4]를 붙여 준다. ⓥ ※ 한 모둠에서 발표한 내용을 다른 모둠에서 보충할 수 있도록 지도한다.
일반화 하기	실제 토론 장면에서 토론평가 하기 학습 내용 정리하기 (5′)	[5]에서 제시하는 토론 주제를 보고 토론하기 ·토론 참가자를 정해 봅시다. – 사회자, 찬성 토론자(2명), 반대 토론자(2명)를 정한다. ·'초등학생은 교복을 입고 다녀야 하는가?'에 대해 토론해 봅시다. – 토론의 역할을 정해 토론을 한다. • 토론을 듣고, 토론평가하기 ·토론 내용을 평가해 봅시다. – ○○○는 토의 주제와 관련된 의견을 잘 말하였다. – ○○○는 다른 사람이 말을 할 때 잘 듣지 않았다 • 학습 활동 후 알게 된 점이나 느낀 점 말하기 ·이번 시간 학습을 통해 새롭게 알게 된 점이나 느낀 점을 말해 봅시다. – 토론할 때 주의할 점과 규칙을 지키면서 토론해야겠다.	[5] PPT('초등학생은 교복을 입고 다녀야 하는가?' 토론 주제)

2. 평가 계획

성취기준		• 토론 내용을 듣고, 토론할 때 주의할 점을 말할 수 있다.
평가 기준	상	• 토론 내용을 듣고, 토론할 때 주의할 점을 말하는 이와 듣는 이로 구분하여 말한다.
	중	• 토론 내용을 듣고, 토론할 때 주의할 점을 말한다.
	하	• 토론 내용을 듣고, 토론할 때 주의할 점을 말하지 못한다.
평가방법		관찰

한편, 교수－학습 과정안을 작성할 때 중요한 조건은 다음과 같다(조성일·신재흡·최혜영, 2006).

첫째, 학습목표는 그 시간에 달성할 수 있고, 또한 학습의 가치가 있어야 한다.

둘째, 목표는 목표답게 진술되어야 한다.

셋째, 학습의 핵심이 분명히 파악되어야 한다.

넷째, 전시학습과 관계를 맺어야 하며, 생활에서 도입되어야 한다.

다섯째, 목표와 실제 수업내용은 완전히 일치해야 한다.

여섯째, 수업내용은 학생의 생활경험이 존중되어야 한다.

일곱째, 학습내용별로 시간적인 배려가 적절히 되어야 한다.

여덟째, 알맞은 학습과정이 선택되고 바르게 적용되어야 한다.

아홉째, 학생의 활동을 보장할 수 있는 알맞은 형태가 적용되어야 한다.

열째, 학생의 개인차, 즉 흥미와 능력을 고려해야 한다.

열한번째, 학생의 흥미가 한 시간 내에 지속되게 해야 한다.

열두번째, 교수－학습 활동란은 문제나 방법이 아닌 행동 용어로 기재해야 한다.

열세번째, 학생의 학습 정확도를 즉시 확인해야 한다.

열네번째, 학생의 학년별 수준이 고려되고 균형이 잡혀야 한다.

열다섯번째, 자료의 수집과 활용이 적절해야 한다.

4 수업에서 평가하기

교육평가는 대상에 따라 학습자평가, 수업평가, 교육과정평가, 학교평가 등으로 <표 2-5>와 같이 구분할 수 있다.[1]

표 2-5 대상에 따른 교육평가의 분류

구분	특징
학습자 평가	• 학습자가 지닌 능력, 특성의 가치 판단 • 교사에 의해 이루어지는 평가 • 학교 현장에서 가장 많이 실시하는 평가 • 중간시험, 학기말시험, 학교생활기록부 • 학업성취도 평가(지적 영역)와 태도, 동기, 흥미, 성격(정의적 영역) 등을 포함한 전인적 평가
수업평가	• 수업이 진행되는 과정에서 학습자의 성취도를 중심으로 수업의 내용과 방법을 평가하여 수업 개선에 활용 • 한 학기 동안의 수업이 끝나고 설문지를 이용하여 수업에 대한 학습자들의 반응을 조사하여 강의평가로 활용 • 수업 전: 학습자의 사전 지식, 학급 규모 등 평가 • 수업 중: 수업방법이나 학습자와의 관계 등 평가 • 수업 후: 수업 성과, 수업 결과 등 평가
교육과정 평가	• 학교 교육과정의 질적 효과 판단 • 의도된 교육과정, 전개된 교육과정, 실현된 교육과정의 질적 수준과 성과 조사, 측정을 통해 의사결정자들이 교육과정의 지속과 개정에 대한 판단을 내릴 수 있도록 정보 수집
학교평가	• 개별 단위 학교를 대상으로 학교의 여러 가지 부분들이 올바른 방향으로 기능하고 있는지 평가 • 행정가의 행정 및 관리 능력, 교사의 교수기능과 수업방법, 교과의 구성 및 조직, 학습자의 학업성취도 등 • 학교 기능의 개선 및 보완

1 신재한·김덕희(2020). 미래교육 핵심 역량 강화를 위한 학생활동 참여중심 수업 코칭 전략. 교육과학사 인용.

구분	특징
행정기관 평가	• 정책을 추진하는 체제를 포함한 행정의 종합적인 역량과 역할 구조의 타당성 및 적합성 등을 종합적으로 평가 • 행정체제 발전의 내면화, 행정기관의 기능 및 역할 수행 방법 개선, 행정기관의 간접적 경쟁 등 유도
인사 및 행정가 평가	• 조직 구성원의 능력, 태도, 직무 관련 실적에 대한 장점과 가치를 사전에 결정된 목표나 기준에 비추어 체계적으로 판단하는 평가 • 균형 성과표, 직무성과 계약제, 다면평가 등 포함

본 장에서는 <표 2-5>의 분류 중 수업이 진행되는 과정에서 학습자의 성취도를 중심으로 수업의 내용과 방법을 평가하여 수업 개선에 활용하는 '수업평가'의 방법에 대해 논의하고자 한다.

수업평가는 교육의 목표를 실현시키기 위한 교육과정과 학습에 관련되는 활동을 진단하고 평가하는 것으로서, 학습 활동의 결과, 즉 학습목적의 달성도를 재어서, 보다 나은 학습의 계획을 수립함에 필요한 기초 자료를 얻고자 하는 활동이다(조성일·신재흡·최혜영, 2006). 즉, 수업평가는 학습자가 교수 목표를 달성하였는지 학습의 성과를 평가하는 단계(박숙희·염명숙, 2007)임과 동시에 교사의 수업 실행을 종합적으로 평가하는 것으로써 다양한 관점에서의 수업 분석을 통해 수업 개선의 방향을 찾아가는 과정이라 하겠다. 교사는 수업평가를 통해 자신의 수업을 반성적으로 성찰할 수 있으며 이는 교사의 수업 전문성 신장의 밑거름이 된다. 수업평가의 기능은 <표 2-6>과 같이 요약할 수 있다.

수업 과정의 단계에 따른 수업평가는 수업 전, 수업 중, 수업 후로 나눌 수 있다. 수업이 진행되는 과정에 따른 학습자의 평가는 크게 진단평가와 형성평가, 총괄평가로 나눌 수 있다. 진단평가는 수업 전에 이뤄지는 평가로 학습자의 사전 지식 정도의 분석과 판단을 위해 이뤄진다. 형성평가는 수업이 진행되는 과정에 학습자가 학습의 내용을 얼마나 잘 이해하고 있는지 평가하는 것으로써 교사의 관찰 또는 상호 평가를 통해 학습자의 학습정도를 평가하게 된다. 총괄평가는 교수-학습이 끝난 후 성취 결과를 종합적으로 평가하는 것이다. 진단평가, 형성평가, 총괄평가의 개념은 <표 2-7>과 같이 정리할 수 있다.

표 2-6 수업평가의 기능

기능	내용
학습 촉진	• 수업평가를 통해 학습 결과를 학습자에게 알려 주는 일은 학습 의욕을 높이는 결과를 가져오게 함
학습지도 개선	• 수업평가를 통해 어떤 특별한 결함이 있는지, 부족한 면이 있는지 확인하고 수업방법을 개선할 수 있음
생활지도	• 교과지도뿐만 아니라, 태도와 가치관 습득, 정서적 안정, 성격적인 통정 등 정의적인 발달을 기해야 하며 적절한 생활지도에 의해 가능
교육정치	• 학생들의 능력에 부합되는 교육적인 배치를 하고, 개별화 학습을 요구하는 현재의 상황에서 학생을 개인적인 특성에 적합하도록 배치하는 일이 중요

자료: 조성일·신재흡·최혜영(2006). 지식기반사회에서 교육방법 및 교육공학의 이론과 실제. 동문사, 재구성.

표 2-7 수업 과정의 단계에 따른 수업평가 분류

구분	평가의 형태		
	진단평가	형성평가	종합평가
개념	• 교수-학습 활동 시작 전 학생의 수준과 특성 확인	• 교수-학습 활동 진행 중 학습목표 도달도 확인	• 학생의 학습 성취 수준을 종합적 평가
기능	• 교수전략을 위한 기초 자료를 얻어 교수방법 등을 세움	• 교수하고 있는 교육 목표의 성취도를 알아서 학습내용, 교수방법 개선	• 전 교과학습이 끝난 후 학생의 성취수준을 평가하여 평점을 내어 서열 결정하는 상대평가
평가의 강조점	• 지적, 정의적, 심리운동적 행동 요인	• 지적 활동	• 지적 행동 • 교과에 따라 심리운동적 행동
검사 형태	• 예비 검사용의 형성적 종합적 검사, 표준 학력 검사, 표준 진단 검사, 관찰법과 체크리스트	• 특별히 고안된 형성평가 검사	• 학기말 검사 또는 종합평가 검사

자료: 조성일·신재흡·최혜영(2006). 지식기반사회에서 교육방법 및 교육공학의 이론과 실제. 동문사, 재구성.

그러나, 이와 같은 학습 성과의 결과평가에 대한 기존의 평가방법의 문제점과 부작용을 지적하면서 제시된 평가방법이 수행평가(performance assessment)로서, 교사가 학습자들의 과제를 수행하는 과정이나 결과를 다양한 방법으로 직접 관찰하고 그 결과를 통해 학습자의 능력을 전문적으로 판단하는 평가 방식이 대두되고 있다(박숙희·염명숙, 2007).

따라서, 수행평가는 학습자 스스로가 자신의 지식이나 기능을 나타낼 수 있도록 산출물을 만들거나, 행동으로 나타내거나, 답을 구성하도록 요구하는 평가 방식으로서, 창의성 등 고등 사고기능이 중시되고, 학생 개개인의 전인적 발달에 관심을 두어야 하는 교육 현장에서는 교육적으로 더욱 가치있는 평가 방식이라 하겠다(조성일·신재흡·최혜영, 2006).

기존의 전통적인 평가 방식과 수행평가 방식을 비교해 보면 <표 2-8>과 같이 요약할 수 있다.

표 2-8 전통적 평가와 수행평가의 비교

구분	평가의 형태	
	전통적 평가	수행평가
평가 대상	• 학습을 통해 배운 내용의 이해력과 암기력	• 학습 내용을 더욱 발전시켜 비판적인 능력과 창의적인 사고력의 고등 정신 능력
지식의 종류	• 결과로서의 지식	• 과정으로서의 지식과 결과로서의 지식
평가방법	• 지필검사에 의존하며 학습에 대한 정서적 반응을 평가하는 항목은 거의 평가하지 못함	• 다양한 방법의 평가가 가능하므로 학습에 대한 감정을 반성할 수 있는 기회를 제공함
평가 상황	• 인위적인 시험 상황	• 실제 상황이나 모의 상황
평가 성격	• 교수, 학습, 평가의 분리	• 교수, 학습, 평가의 통합

자료: 박숙희·염명숙(2007). 교수-학습과 교육공학. 학지사, 재구성.

또한, 평가기준에 따라 임의평가, 상대평가, 절대평가 등 <표 2-9>와 같이 비교할 수 있다.

표 2-9 평가기준에 따른 평가방법의 비교

구분	평가의 형태		
	특징	장점	문제점
임의평가	• 평가기준이 교사 개개인의 주관적인 판단에 의해 좌우되며 교사에 의한 100점 만점식 평가		• 평가의 기준이 교사에 의해 임의로 결정 • 평가결과에 대한 판단이 서로 상이함
상대평가	• 평가기준이 어떤 표준척도에 의해 조작이 되는 평가 형태 • 기준점수척도에 의거한 기준지향적 평가방법	• 개인차의 변별력 가능 • 집단 내의 각 점수의 객관적 평가 가능 • 외발적 동기유발에 좋은 방법 • 검사 신뢰감 강조	• 개개 학생이 교육목표에 도달되었는가의 여부를 밝히는 기준적 판단을 할 수 없음 • 비교적인 경쟁심 유발
절대평가	• 평가기준을 교육과정을 통해 달성하려고 하는 수업목표, 도착점행동에 두는 목표지향적 평가	• 교육의 효과에 대한 적극적인 신념을 기초로 하고 있음 • 학생의 도전 상대는 동료 학생이 아니라, 지적 탁월성인 절대기준임 • 교수-학습의 개선을 위한 자료 제공	• 절대기준 설정의 단점 • 개인차 변별의 곤란 • 통계적 활용의 단점

자료: 조성일·신재흡·최혜영(2006). 지식기반사회에서 교육방법 및 교육공학의 이론과 실제. 동문사, 재구성.

최근에는 학생평가의 전통적 관점에서 나아가 교사별 과정중심평가로 평가의 패러다임이 변화하고 있다. 교사별 과정중심평가는 학습을 위한 평가, 학습과 평가의 일체화를 꾀하는 평가의 형태이다.

그림 2-3 평가 패러다임의 변화

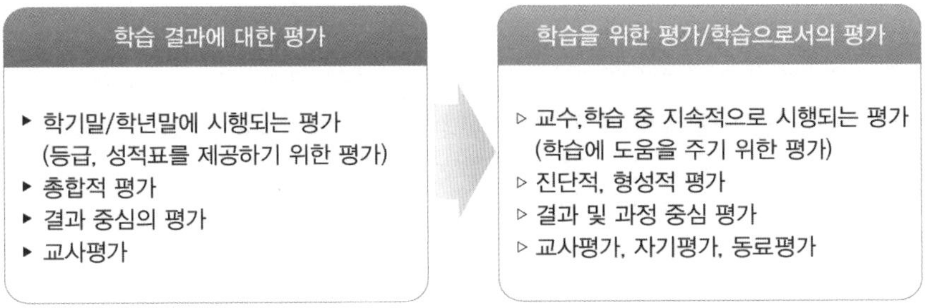

교사별 과정중심평가는 교육과정 성취기준에 기반한 평가계획에 따라 교수·학습 과정에서 학생의 변화와 성장에 대한 자료를 다각적으로 수집하여 적절한 피드백을 제공하는 평가이다. 교사는 학생들이 수업을 통해 성취기준을 달성할 수 있도록 수업설계 요소를 고려하여 수업지도안을 계획할 필요가 있다. 이를 통해 학습의 결과뿐만 아니라 학습의 과정을 평가하여 모든 학생이 교육목표에 성공적으로 도달할 수 있도록 지도하여야 한다.[2]

그림 2-4 교사별 과정 중심 평가 단계

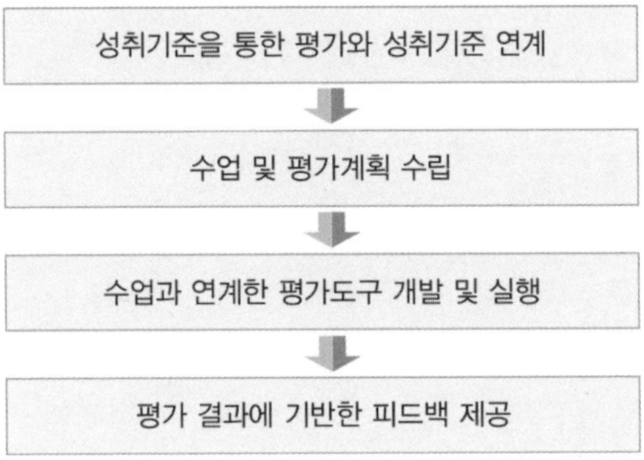

2 교육부. 2015 개정교육과정.

| 토론문제 |

- 학생참여중심의 수업계획 수립을 위해 선행되어야하는 것은 무엇인지 논하시오.
- 교사별 과정중심평가의 관점에 따른 수업계획 수립 및 평가방법에 대해 논하시오.
- 수업계획안을 작성하여 수업계획안 작성의 조건을 만족하고 있는지 검토해 보시오.

CHAPTER

03

교사의 발문

1. 발문과 질문의 차이는 무엇인가?
2. 발문을 왜 할까?
3. 발문을 분류해 볼까?
4. 발문은 어떤 원리로 할까?
5. 바람직한 발문의 전략은 무엇일까?
6. 효과적인 발문과 비효과적인 발문을 구분해 볼까?
7. 학생의 응답 처리를 어떻게 할까?

03
CHAPTER
교사의 발문

학습목표

- 발문과 질문의 비교를 통해, 올바른 발문 전략을 세울 수 있다.
- 발문의 원리와 전략을 사용하여, 효과적인 발문을 할 수 있다.

KEY WORD 발문, 발문의 원리, 발문의 전략, 효과적인 발문

1 발문과 질문의 차이는 무엇인가?

가. 발문과 질문의 차이

교수-학습 과정에서 교사가 질문을 함으로써 학습자는 좀 더 적극적으로 학습에 참여하게 되어 교사와 학생 사이, 학생과 학생 사이의 상호작용적 활동이 가능해진다. 그러나, 발문은 질문과 유사한 의미로 사용되고 있지만 교육학적으로는 구별되어 사용하고 있다. 즉, 질문은 의문되는 점을 바로 잡아 밝히려는 물음, 어느 정도 얼마나 알고 있는가를 알아보려는 물음으로서 하나의 정답을 요구하지만(박병학, 1986), 발문은 학습자의 사고를 자극하고 유발하여 새로운 추구나 발견 또는 상상의 확대를 가져오고 발전시켜 나가기 위한 문제 제기로서 하나의 정답을 요구할 뿐만 아니라, 다양한 형태의 표현활동을 촉구한다(이기숙·김원경, 2006).

특히, 수업 중에 제기하는 교사의 물음은 학생의 학습 정도에 대한 정보를 얻고 학생의 일련의 사고활동을 자극하며 학습 활동에 대한 참여를 높이는 교사의 언어적 교수 행동이기 때문에, 발문의 성격이 매우 강하다(Moore, 1995). 이러한 발문과 질문의 차이는 <표 3-1>과 같이 정리할 수 있다.

표 3-1 발문과 질문의 비교

구분	특징
발문	• 교사가 학생의 반응을 이끌어 내거나 학생들의 반응이나 요구에 교사가 반응하는 일체의 행위 • 교사가 학생에게 질문하는 것, 학생이 대답하는 것, 학생의 대답에 대한 교사의 반응, 교사의 언어, 몸동작 등 포함
질문	• 모르는 입장에 있는 사람이 아는 입장에 있는 사람을 향해 던지는 물음 • 누구나 상대방에게 묻는 것 • 묻는 것만 질문이고 대답은 제외 • 언어가 아닌 몸동작 등도 제외 • 어떤 것을 알고자 할 때 사용

- 발문
  - 교사가 학생의 반응을 이끌어 내거나 학생의 반응에 교사가 반응하는 일체의 행위
  - 교사의 반응, 언어, 몸짓 등 포함
- 질문
  - 모르는 입장에서 상대방에 묻는 것
  - 어떤 것을 알고자 할 때 사용

나. 발문의 개념

일반적으로 발문의 개념은 <표 3-2>와 같이 학자들마다 매우 다양하게 정의하고 있다.

표 3-2 발문의 개념

학자	발문의 개념
Cotton(2001)	• 학습자에게 수업의 과정에 참여하도록 동기를 유발시켜 주고 학습자의 수업 준비 상황을 점검하며 비판적인 사고력을 향상시켜 주는 교수 방법
Bellon et al (1992)	• 수업에서 구두 상호작용의 핵심이 되는 교수 과정
Dillon(1988)	• 수업 과정의 전반을 조율하는 교수과정의 기법
Minnis & Shrable(1970)	• 학생의 사고를 유발시켜 주는 가장 가치 있는 교수 기술
Ascher(1961)	• 교사가 학생의 사고 활동을 촉진시켜 주는 기본적인 방법
김향숙 외 (2007)	• 학습자가 사고하고 추론하고 상상하고 스스로 문제해결에 도달할 수 있도록 교사가 미리 대답을 준비해 두고 학생으로부터 그것을 이끌어 내려고 하는 의도적인 문제 제기
박성익·김연경(2004)	• 학습자의 학업성취를 이루게 하는 하나의 수단이며 사고활동을 유발시켜 주기 위한 문제 제기
최보중(2001)	• 교사가 수업을 전개하는 과정에서 학습자의 사고 활동의 계기를 마련해 주고 학습자의 사고를 촉진하며 표현활동을 촉구하는 중요한 수업 전략

2 발문을 왜 할까?

발문은 학생의 사고를 자극하고 유발함으로써 새로운 추구나 발견, 상상을 확대하기 위해 문제를 제기하는 것으로서, 학생들의 선수 지식 유무 파악, 학생들의 사고력 개발, 수업 내용의 숙달 및 연습 기회 제공, 학습 자료 조직 및 해석, 중요한 수업 내용 강조, 사건의 인과 관계 파악, 학생의 주의 집중, 수업 내용의 원만한 이해, 학습 내용 복습 및 점검, 학생들 간의 공감대 형성, 진단 및 평가, 학습 동기 유발 등의 목적으로 사용되고 있다.

특히, 국내·외 학자들이 제시한 발문의 목적은 <표 3-3>과 같이 다양하게 설명할 수 있다.

표 3-3 발문의 목적

학자	발문의 목적
Blosser (1992)	• 학생들이 학습한 내용 검토 • 이해하고 있는 내용의 점검 • 비판적 사고 자극 및 창의력 촉진 • 교실 분위기 통제 및 부주의한 행동 억제 • 토의 촉진 및 학업 성취도 향상
Kissock & Iyortsuan (1982)	• 사고 과정의 개발, 탐구와 의사결정 안내 • 정보 획득과 명료화, 관심의 표현, 지능 개발 • 학생의 욕구를 충족시킬 수 있도록 학생들을 끌어들일 수 있는 정도 결정 • 적극적인 학습에의 참여를 격려하기 위한 동기 부여 • 새로운 아이디어를 생각하고 이미 학습한 아이디어를 이용하도록 유도 • 자신의 아이디어를 명료하게 하는 데 도움 제공 • 학습을 구조화하고 학생의 관심사를 학습하도록 하는 데 사용 • 자문하도록 학생들 격려 • 학생의 성취와 이해 정도의 판단을 위한 정보 획득 • 교사와 학생들이 가지고 있는 아이디어를 공유하도록 교사와 학생 자극 • 신념에의 도전과 수업 효과에 대한 교사 자신의 평가에 도움
Cole & Chan (1987)	• 학습자의 언어적 상호작용 장려 • 주제의 특징 및 특이한 점에 관심 집중 • 교과에 대한 학생의 지식과 이해 정도 평가 • 교과 속의 본질적인 내용 복습 • 특정한 사고 유형과 인지적 활동 자극 • 학생의 사회적인 행동 통제
Hyman (1974)	• 일정한 과정에 따라 사고를 촉진하게 함으로써 수업 참여 유도 • 학습자의 이해도 확인 • 주제에 대한 지식 평가 • 학습자의 성취에 영향을 주는 인성적 활동 이해 • 학생들에게 자신감 제공
Blosser (1973)	• 분석, 비교, 정의, 해석, 판단 요구 • 반성적 사고 자극 • 이해와 태도의 개발 • 평가의 힘과 습관 개발 • 학습 진단 정보의 배경, 흥미, 성취도 결정 • 흥미 창출, 목적 각성, 정신 개발

학자	발문의 목적
Turney et al (1973)	• 주제와 관련하여 흥미와 호기심 자극 • 특정 화제나 개념에 주의 집중 • 학습의 활발한 접근 전개 • 학생 스스로의 발문 자극 • 학습의 극대화를 위한 과제 구조화 • 학습을 방해하는 장애 진단 • 수업의 참여를 유도해야 할 집단과 의사소통 • 인지적 추론 기능 • 반성적 사고와 비판 신장 • 토론을 통해 대신 학습할 수 있는 기회 제공 • 학생들의 생각과 느낌에 관심 보이기
Carin (1970)	• 학생들이 수업에 능동적으로 참여하도록 동기 유발 및 흥미 부여 • 학생들의 학습 준비 정도 및 과제 해결 여부 확인 • 전시 학습 요약 및 재검토 • 학습목표달성 여부 확인 • 새로운 것을 제시하여 통찰력 함양 • 학생들 스스로 지식을 추구하도록 자극

3 발문을 분류해 볼까?

교사의 발문은 크게 '사실'과 '높은 수준의 인지'로 분류할 수 있다. 사실적인 발문은 학생이 교과 내용에 있는 사실 혹은 정보를 회상할 수 있도록 하는 데 유용한 발문이며, 높은 수준의 인지는 학생들에게 공부했던 정보를 생각하게 하고 그들 자신의 아이디어를 말하게 할 수 있는 발문 방법이다.

다만, 중요한 것은 반드시 '사실' 발문보다 '높은 수준의 인지' 발문이 더욱 효과적인 발문이라고 말할 수 없다는 점이다. 그러므로 교사의 목표에 따라 발문 유형을 결정해야 한다. 예를 들어, 수업의 목적이 사실의 복습과 일상적인 기술을 가르치는 것이라면 사실적 발문이 더 효과적일 수 있으며, 학생의 사고능력을 개발시키는 것이 수업의 목적이라면 높은 수준의 인지 발문에 역점을 두어 발문하는 것이 수업의 효과를 높일 수 있을 것이다.

표 3-4 사실적 발문과 높은 수준의 인지적 발문의 예

사실적 발문의 예	높은 수준의 인지적 발문 예
"우리는 이 동물에 대해 무엇을 알고 있어요?" 누가 그렇게 말했어요? 지난 밤에 보았던 그 책을 읽어 보았나요?	"그 사람 이름을 기억하나요?" 왜 그렇게 일을 할 필요가 없을까요? 왜 그렇게 생각하나요?

사실적 발문과 높은 수준의 인지적 발문의 예는 <표 3-4>와 같이 제시할 수 있다.

사실적 발문 속에는 정보의 양에 따라 '협의의 발문'과 '광의의 발문'으로 구분할 수 있다.

"우리는 이 동물에 대해 무엇을 알고 있어요?"와 같은 발문은 광의의 사실적 발문이라고 볼 수 있으며, "그 사람 이름을 기억하나요?"와 같은 발문은 단지 하나의 정보만을 묻는 발문이므로 협의의 사실적 발문이라고 볼 수 있다.

이외의 발문에는 재지시와 탐색적 발문이 있다.

재지시는 학생들의 참여를 증가시키고 학생들이 생각하는 다양한 아이디어를 이끌어낼 수 있는 유용한 발문 방법이다. 대답해 주기를 바라는 학생의 이름을 부른다거나 발표를 하기 위해 손을 든 학생에 대한 비언어적 표시, 시선 맞추기 등의 방법으로 나타낼 수 있다.

탐색적 발문은 학생이 교사의 발문에 처음 대답한 것을 개선시키고 다듬는 것을 도와주는 추수발문이라고 할 수 있다.

교사: 이 실험을 하는 과정에서 주의할 점은 무엇일까? 경빈이?
경빈: 알코올램프 사용에 주의해야 합니다.
교사: 왜 알코올램프 사용에 주의해야 할까?(탐)
경빈: 알코올램프에 사용되는 알코올은 불에 잘 붙기 때문에 불이 붙은 채 쓰러지면 위험하기 때문입니다.
교사: 알코올램프 사용 시 또 어떠한 위험 요인이 있을까?(탐)
경빈: 알코올에 불이 붙어도 눈에 잘 보이지 않기 때문에 위험합니다. 그러므로 알코올램프 사용 시에는 특히 안전에 주의해야 합니다.

4 발문은 어떤 원리로 할까?

가. 일반적인 발문의 원리

효과적인 발문을 하기 위해서는 발문의 원리와 전략을 사용할 필요가 있다. 이러한 효과적인 교실 수업을 위해 사용할 수 있는 발문의 원리는 <표 3-5>와 같다(이종일 외, 2006).

표 3-5 일반적인 발문의 원리

구분	발문의 원리
원리1	• 수업에 학생들의 참여를 증대시켜 사고와 이해를 끌어내기 위해서는 교사가 핵심적 발문을 미리 계획하기
원리2	• 시험에 대비한 사실적 지식을 위해서는 많은 양의 연습적 질문하기 • 고차적 사고력 함양을 위해서는 적은 양의 질문하기
원리3	• 분명하고 목적적이고 계열적이며, 반응적이고 사고를 자극하고 목표 성취에 도움을 제공하는 발문하기 • 애매모호하고 끊이지 않고 위협적이며 비계열적이며 방향이 없고 단순한 사실적 정보의 회상만을 의도하는 좋지 않은 발문 삼가기
원리4	• 높은 수준의 이해를 위한 준비 여부를 진단하는 낮은 수준의 발문하기 • 낮은 수준의 발문에 반응하는 학습은 비판적이고 평가적인 발문에 대한 대답의 기초
원리5	• 학생들은 다양한 유형의 질문을 알고, 익숙해지기
원리6	• 반성적 논의를 하는 동안 모든 학생들이 생각할 시간을 주기 위해 교사들은 잠시 멈추기
원리7	• 수업에 참여를 원하지 않는 학생들도 가급적 논의에 참여시키기
원리8	• 학생들의 사고와 상호자용을 염두에 둔다면 교사는 학습내용과 관련된 발문을 위해 다양한 기술 사용하기

나. 일반적인 발문의 준칙

교사가 효과적으로 사용할 수 있는 발문의 준칙은 <표 3-6>과 같이 정리할 수 있다(황금이 외, 2004).

표 3-6 일반적인 발문의 준칙

구분		부적절한 발문의 예시	수정된 발문의 예시
준칙1	문제 해결에 필요한 단서 제공하기	• 계절이 변하는 까닭은?	- 계절이 변하는 것은 무엇과 관련이 있는가?
준칙2	'왜'보다 '무엇'이라고 묻기	• 왜 한강유역에 산업이 발달했을까?	- 한강의 무엇이 그 유역의 산업을 발달시켰을까?
준칙3	본질보다 현상 묻기	• 화폐는 왜 만들었을까?	- 지금 갑자기 이 세상의 돈이 모두 없어져 버린다면 어떤 현상이 일어날까?
준칙4	부정적이거나 아동의 생각과 전혀 다르게 묻기	• 민주주의는 좋은 것이다. 왜 그럴까요?	- 여러분 민주주의가 좋다고 생각합니까? 선생님은 그렇지 않다고 생각합니다.

다. 학습 상황이나 장면에 따른 발문의 원리

단순한 기억의 재생, 정보의 발견, 사실의 원인이나 결과 탐색, 이해 정도 확인, 의견 조사, 학습 의욕 고취, 문제 확인 및 해결, 설명, 비교, 찬반의 판단, 사실 분석, 관계 규명, 결론 도출, 비판적 사고 등 다양한 학습 상황이나 장면에 따라서 효과적으로 발문할 수 있는 방법은 <표 3-7>과 같이 정리할 수 있다(최선화 외, 2002).

표 3-7 학습 상황이나 장면에 따른 발문의 원리

구분	효과적인 발문 요령	발문의 예시
단순한 기억 재생	• 학습사태가 처음 주어질 때 또는 기습 사항을 확인하려 할 때 아동에게 반응의 기회를 주어서 알고 있는 정도를 알아보려는 목적으로서의 확인하는 발문 • 도입 단계에서 많이 적용	- 지난 시간에 공부한 내용은 어떤 것이 있나? - 평화통일의 저해 요인을 말해 보자.
정보 발견	• 어떤 사실을 깊이 알고자 하거나 관계되는 정보를 수집하고자 할 때 사용하는 발문	- 우리 고장의 향토 문화재를 알아보려면 어디를 가야 할까요?
사실의 인과관계	• 어떤 사태가 빚어지게 된 원인이나 결과를 규명하기 위한 발문	- 사계절이 생기는 까닭은?
의견 개진	• 문제의 초점화 또는 문제의식의 강화를 목적으로 할 때 문제해결 관계를 재확인하려 할 때 쓰는 발문 • 아동의 판단력, 해결력, 느낌을 요구하는 발문	- 길에서 웃어른을 뵈었을 때 어떻게 인사를 해야 하나? 등으로 문제해결의 과정에서 사고를 심화시키려고 할 때 많이 쓴다.
학습 의욕 고취	• 아동의 실태나 경험의 근거를 두고 학습을 시작하며, 다른 면에서는 흥미를 조장함으로써 도입 단계나 문제 의식 단계에서 지적 호기심을 자극시키는 발문	- 강화도 전적지를 다녀온 경험이 있는 사람은?
이해 정도 확인	• 어떤 사실에 관하여 실험, 관찰 추리한 것을 정리하며 응답할 것을 요구하는 발문	- 지구가 둥글다는 것은 어떻게 증명할 수 있나?
문제 확인 및 해결	• 학습할 초점을 확실히 하고 결과에 대한 방향을 분명히 하려는 발문이다. 이는 사태의 확인과 해결 방법을 모색하기 위한 발문	- 풍납동 토성에 관해서 자세히 공부하도록 합시다.
사실의 설명	• 어떤 사실이나 문제의 해결 과정, 만든 과정, 그 방법 등을 논리적으로 구체적인 설명을 요구할 때 적용하는 발문	- 벼락은 어떻게 해서 치게 되는가?
사실의 비교	• 특징한 사실의 가지나 특색, 상호 장단점 등을 비교 또는 관계 파악으로 유도하는 발문	- 고려청자와 백자의 특색을 알아봅시다.
찬반의견의 판단	• 대립이나 쌍방 또는 유사한 두 사실을 어느 쪽이 옳은지? 그 이유는 무엇인지를 묻는 판단 요구의 발문	- 쌀밥과 혼식 중 어느 쪽이 좋은가?

구분	효과적인 발문 요령	발문의 예시
사실의 분석	• 어떤 사실을 조사하고 분석시키는 발문	– 토마토에는 어떤 영양분이 들어 있는가?
관계 규명	• 어떤 사실과 다른 사실과의 긴밀한 관련을 분명히 하고자 할 때 적용되는 발문	– 석유와 우리 생활과의 관계는 어떠한가?
결론 도출	• 아동에게 추론을 시켜 일정하나 결론을 얻으려는 발문	– 물에 기름을 넣으면 어떻게 될까?
비판적 사고	• 어떤 사실에 대해 비판적으로 사고시키는 발문	– 공중도덕을 지키지 않으면 왜 나쁜가?

라. 내용과 방법에 따른 발문의 원리

발문의 내용과 방법에 따라 발문의 원리는 다르다. 이러한 발문의 원리는 <표 3-8>과 같다(Cole & Chan, 1987).

표 3-8 내용과 방법에 따른 발문의 원리

구분	발문의 원리
발문의 내용	• 발문의 내용은 수업 목표의 전 영역을 포함하기 • 발문의 수준은 학생의 능력을 고려하여 낮은 수준과 높은 수준의 발문을 적절한 비율로 섞기 • 발문의 내용은 수업에서 전개될 교과 내용과 관련시키기 • 학생들이 올바르게 대답할 수 있는 발문하기 • 직접적이고 명료한 발문 용어 사용하기 • 학생의 지식, 경험, 능력에 적합한 발문하기
발문의 방법	• 한 번에 하나의 요점을 묻는 발문하기 • 쉬운 발문부터 시작하여 어려운 순서로 발문하기 • 논리적인 계열을 만들어 발문하기 • 발문 후에 학생들이 적절한 답변을 준비하도록 적당한 시간을 제공하기 • 발문-대기 시간의 속도를 발문의 내용과 학습활동의 목적, 교과 내용의 난이도에 맞추도록 조절하기 • 수업에 참여한 학생들에게 골고루 발문을 하고 어떤 특정한 학생만을 편애하지 않기 • 발문을 반복하거나 발문에 대한 학생의 답변을 반복하여 말하지 않기

그림 3-1 일반적인 발문 내용의 구성 절차와 예시

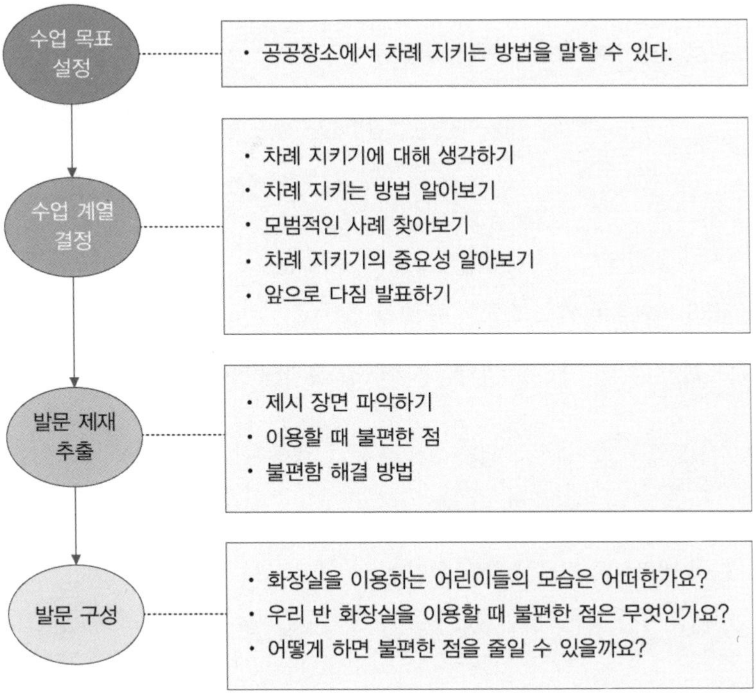

한편, 일반적인 발문 내용의 구성 절차는 수업 목표 결정, 수업 계열 결정, 발문의 제재 추출, 발문 구성 등 [그림 3-1]과 같이 도식화할 수 있다.

5 바람직한 발문의 전략은 무엇일까?

학생들의 수업 참여를 증진시키기 위해 '바람직한 발문 전략'은 [그림 3-2], [그림 3-3], [그림 3-4], [그림 3-5]와 같다(Blosser, 1973).

가. 바람직한 발문의 전략

그림 3-2 바람직한 발문 전략의 유형(1)

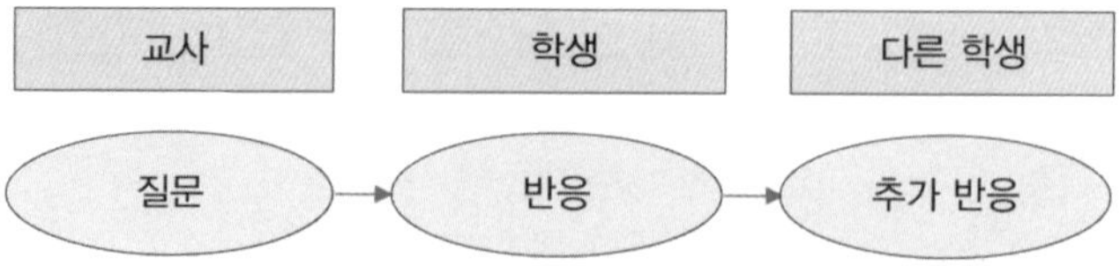

그림 3-3 바람직한 발문 전략의 유형(2)

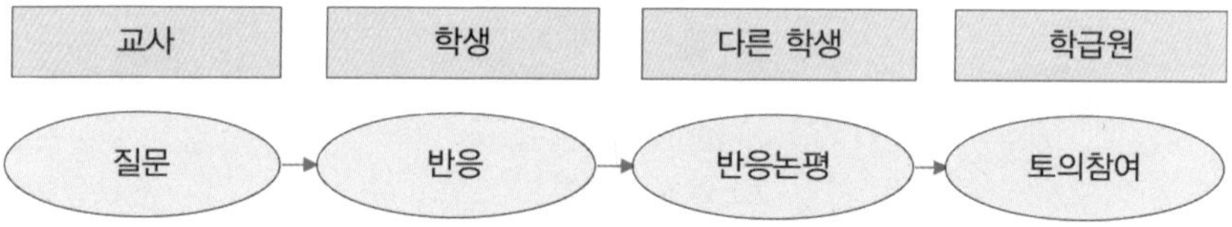

그림 3-4 바람직한 발문 전략의 유형(3)

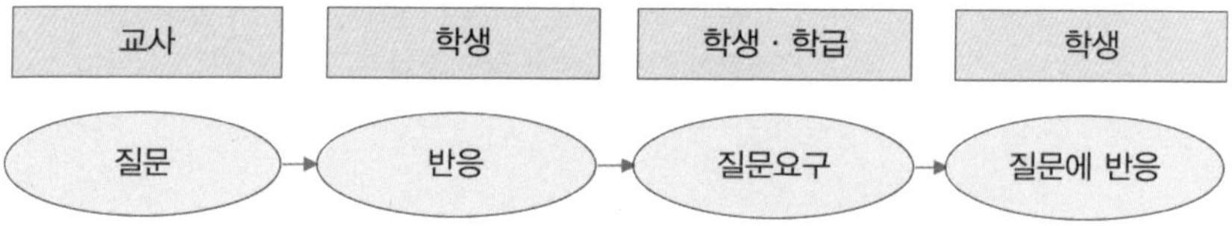

그림 3-5 바람직한 발문 전략의 유형(4)

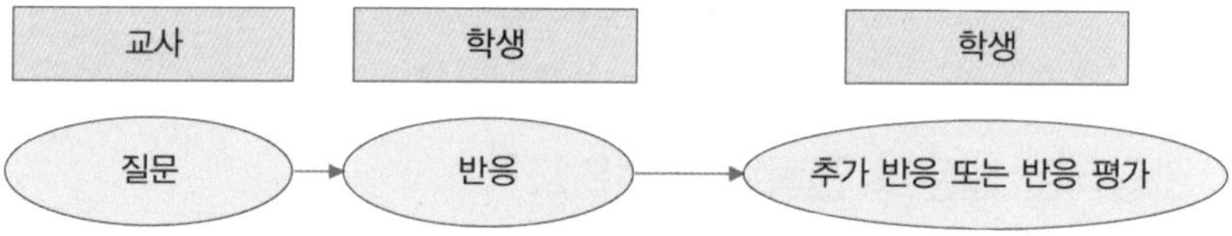

나. 피해야 할 발문 전략

학생들의 수업 참여를 증진시키기 위해 '피해야 할 발문 전략'은 [그림 3-6], [그림 3-7], [그림 3-8]과 같다(Blosser, 1973).

그림 3-6 피해야 할 발문 전략의 유형(1)

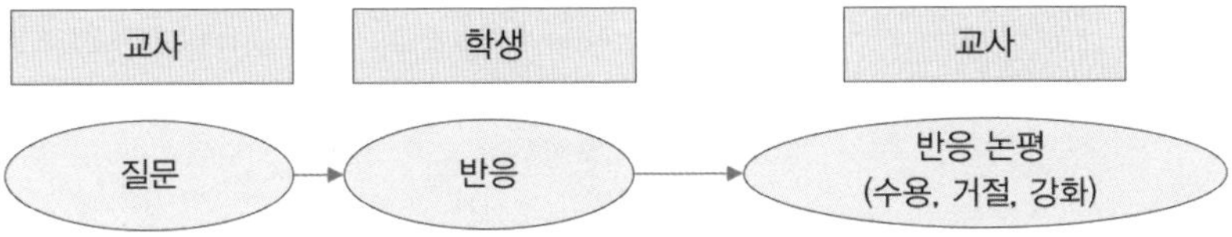

그림 3-7 피해야 할 발문 전략의 유형(2)

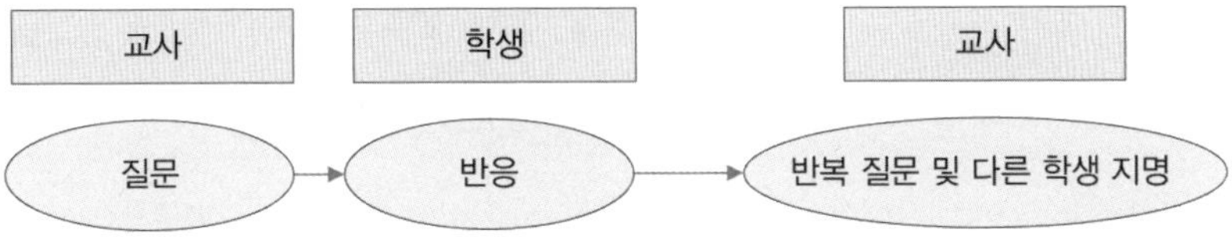

그림 3-8 피해야 할 발문 전략의 유형(3)

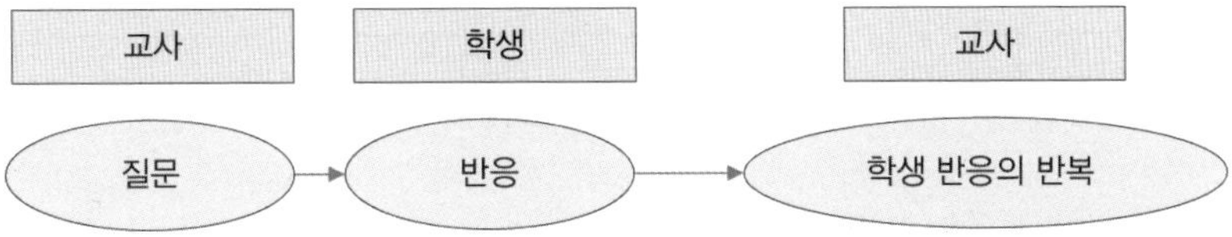

다. 일반적인 발문 전략

교사가 수행해야 할 일반적인 발문 전략은 <표 3-9>와 같이 세 가지로 구분할 수 있다(송용의, 2004).

표 3-9 일반적인 발문 전략

구분	구체적인 내용	연습해야 할 교사의 행동
발문 전략 I	• 발문을 이용하여 교사의 말하기를 감소시키면서 학생의 말하기를 증가시키기	• 발문을 한 후에 학생들에게 사고할 시간을 주기 위해서 최소한 3초 동안 기다리기 • 만일 학생들이 간단하거나 부분적인 대답을 하면 그 반응을 확장하도록 발문하기 • 발문은 분명한 말로 표현하기 • 한 발문에 한 학생 이상 답하게 하기 • 다른 학생의 반응에 대해서 학생들이 반응하도록 격려하기 • 교사가 발문을 반복하는 것을 피하기 • 학생들의 반응이 반복되는 것을 피하기

구분	구체적인 내용	연습해야 할 교사의 행동
발문 전략 II	• 폐쇄적 발문과 개연적 발문을 모두 사용하기	• 주요한 개연적 발문을 주의 깊게 사전에 계획. 이는 개연적 발문의 사용을 촉진시키는 내용·목표·수업의 행태를 인지하는 것을 포함하기 • 발문의 말을 분명하게 하기 • 교사 자신의 판단을 개연적 발문에 대한 학생의 대답에 주입하는 것을 피하기 • 발문을 한 후에 학생들이 생각할 기회를 제공하기 위해서 최소한 3초나 그 이상을 기다리기 • 한 질문당 한 학생 이상을 부르기 • 다른 학생의 반응에 반응하도록 학생 격려하기
발문 전략 III	• 학생들의 참여를 분산시킬 수 있는 발문 사용하기	• 지원자는 물론 지원하지 않은 사람도 지명하기 • 전 학급에 발문을 분산시키기 • 다중 반응을 허용하는 발문 사용하기 • 발문당 1명 이상의 학생이 반응하도록 권장하기

6 효과적인 발문과 비효과적인 발문을 구분해 볼까?

효과적인 발문은 교사의 음성 억양, 강조되는 단어, 언어 선택 및 질문이 제기되는 맥락에 따라 달라질 수 있다. 이러한 효과적인 발문을 교사가 수행하기 위해서는 비효과적인 발문을 줄일 필요가 있다. 즉, 효과적인 발문과 비효과적인 발문은 전혀 다르기 때문에, 효과적인 발문과 비효과적인 발문을 교사는 반드시 인지해야 한다.

가. 사고를 자극하는 발문과 사고를 위축시키는 발문

사고를 자극하는 발문과 위축시키는 발문을 구분하면 <표 3-10>과 같이 정리할 수 있다(최선화 외, 2002).

표 3-10 사고를 자극하는 발문과 사고를 위축시키는 발문

구분	발문의 방법	발문의 예시
사고를 위축 시키는 발문	• 지식의 기억만을 묻는 발문 • 단순한 지식을 가르치고 그대로 답변을 구하는 기억 확인 발문	-이 글의 주인공은 훌륭한 사람이지요?
	• 양자택일의 발문 • 어느 한 쪽이 옳은가를 묻는 발문	-시금치는 영양가가 있는가? 없는가?
	• 유도하는 발문 • 교사가 미리 자기 머릿속에 답이나 의견을 정해 놓고 그 방향으로 이끌어 가는 발문	-지금 읽어본 ○○○이야기 속에 나오는 ○○소년처럼 훌륭한 일을 여러분도 하고 싶지 않습니까?
사고를 자극하는 발문	• 명확하고 구체적인 의미를 지닌 짧은 발문 • 막연하고 모호하며 너무 긴 발문은 제외 • 학습자의 언어 수준에 적합한 발문	-예절 생활을 배우고 나서 내가 실천할 일이 무엇인지 말해 보자 -~에 대해 어떻게 생각하고 있는가?
	• 구체적인 발문 • 너무 추상적이고 막연하며 사고의 방향을 제시하지 못하는 발문은 제외	-이 단원을 읽고 주인공이 착한 일을 한 내용을 차례대로 말해 보자
	• 개방적인 발문 • 발문의 답이 '예/아니오'이거나 단순 기억재생 발문은 제외 • 아동의 의견이나 해석을 구하는 발문 • 가치나 판단을 묻는 발문 • 어떤 일에 대한 원인이나 결과를 구하는 발문	-이 지도에서 항구가 발달할 수 있는 조건을 갖춘 곳은 어디일까? -저축을 하면 어떤 점이 좋은지 예를 들어 설명해 보자 -숲 속의 나무꾼이 금도끼를 얻게 된 이유는 무엇인가?
	• 사고를 집중시키는 발문 • 한 개의 발문에서 한 가지 내용만 포함	-이 단원에 나오는 등장인물들의 성격을 말해 보자!
	• 개인차를 고려한 발문 • 아동의 발달 정도나 학습의 특질에 적합한 발문 • 우수아와 열등아 등 학습자 수준에 적합한 발문	-정말 발표를 잘 하는구나!
	• 생각하는 여유를 주는 발문 • 발문을 한 후 답변할 내용을 잠시 메모할 시간을 제공한 후 발표하도록 유도	
	• 전원의 관심을 모을 수 있는 발문 • 개별적인 대답이나 반응 유도	

나. 단순한 발문과 복합적인 발문

단순한 발문과 복합적인 발문을 구분하면 <표 3-11>과 같이 정리할 수 있다(박승배 외, 2006).

표 3-11 단순한 발문과 복합적인 발문

구분	발문의 방법	발문의 예시
단순한 발문	• 학생으로 하여금 과제와 관련된 선행지식을 회상시키기 • 학생들에게 익숙한 예, 장면 및 사물 등을 자세하고도 구체적으로 활용하기 • 단계적 접근 방식을 사용하여 각 질문이 바로 앞의 질문보다 점점 좁혀 들어가게 하기 • 선행질문에 대한 응답들을 다르게 표현하여 말하거나 되풀이하기 • 한두 가지 있음직한 대답을 미리 제시함으로써 학생들을 바른 방향으로 유도하기 • 점수와 보상이 있는 게임 맥락(예: 스무고개)에서 제시하기	– 진수야, 네가 아침을 먹을 때 식탁에 있는 음식 중에서 어떤 것이 소디움 원소를 가장 많이 함유했을 것 같은지 말해 보겠니? –『생쥐와 인간』에서 레니가 죽은 뒤 다른 주인공들에게는 어떤 일이 벌어지고 있지요? – 여러분 중에서 누가 photo(빛)와 synthesis(종합) 등 두 단어에 대하여 생각하고 나서, photosynthesis(광합성)의 뜻을 짐작해 볼 사람 있나요? – 철수야, 방정식 $10=2/x$가 있다고 할 때, 곱셈 또는 나눗셈을 써서 x를 구할 수 있니?
복합적인 발문	• 학생으로 하여금 배운 내용을 새로운 문제에 일반화시키도록 요구하기 • 사전에 결정된 정답이 없는 방식으로 학생을 방해하고, 미혹시키며, 발문에 대해 도전시키기 • 질문 자체보다 범위가 넓은 탐구나 문제의 맥락에서 질문 제시하기 • 학생들이 내놓은 응답보다 더욱 깊이 들어가게 하고, 명료화하게 하며, 정당성 또는 이유를 추가로 내놓게 하기 • 보다 추상적인 개념들을 사용하면서 학생들 자신의 대답이 다른 장면들이나 사물에 대해서 어떻게 적용되는지 살펴보게 하기 • 연속적인 질문의 일부로서 보다 높거나 복잡한 개념, 유형 및 추상화 형성시키기	– 영희야, 우리 우주에서 소디움 원소 형상을 띠고 있는 것은 어떤 것들일까? –『생쥐와 인간』에서 용두사미로 끝나는 예는 무엇이지요? – 여러분 중 누가 광합성이 식물의 생명을 어떻게 유지시켜 주는지 설명해 보겠어요? – 영수야, 이 방정식 $10=2/x$에서 x를 구해볼 수 있겠니?

다. 효과적인 발문과 비효과적인 발문

효과적인 발문과 비효과적인 발문을 구분하면 <표 3-12>와 같이 정리할 수 있다.

표 3-12 효과적인 발문과 비효과적인 발문

구분	발문의 방법
효과적인 발문	• 음성 억양, 강조되는 단어, 언어 선택 및 질문이 제기되는 맥락에 따라 다르게 발문하기 • 서로 다른 여러 계열의 맥락 속에서 활용될 수 있도록 하기 • 확산적이거나 수렴적이고 특수한 유형의 학생을 겨냥한 발문하기 • 지식, 이해, 적용, 분석, 종합, 평가 등 인지적 영역의 수준에 적합한 발문하기 • 대기시간이 길면 길수록 응답의 길이가 늘어나고 자발적 응답이 늘어나며 응답에 관련된 사고행동의 복합성이 심화시키기 • 후속 발문은 선행 발문에 대한 연장선에 있도록 하기 • 발문에 대한 학생의 응답에 대해 즉시 전개하는 발문하기 • 개인, 집단, 전체 교실을 대상으로 발문의 유형을 다르게 하기 • 학생들이 능동적이고 적극적으로 응답할 수 있는 발문 유도하기
비효과적인 발문	• 서로 다른 응답이 나올 수 있는 지나치게 복잡하거나 애매한 발문 • 교사의 발문에 학생의 응답이 틀렸다고 바로 정답을 제공하는 발문 • 학생을 당황하게 하거나 벌을 주기 위한 발문 • 어떤 답변이 나오건 별 의미가 없는 발문 • 어떤 답변이 나올지 너무나 분명한 발문 • 지나치게 상세하거나 단순한 내용을 확인하는 발문 • 규격화된 정답을 요구하는 발문 • 적절한 시기를 놓친 발문 • 발문을 한 후에 교사가 딴 일을 하는 경우 • 습관적으로 자문자답하는 발문 • 답변의 형식을 지나치게 강조하는 발문

7 학생의 응답 처리를 어떻게 할까?

학생의 응답을 처리하는 요령은 크게 응답 학생 선정하기, 발문 후 응답 시간 기다리기, 학생의 반응에 대처하기, 응답이 지연될 경우 학생의 반응 유도하기, 학생의 응답에 보상하기 등과 같이 구분할 수 있다(한국교육신문사, 2005).

가. 응답 학생 선정하기

학습 과제를 제시하고 그에 대한 응답 학생을 선정하는 방법은 다음과 같다.

첫째, 소집단 수업을 하는 경우에는 모든 학생이 거의 같은 비율로 참여하게 하는 것이 바람직하다.

둘째, 교사가 정한 일정한 순서에 따라 학생들에게 차례로 응답하게 하는 것이 효율적이다.

셋째, 독단적인 학생이 다른 학생들의 응답 기회를 독차지하려는 것을 막고 과묵한 학생도 참여할 수 있도록 배려하여야 한다.

넷째, 아는 문제에 대하여는 답변을 하고 싶어 하는 것이 학습자들의 욕구임을 알고 시켜달라고 소리를 지르는 학생을 지도할 필요가 있다.

다섯째, 수업 시간에 특정한 몇 명의 학생하고만 상호작용하며 보내는 것은 피해야 한다.

여섯째, 전체 학습을 대상으로 하는 수업의 경우에는 모든 학생이 공평하게 발표할 수 있는 기회를 갖게 한다는 것은 불가능하다. 그러나 답변의 기회가 학습 성취도와 중요한 상관관계가 있다는 것을 교사는 항상 생각해야 한다.

나. 발문 후 응답할 시간을 주고 기다리기

발문을 한 다음, 응답할 시간을 주고 기다리는 방법은 다음과 같다.

첫째, 학생들이 응답할 수 있도록 훈련시키기 위해서 교사는 학생들의 답변이 늦어져도 기다려 줄 필요가 있다.

둘째, 교사가 발문한 내용 중에는 질문 내용의 난이도나 인지도 수준에 따라 답변 시간이 달라질 수 있다는 가정 속에 시간을 조절해야 한다.

셋째, 수업 시간에 학습자가 응답할 시간이 구체적으로 명시되어 있는 것은 아니며, 상황에 따라 달라질 수 있으며 약 3초 정도 기다려 주는 것이 바람직하다는 연구결과가 있다.

넷째, 답변할 학생을 지적한 경우에는 답변할 학생이 어떤 답이든 충분히 생각할 시간적 여유를 주고 답하도록 하여, 응답에 대해 주눅들지 않고 자신감 있는 학습자로 길러야 한다.

다섯째, 실질적인 답변을 하거나, 도움을 요청하거나, 질문을 명확하게 해달라고 하거나, '잘 모르겠습니다' 등 질문에 대한 답변은 무수히 많음을 알려 주어 자신감을 갖도록 한다.

여섯째, 전체 수업에서 너무 많이 기다리는 것은 수업의 연속성을 깨뜨릴 수 있으므로 교사는 학습자의 위치에서 적당한 반응으로 마무리할 수 있도록 한다.

일곱째, 교사가 발문한 문제에 학습자가 응답한 내용에 따라 교사의 반응은 항상 달라질 수 있음을 알고 수업에 임해야 한다.

다. 학생 반응의 결과에 따라 대처하기

올바른 답변, 부분적 정답, 틀린 답, 무반응 등 학생의 반응에 따른 교사의 대처 방법은 <표 3-13>과 같이 정리할 수 있다.

표 3-13 학생의 반응에 따른 교사의 대처 방법

구분	발문의 방법
올바른 답변	• 교사는 답변하도록 지적된 학생의 반응에 유의하고 그에 따라 반응하기 • 학습자의 답변에 따라 교사의 반응은 다르게 하기 • 올바른 답변을 했을 때 교사는 어떤 식으로든 반응하기 • 학습자가 답변한 내용을 반복하거나, 고개를 끄덕이거나, 참 잘 알고 있구나 등의 말로 반응하기

구분	발문의 방법
부분적 정답	• 맞는 부분을 긍정해 주고 틀린 부분에 대해서는 답변의 실마리를 주거나 질문을 다시 하기 • 질문을 다시 풀어서 해 주거나 답변을 할 수 있는 힌트를 주어 도와주기 • 그래도 옳은 답이 나오지 않을 때는 교사가 답을 주거나 다른 학생을 시키기
틀린 답	• 답변이 틀린 경우 교사는 일차적으로 답변이 정확하지 않음을 지적하기 • 틀린 답변은 단순한 부정이어야 하며, 학생 개인에 대한 비난하지 않기 • 교사는 답변의 실마리를 주거나 발문을 다시 하여 개선된 답변을 얻으려고 노력하기 • 틀린 답을 말했을 때 교사는 어떤 방식으로든 틀렸다는 사실을 학생들에게 알려주기 • 틀린 답을 정답으로 알고 있지 않도록 하기 • 틀린 답에 대한 지적은 가능한 간접적으로 하여, 응답자의 자존심이 상하지 않도록 하기
무반응	• 교사들은 학생들이 '모르겠습니다'라고 대답했을 때 핀잔을 주는 일이 있어서는 안 되며 문제의 핵심을 이해하도록 다시 질문하고 훈련시키기 • 발문하고 무반응일 때 교사는 조급해지기 쉬우나 기다리는 것만으로는 분명한 반응을 얻지 못하는 경우 피드백을 통하여 재인식시키기 • 교사는 학생들의 반응 정도를 분명하고 정확하게 판단하고 그에 따른 처치를 해주기

라. 응답 대기 시간

응답 대기 시간은 교사가 발문 후 멈추고 기다리는 시간으로서(Tobin, 1987), 교사의 응답 대기 시간이 길면 길수록 학생들에게 정보를 처리하는 기회 즉, 물음을 지각하고 해석하며 인지적 과정을 통해서 정보를 만들어 내고 저장하는 기회가 좀 더 많아지게 된다(이기숙·김원경, 2006).

특히, 교사의 응답 대기 시간이 길수록 학생들에게 생각할 시간을 좀 더 많이 제공하게 되고 간섭 효과는 줄어들어 보다 높은 수준의 인지적 학습이 가능하고 높은 학업성취도를 가져올 수 있게 된다. 이러한 응답 대기 시간은 추상적이고 복잡한 내용의 발문을 요구하는 고학년일수록 응답하는 데 보다 긴 시간을 필요로 한다(Brophy & Good, 1985). 또한, 보통 수준의 학생에게 발문을 했을 때보다 상위나 하위 수준의 학생에게 발문을 했을 경우와 발산적 사고나 분석, 종합, 평가 등을 요구하는 발문의 경우는 교사의 응답 대기 시간이 길어진다

(Thomas & Davis, 1989).

한편, 응답 대기 시간을 3~5초 정도로 조절하게 되면 발문의 수는 감소하지만, 적절한 발문을 하게 되고 학습 속도가 느린 학생들의 반응 수가 증가하고 다양한 반응의 유발하는 긍정적인 효과를 가져올 수 있다(Rowe, 1974).

- 학생 응답 처리 요령
  - 응답 학생 선정하기, 발문 후 응답 시간 기다리기, 학생의 반응에 대처하기, 응답이 지연될 경우 학생의 반응 유도하기, 학생의 응답에 보상하기로 구분
- 학생 참여형 수업 시 경험했던 긍정적인 발문 경험을 나누고, 바람직한 발문 방법에 대해 설명하시오.
- 수학수업의 한 장면을 설정하여 무반응학생 또는 학습지원대상학생들을 위한 올바른 발문 방법을 설명하시오.

| **토론문제** |

1. 발문과 질문의 차이는 무엇인지 비교해 보시오.
2. 효과적인 발문을 하기 위한 교사의 역할을 제시해 보시오.
3. 학생들의 돌발적인 질문을 적절하게 처리할 수 있는 방법을 말해 보시오.

CHAPTER

04

수업평가

1. 수업평가란 무엇일까?
2. 수업평가와 유사한 개념에는 어떤 것이 있을까?
3. 수업평가의 기능은 어떤 것이 있을까?
4. 수업평가를 분류해 볼까?
5. 수행평가란 무엇인가?
6. 수행평가를 어떻게 할까?
7. 수행평가를 어떻게 접근하면 좋을까?
8. 서술형 평가란 무엇인가?
9. 서술형 평가 문항 개발은 어떻게 이루어 지는가?
10. 서술형 평가 문항 채점은 어떻게 하는가?

04 CHAPTER 수업평가

학습목표

- 수업평가의 유형을 기준에 따라 분류할 수 있고, 각 유형들을 설명할 수 있다.
- 수행평가의 개념을 알고, 수행평가의 방법 및 절차에 대해 설명할 수 있다.
- 서술형 평가 문항 개발 원리 및 단계에 따라 서술형 평가 문항을 개발할 수 있다.

KEY WORD 수업평가, 수행평가, 서술형평가

1 수업평가란 무엇일까?

오늘날의 교육은 '평가위주의 교육'이라는 용어로 특징지을 수 있다. 이것은 평가를 통해서 성적을 얻는 것을 목적으로 하고 시험에 나올만한 내용을 거의 그것에 가까운 형태로 가르치고 배우는 교육의 부정적인 측면을 부각시키고 있다.

그러나, 원래 학교교육에서 평가를 하는 주된 목적은 학생들의 학습과 학습 프로그램의 질을 증진시키고, 또한 학생들의 진전도를 보고하는 총괄적인 정보를 제공하는 데 그 의의가 있다(정종진, 1999). 이러한 수업평가는 특정 교육과정이나 수업 프로그램의 존재가 분명해야 하고 수업평가를 통한 판단 적용의 목적이나 종착점은 학생이 아니라, 교육과정이나 수업 프로그램이어야 한다는 것을 전제 조건으로 하고 있다.

특히, 수업평가의 개념은 <표 4-1>과 같이 국내·외 학자들마다 다양하게 정의하고 있다.

표 4-1 학자들이 정의한 수업평가의 개념

학자	개념
Tyler (1949)	• 교육과정 및 수업의 프로그램에 의해 교육목표가 실제 어느 정도 달성되었는지 밝히는 과정
Stufflebeam (1974)	• 의사결정의 대입안을 판단하기 위해 정보를 결정, 수집, 제공하는 과정
Cronbach (1977)	• 교육 프로그램에 관한 결정을 내리기 위해 정보를 수집하고 사용하는 과정
Borich & Tombari(2004)	• 기대 수준 결정 기능, 학생 진단 기능, 학습 관리의 정보 제공 기능, 등급 사정 기능
구병두·김범준 (2007)	• 교육활동의 효율성을 미리 설정된 준거에 의해 평가해 보고 이를 통해 나타난 결과에 대한 가치를 판별하는 체계적인 활동
손충기 (2006)	• 교육의 전체 과정이나 활동에서 각 과정이나 활동의 적절성, 효율성, 타당성을 확인하고 보다 나은 교육의 과정을 설계하기 위해 다양한 자료, 정보를 수집 및 분석하고 질적인 판단을 하는 과정
강봉규·박성혜·최미리(2006)	• 교육과정에서 교육목표를 달성하고자 선정, 조직, 실천된 학습경험들이 실제에서 어느 정도 교육적 목표를 달성하였는지 평가, 반성, 검토하는 과정
강현석·주동범 (2004)	• 일정한 기준에 의거하여 일련의 교육활동 속에서 이루어지는 가치를 조사하여 판단하는 행위
김인식·최호성 (2002)	• 대상에 대한 이해, 진단, 치료 기능, 교육의 구성요소 개선 기능, 교육과정과 수업 개선 기능, 학습 촉진의 동기 유발 기능, 생활지도나 상담 자료 활용 기능, 정치 기능, 교육의 질적 수준 유지 기능
강승호 (1999)	• 교육활동에 대한 평가, 교육적 가치의 판단활동, 교육활동에 도움을 주는 수업평가
정종대 (1991)	• 학습을 개선하고 학생의 학습에 도움을 주고 교육과정 및 수업의 프로그램에 의해 수업평가가 실제로 어느 정도 실현되었는지를 밝히는 과정
강봉규·이종성 (1986)	• 교육적 의사결정을 목적으로 교육활동의 가치와 효과를 결정하는 과정

한편, 수업평가의 함축적인 개념을 가치 판단론적 관점, 정보 처리론적 관점, 통합 절충론적 관점 등 <표 4-2>와 같이 세 가지로 구분할 수 있다(변창진, 1996).

표 4-2 수업평가를 바라보는 관점(1)

구분	가치 판단론적 관점	정보 처리론적 관점	통합 절충론적 관점
개념	교육과정과 수업활동을 통해 교육목표가 실제로 도달된 정도를 결정하는 과정	교육프로그램에 관한 의사결정을 내리는 데 필요한 정보를 수집·사용하는 과정	교육의 과정 또는 성과에 관해 어떤 결정을 내릴 목적으로 교육의 과정과 성과에 대한 가치와 정보를 체계적으로 조사·활용하는 과정과 활동
특징	교육과정과 수업을 매개로 교육목표가 달성된 정도를 확인·결정하는 것은 교육목표에 설정되어 있는 가치 판단하는 일	교육에 관한 의사결정을 내릴 때 필요한 정보를 수집해 의사결정에 활용하는 과정	가치판단의 기능과 정보처리적 정의에서 강조하는 정보의 수집과 활용 기능을 모두 포함

또한, 수업평가를 평가의 목적과 기능에 따라, 의도한 목표달성을 검토하는 활동으로 보는 관점, 경험이나 과정의 가치 판단에 초점을 두는 관점, 의사결정에 도움이 될 수 있는 정보를 제공하는 활동으로 보는 관점으로 구분할 수 있다 (<표 4-3> 참조).

표 4-3 수업평가를 바라보는 관점(2)

구분	목표달성 중심	가치판단 중심	의사결정 중심
관점	의도한 목표달성을 검토하는 활동	경험이나 과정의 가치를 판단하는 활동	의사결정을 위한 정보를 제공하는 활동
학자	Tyler(1949)	Scriven(1967) Stake(1967)	Cronbach(1963) Stufflebeam(1969)
특징	• 전통적이고 고전적인 정의 • 교육 또는 수업목표를 평가기준으로 삼아 수업활동을 통해 달성된 성과를 측정하여 판단을 내리는 활동 • 교육목표가 얼마나 실현되었는가에 대한 정도를 밝히는 과정	• 교육과 관련된 어떤 대상의 장점, 질, 가치 등을 판단하는 과정과 산물 • 평가의 기준 설정, 정보수집, 평가기준 적용, 특정 대상의 가치나 유용성, 효율성, 중요성 등 판단	• 수업활동의 결과, 성과, 수업과정에 대한 정보수집까지 포함 • 교육과 관련된 합리적인 의사결정을 내리는 데 필요한 정보수집 활동 또는 과정

이 외에도 수업평가에 대한 개념은 결과 중심 접근 방법 또는 과정 중심 접근 방법으로 구분하여 <표 4-4>와 같이 정리할 수 있다

표 4-4 수업평가를 바라보는 관점(3)

결과 중심 접근	과정 중심 접근
• 총괄적 성격 • 외적, 형식적 • 일반화 여부에 관심 • 최종 산출물 • 판단적, 분석적 성향	• 형성적 성격 • 내적, 비형식적 • 개발 사례에 관심 • 발달 과정에 초점 • 기술적, 종합적 성향

• 수업평가를 바라보는 관점

(1) 수업평가의 개념

가치 판단론적 관점	정보 처리론적 관점	통합 절충론적 관점
교육목표가 실제로 도달된 정도를 결정하는 과정	교육프로그램에 관한 의사결정을 내리는 데 필요한 정보를 수집·사용하는 과정	교육의 과정 또는 성과에 관해 어떤 결정을 내릴 목적으로 교육의 과정과 성과에 대한 가치와 정보를 체계적으로 조사·활용하는 과정과 활동

(2)평가 목적·기능에 따른 분류

목표달성 중심	가치판단 중심	의사결정 중심
의도한 목표달성을 검토하는 활동	경험이나 과정의 가치를 판단하는 활동	의사결정을 위한 정보를 제공하는 활동

(3) 접근 방법에 따른 분류

결과 중심 접근	과정 중심 접근
• 총괄적 성격 •외적, 형식적 • 최종 산출물	• 형성적 성격 • 내적, 비형식적 • 발달 과정에 초점

2 수업평가와 유사한 개념에는 어떤 것이 있을까?

학자들이 정의한 수업평가의 개념은 측정(measurement), 평가(evaluation), 사정(assessment) 등으로 구분하여 <표 4-5>와 같이 제시할 수 있다.

표 4-5 수업평가와 유사한 개념의 유형

구분	학자	개념
측정	Stevens	규칙에 의거해서 대상이나 사건에 수를 부여하는 과정
	Kerlinger	연구하고자 하는 대상·사물에 대해 일정한 규칙적 방법에 따라 숫자나 기호 같은 상징적인 수치를 부여하는 과정
평가	Tyler	교육과정과 수업활동을 통해 교육목표가 실제 도달된 정도를 결정하는 과정
	Cronbach	교육프로그램에 관한 결정을 내리는 데 필요한 정보를 수집·사용하는 과정
	Stufflebeam	의사결정과정에 필요한 정보를 설정, 획득, 제공하는 과정
	Nevo	교육의 과정 또는 성과에 관해 어떤 결정을 내릴 목적으로 교육과정과 성과에 관한 가치와 장점을 체계적으로 조사·활용하는 과정과 활동
사정	baron & Boschee	학생들이 바람직한 행동을 할 줄 아는 것과 실제적 상황에서 그것을 실행하는 것을 평가하는 과정
	Office of Technology Assessment	학생 스스로 자신의 지식·기능을 나타낼 수 있도록 산출물을 만들거나, 행동으로 나타내거나, 답을 작성하도록 요구하는 평가방식
	교육과학기술부	평가자가 학습자들의 학습과제 수행과정 및 결과를 직접 관찰하고, 그 관찰 결과를 전문적으로 판단하는 평가방법

특히, 측정, 평가, 사정을 서로 비교해 보면 <표 4-6>과 같이 요약할 수 있다(이해명 외, 2008; 박도순·홍후조, 2006).

표 4-6 측정, 평가, 사정의 비교

구분	측정	평가	사정
검사의 강조점	• 규준 집단에 비추어 본 개인의 양적 기술 • 객관도와 신뢰도 중시 • 표준도구의 개발 • 모든 것에 대한 측정 가능	• 사회적 가치에 비추어 본 양적 및 질적 기술 • 직접적 평가 • 개인의 변화하는 특성에 관심 • 구체적 상황에서 필요한 도구 개발 • 모든 것에 대한 측정은 불가능	• 전체 적합도에 비추어 본 질적 기술 • 직접적 및 간접적 기술 • 구체적 상황에서 필요한 도구 개발 • 모든 것에 대한 측정은 불가능
인간 행동 특성을 보는 관점	• 항구적이고 불변적인 것 • 개인의 정적 특성	• 안정성이 없고 가변적인 것 • 개인의 변화하는 특성	• 환경과의 상호작용에 의해 가변적인 것 • 환경과 개인의 역동적 관계에서 변화하는 특성
환경을 보는 관점	• 환경은 불변 • 환경을 오차의 변인으로 간주	• 환경은 변화 • 환경을 행동변화의 자원으로 간주	• 환경은 변화 • 환경을 행동변화를 강요하는 압력으로 간주
타당화 과정	• 한 검사 결과와 다른 검사 결과의 비교 • 예언타당도 • 공인타당도 • 내적합치도	• 검사상황과 교육목적과의 비교 • 검사 상태 속의 개인과 교육목적과의 비교 • 내용타당도 • 목표타당도	• 자체타당도 • 사정과 평가와의 비교 일치도
검사 결과의 활용	• 예언, 분류, 자격부여, 실험 • 검사영향의 완전 배제 및 통제 • 객관적, 반응의 정확성과 속도 • 집단 규준에 비추어 본 해석	• 예언, 실험 • 교수프로그램의 효과 판정, 검사영향의 이용, 성적 증진 • 동기화의 수단으로 이용 • 객관적 및 주관적 반응의 과정 • 교육목표에 비추어 본 해석	• 예언, 분류, 자격부여, 실험, 선발 • 검사조건 아래에서의 측정의 영향 강조 • 주관적 반응의 과정 • 전체 반응과정 준거의 분석에서 추리한 가설, 구인, 모형에 비추어 본 해석
기본적 증거 수집 방법	• 필답고사 • 표준화검사 • 객관적 • 양적	• 적절한 증거를 얻을 수 있는 모든 방법 • 주, 객관적 • 양적 및 질적	• 상황에 비춘 변화의 증거를 얻을 수 있는 모든 방법 • 주관적 • 질적

측정, 평가, 사정의 개념 및 특징을 간단하게 비교해 보면 <표 4-7>과 같다.

표 4-7 측정, 평가, 사정의 개념 및 특징

구분	개념	특징
측정	사물을 구분하기 위해 규칙에 따라 수를 부여하는 절차	• 가치중립적 • 대상의 특성 수량화 • 개인들의 기술과 비교 • 자료 수집
평가	양적 기술과 질적 기술을 추가하여 가치 판단하는 과정	• 가치 지향적 • 대상의 가치 판단 • 시행의 효과 기술 • 사람, 조직, 기관, 프로그램 등에 적용 • 형식적 • 가치 및 질 등을 판단하는 과정
사정	다양한 측정결과를 통해 한 개인이나 대상의 전체적인 모습을 조명하는 전인적 평가	• 사람에게 적용 • 비형식적, 형식적 • 정보를 수집하여 종합하는 과정 • 자료 해석

지금까지 살펴본 측정, 사정, 평가의 관계를 그림으로 도식화해 보면 [그림 4-1]과 같이 나타낼 수 있다(최호성, 2008).

그림 4-1 측정, 사정, 평가의 관계

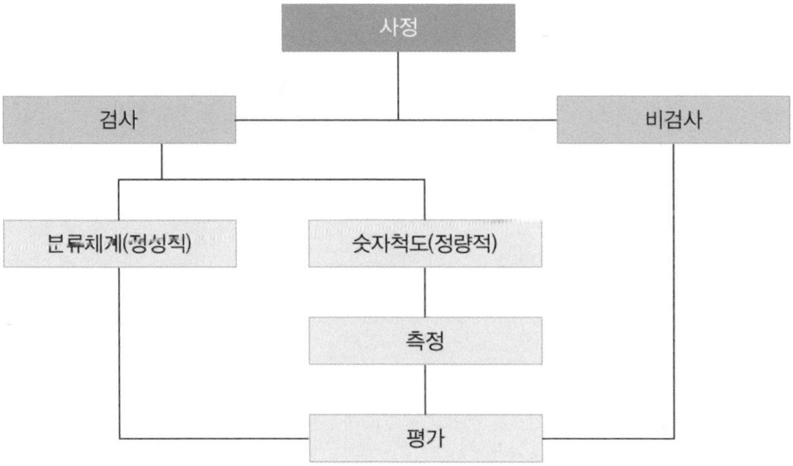

3 수업평가의 기능은 어떤 것이 있을까?

수업평가의 기능은 <표 4-8>과 같이 학자들마다 다양하게 제시하고 있다.

표 4-8 학자들이 제시한 수업평가의 기능

구분	기능
Remmers & Gage (1955)	• 기준의 유지 기능, 선발 기능, 학습동기화 기능, 학습지도의 조력 기능, 교사·교수법·교재·교과내용의 평가 및 판단 기능, 교육경험 제공 기능
Lindquist (1951)	• 학습 촉진 기능, 학습지도 개선 기능, 생활지도 기능, 교육정치 기능
구병두·김범준 (2007)	• 교육목적 달성도 파악 기능, 학습 진단 및 치료 기능, 학습자의 진로 지도를 위한 자료 수집 기능, 학습 촉진 기능, 행동 증거의 평가 기능, 교수-학습과정의 평가 기능, 제반 교육활동에 관한 효과 파악 기능
손충기 (2006)	• 학업성취도 확인 기능, 학습 곤란도 파악 기능, 학습 촉진 기능, 교육적 효과성 점검 및 개선 기능, 교육정책 결정을 위한 자료 제공 기능, 생활 지도 및 상담을 위한 자료 제공 기능
김대현·김석우 (2003)	• 학업성취도 평가 기능, 학습 곤란점의 진단 및 치료 기능, 교육 프로그램의 교육적 효과 평가 기능, 진로 지도를 위한 자료 수집 기능, 교육정책 및 일반 정책의 수집 조력 기능
변창진 외 (2001)	• 교육요구 사정 기능, 교육목표 선정 기능, 교육시설 확충 기능, 프로그램 개발 기능, 교육재정 지원 기능, 학교 운영 개선 기능, 투자 효과 분석 기능, 교육과정 운영 기능, 교육환경 보완 기능, 교육정책 수립 기능, 교육방법 개선 기능, 교정지도 실시 기능, 교육계획 수립 기능, 학습 집단 편성 기능, 특별활동 운영 기능, 학습결과 확인 기능, 학습동기 촉진 기능, 피드백 제공 기능
김정권 (1987)	• 학생 의욕 환기 기능, 인간 형성적 기능, 학습 진단 및 치료 기능, 생활지도 및 상담의 자료 제공 기능, 학습 촉진 기능, 학습자 자기 평가 기능, 교육과정 및 학습 지도법 개선 기능, 교육 정치 기능, 학교교육의 수준 유지 기능

표 4-9 수업평가의 기능

구분	개념	특징
형성적 기능	• 새로운 교육과정이나 수업 전략을 개발하거나 현재 교육과정, 프로그램, 지도방법, 학교시설, 학교운영 등을 수정, 보완, 개선하기 위한 방안을 탐색, 결정하는 데 필요한 정보를 수집할 목적으로 실시하는 평가	• 교육행위 시작 전 또는 진행 중에 실시 • 전향적 기능 • 교육요구 사정, 교육목표 선정, 교육정책 수립, 학습집단 편성, 프로그램 개발, 교육방법 개선, 피드백 제공, 교정지도 등에 필요한 정보 수집 • 개발, 수정보완, 대안탐색
총괄적 기능	• 교육의 최종 성과를 평가하거나 자격인정, 선발, 교육을 계획하고 실행한 당사자의 책무를 밝힐 목적으로 실시하는 평가	• 교육적 조치나 활동이 종료된 후 실시 • 후향적 기능 • 개발된 최종 프로그램의 효율성 확인 및 검증 • 교육기간이 끝난 후 학습자의 성취도 측정 • 선발, 자격인정, 책무확인
전략적 기능	• 학습자의 주의를 환기시키고 학습동기를 유발하거나 지역사회 및 학부모에게 학교교육의 방향과 초점의 변화, 학교에서 특별히 기획하고 있는 행사나 활동을 홍보할 목적으로 실시하는 평가	• 학습자의 학습동기 유발 및 학습태도 수정 및 보완 • 수업시간에 간단한 퀴즈 실시, 자연보호나 불조심에 대한 학습자와 학부모들의 주의 환기 등 • 홍보, 주의환기, 동기촉진

특히, 강현석·주동범(2004)은 수업평가의 기능을 형성적 기능, 총괄적 기능, 전략적 기능으로 구분하였는데, 구체적인 특징은 <표 4-9>와 같다.

학교교육에서의 지향하는 평가의 기능은 다음과 같다.

첫째, 개개 학생의 학업성취도를 평가하는 기능이다.

둘째, 개개 학습자 혹은 학급집단 전체가 직면하고 있는 곤란점을 진단하는 기능이다.

셋째, 교육과정, 수업자료, 수업절차, 학급조직 등의 교육적 효과성을 평가하는 기능을 평가하는 기능이다.

넷째, 교육의 제 문제를 이해하고 교육정책 및 일반 정책을 수립하는 데 도움을 줄 수 있도록 전 학습집단의 교육진보도를 사정하는 역할을 해야 한다.

• 수업평가의 기능
  - 형성적 기능: 교육과정을 개발하거나 현재 교육과정 등을 수정, 보완, 개선하기 위한 정보를 수집할 목적으로 실시하는 평가
  - 총괄적 기능: 교육의 최종 성과를 평가할 목적으로 실시하는 평가
  - 전략적 기능: 학습동기유발 및 학습태도 수정, 보완할 목적으로 실시하는 평가

4 수업평가를 분류해 볼까?

가. 평가기준에 따른 분류

교육평가는 평가기준에 따라 임의평가, 상대평가, 절대평가로 구분할 수 있다. 임의평가는 평가기준이 교사의 개인적이고 주관적인 판단에 의해 임의로 설정되고 평가하는 평가방법으로서, 평가도구 자체의 결점을 가지고 있기 때문에, 교육기준 의식 결여 또는 교육목적 의식 불투명이라는 단점을 가지고 있다. 이러한 단점을 해결하기 위한 방법 중 절대평가와 상대평가를 <표 4-10>과 같이 비교할 수 있다(이해명 외, 2008).

표 4-10 절대평가와 상대평가의 비교

구분	절대평가	상대평가
특징	• 한 집단에서 개인의 능력을 다른 사람과 비교하거나 규준집단의 점수와 비교하여 개인의 상대적 위치 확인	• 정해진 기준 또는 목표에 의해 개인의 성취도 확인 • 개인 및 처치 프로그램에 관한 의사결정
평가기준	• 상대적 순위(규준지향평가)	• 교육목표(준거지향평가)
교육관	• 선발적 교육관	• 발달적 교육관
강조되는 평가도구	• 신뢰도	• 타당도

구분	절대평가	상대평가
장점	• 선발상황에 유리 • 경쟁을 통한 학습동기유발 • 통계적 처리 용이	• 학업성취도 판단 • 건전한 학습분위기 조성 • 교육의 책임성 강조
단점	• 교육의 질적인 면에 둔감 • 경쟁에 따른 배타적 인간관 형성	• 수업목표 합의가 어려움 • 통계 처리가 어려움
기록 해석 용도	• 개인의 상대적 위치나 순서를 결정하여 선발에 사용	• 목표달성도를 측정하여 의사를 결정하고, 교수-학습 개선에 사용
강조점	• 특정 영역의 성취	• 상대적인 서열
교육신념	• 완전학습	• 개인차 인정
장점	• 교수-학습활동 개선에 적합 • 교육활동 전반의 개선 용이 • 고등정신능력 배양에 적합	• 개인차 변별 가능 • 교사의 편견 배제 • 동기 유발 유리
단점	• 개인차 변별 부적절 • 준거 설정의 어려움 • 점수의 통계적 활용 불가능	• 수업활동의 개선 및 보완에 부적합 • 참 평가 불가능 • 과다한 경쟁심리 조장 • 다른 집단과의 비교 불가능

나. 평가 기능에 따른 분류

교육평가는 평가 기능에 따라 진단평가, 형성평가, 총괄평가로 구분할 수 있다(<표 4-11> 참조).

표 4-11 진단평가, 형성평가, 총괄평가의 비교

구분	진단평가	형성평가	총괄평가
개념	• 교수활동의 시작단계에서 교수전략의 기초 자료를 획득하고 교수 및 학습방법을 결정하기 위해 학습자의 기초능력 진단	• 교수학습활동 과정에서 학습자에게 환류(feedback) 효과를 주고 교육과정 및 수업방법 개선	• 학업성취의 정도를 종합적이고 총괄적으로 평가

구분	진단평가	형성평가	총괄평가
목적	• 학습자의 현황 파악 • 지적, 정의적 행동의 정보를 교수-학습과정에 활용 • 학습자의 성취수준 향상 및 극대화 • 선수학습 능력의 결손 여부 판정	• 수업의 궤도수정을 시도하여 학습방법의 교정 • 학습과정에서의 성공과 실패에 대한 피드백 정보 제공 • 교수방법 사용의 결정과 교수전략 대안의 결정에 정보 제공	• 후속되는 학습과제의 성공 여부 예언 • 교수방법에 이용 • 학습자에게 피드백 제공 • 성적 산출 및 집단 간 비교 • 학습자 성적의 상대적 위치 결정
실시시기	• 수업 실시 전	• 수업 실시 중	• 수업 실시 후
평가방법	• 비형식적 평가, 형식적 평가	• 수시평가 • 비형식적 평가, 형식적 평가	• 형식적 평가
평가주체	• 교사, 교육내용 전문가	• 교사	• 교육내용 전문가, 교육평가 전문가
평가기준	• 준거 지향 평가 • 절대평가	• 준거 지향 평가 • 절대평가	• 규준, 준거 지향 • 절대평가, 상대평가
평가문항	• 준거에 부합하는 문항	• 준거에 부합하는 문항	• 규준 지향-다양한 난이도 • 준거 지향-준거에 부합하는 문항
평가절차	• 학습자 특성 파악 • 간단한 시험이나 질문 이용	• 학습과제 세분화 분석 • 학습과제별 교육목표 진술 및 성취수준 설정 • 목표의 행위동사 표현 및 위계적인 조직	• 교육목표 재확인 및 진술 • 교수, 학습의 전반적인 내용 포함 • 이원분류표 작성 • 문항 제작
특징	• 선행학습의 결손 진단 및 교정 • 보충학습을 하기 위한 평가 • 출발점 행동 확인, 학습 중복 회피	• 학습활동 조정, 강화 • 학습지도 방법의 개선 • 학습자의 목표달성 확인	• 학습자의 성적은 다음 학기나 상급학교에서 얻을 성적 예언 • 평가 결과는 다음 단계의 효과적인 교수학습 계획 수립을 위한 자료 제공

다. 평가 영역에 따른 분류

교육평가 영역에 따른 분류 방법은 지적 영역, 정의적 영역, 심동적 영역 등으로 <표 4-12>와 같이 구분할 수 있다.

표 4-12 평가 영역에 따른 분류

구분	특징
지적 영역	• 교육목표에 진술되어 있는 학습내용을 기억, 이해, 추론 등과 같은 사고 작용을 통해 획득해야 하는 지적 학습목표의 달성 여부와 그 정도를 측정하여 평가 • 지식력, 이해력, 적용력, 분석력, 종합력, 평가력 등 학습자의 인지적 사고능력 평가 • 지능, 학업성취, 학업적성, 창의성, 문제해결력, 고차적 사고능력 등
정의적 영역	• 학습동기, 협동성, 책임감, 준법성, 사회성, 자아개념, 흥미, 태도, 가치 등과 같은 특성에 있어서의 학습목표가 달성된 정도를 확인하는 평가 • 학교생활기록부의 행동발달상황, 교과에 대한 흥미 및 태도 • 성격, 태도, 가치, 자아 존중감, 통제 소재 등
심동적 영역	• 신체의 일부 또는 전신을 움직여서 성취할 수 있는 학습목표의 달성 여부와 그 정도를 측정하여 평가 • 동작을 요구하는 학습내용에 대한 평가 • 노래 부르기, 그림그리기, 체육활동, 율동 등 실기평가 • 도구나 기계를 조작하는 능력, 실험기구 다루는 능력

라. 평가자의 주관성 개입 여부에 따른 분류

평가자의 주관성 개입 여부에 따라 주관형 평가, 객관형 평가로 <표 4-13>과 같이 구분할 수 있다.

표 4-13 평가자의 주관성 개입 여부에 따른 분류

구분	주관형 평가	객관형 평가
반응의 자유도	• 넓음	• 좁음
반응의 특색	• 문항이 요구하는 관련지식뿐 아니라 구상력, 표현력	• 문항이 요구하는 관련지식만 내포됨

구분	주관형 평가	객관형 평가
반응의 강조점	• 종합적·전체적 이해가 요구됨	• 정확한 지식이 요구됨
문항표집	• 일반적으로 부족	• 충분히 할 수 있음
채점의 객관도	• 비교적 낮음	• 비교적 높음
추측 요인의 작용	• 비교적 적음	• 비교적 많음

• 수업평가 분류

(1) 평가기준에 따른 분류

절대평가	상대평가
• 규준집단의 점수와 비교하여 개인의 상대적 위치 확인	• 정해진 기준 또는 목표에 의해 개인의 성취도 확인

(2) 평가기능에 따른 분류

진단평가	형성평가	총괄평가
• 교수활동의 시작단계에서 교수전략의 기초 자료를 획득하고 교수 및 학습방법을 결정하기 위해 학습자의 기초능력 진단	• 교수학습활동 과정에서 학습자에게 환류(feedback) 효과를 주고 교육과정 및 수업방법 개선	• 학업성취의 정도를 종합적이고 총괄적으로 평가

(3) 평가영역에 따른 분류

지적 영역	정의적 영역	심동적 영역
• 교육목표에 진술되어 있는 학습내용을 기억, 이해, 추론 등과 같은 사고 작용을 통해 획득해야 하는 지적 학습목표의 달성 여부와 그 정도를 측정하여 평가	• 학습동기, 협동성, 책임감, 준법성, 사회성, 자아개념, 흥미, 태도, 가치 등과 같은 특성에 있어서의 학습목표가 달성된 정도를 확인하는 평가	• 신체의 일부 또는 전신을 움직여서 성취할 수 있는 학습목표의 달성 여부와 그 정도를 측정하여 평가

(4) 평가자의 주관성 개입 여부에 따른 분류

주관형 평가	객관형 평가
• 반응의 자유도가 높음 • 문항이 요구하는 관련지식 뿐 아니라 구상력, 표현력 내포 • 종합적 전체적 이해가 요구됨	• 반응의 자유도가 좁음 • 문항이 요구하는 관련지식만 내포됨 • 정확한 지식이 요구됨

5 수행평가란 무엇인가?

수행평가는 선다형의 대안 즉, 평가방법의 대안을 의미하는 대안적 평가와 수행이 일어나는 조건과 반응이 실제 수행이 일어나야 하는 조건과 얼마나 가까운가를 의미하는 참평가의 두 가지 평가의 특성을 모두 갖는 것으로 정의될 수 있다(김경자, 1999). 이러한 수행평가는 국내·외에서도 새로운 평가의 개념이 아니라, 이미 예전부터 학교에서 실시되어 왔고, 그 결과를 평가의 근거 자료로 활용해 오고 있는 실정이다(이상준, 2004).

한편, 수행평가와 관련하여 사용되고 있는 여러 종류의 유사 용어로는 대안적 평가, 참 평가, 직접 평가, 실기 평가, 포트폴리오 평가, 과정 평가 등이 있는데, 이러한 용어를 서로 비교해 보면 <표 4-14>와 같다(정현곤, 2000).

표 4-14 수행평가와 관련된 유사용어의 비교

유사 용어	개념
대안적 평가	• 한 시대의 주류를 이루는 평가체제의 성질을 탈피하는 평가 • 선택형 문항을 사용하는 표준화된 검사의 대안적 평가 • 대안적 평가의 한 사례는 수행평가
참 평가	• 평가 상황이 실제 상황과 동일한 상태에서 이루어지는 평가 • 수행평가의 특수한 사례
직접 평가	• 간접적인 방법보다 직접적인 방법 중시 • 도덕성을 지필시험이나 구두시험이 아니라, 관찰을 통해 평가

유사 용어	개념
실기 평가	• 아는 것이 아니라, 할 수 있는 것을 재는 평가 • 실기평가는 수행평가의 한 유형
포트폴리오 평가	• 학생이 쓰거나 만든 작품집이나 서류철 등을 이용한 평가 • 결과가 나오게 된 과정 및 변화에 대한 평가
과정 평가	• 학습의 결과가 아니라, 학습 과정을 평가의 대상으로 설정 • 수행평가의 중요한 측면

그러나, 최근에는 수행평가를 적극적으로 확산시키기 위해서 명확한 수행평가의 정의가 필요하게 되었으며, 국내·외 학자들이 수행평가의 개념을 <표 4-15>와 같이 제시하고 있다.

표 4-15 수행평가의 개념

연구자	개념
최연희 (1988)	습득한 지식, 기능 또는 기술을 실제상황이나 인위적 평가 상황에서 얼마나 잘 수행하는지 또는 최소한 어떻게 수행할 것인지를 직접관찰, 면접 등의 다양한 방법을 통해 종합적으로 판단하는 평가 방식
남명호 (1995)	어떤 과제에 대해 학생의 직접적·실질적인 수행평가
교육과학기술부 (1998)	평가자가 학습자들의 학습과제 수행과정 및 결과를 직접 관찰하고, 그 관찰 결과를 전문적으로 판단하는 평가 방식
백순근 (1998)	학생 스스로가 자신의 지식이나 기능을 나타낼 수 있도록 답을 구성하거나 발표하거나 산출물을 만들거나 행동으로 나타내도록 요구하는 평가 방식
허경철 (1999)	평가자가 피평가자의 학습 과제 수행 과정이나 결과를 직접 관찰하고, 관찰 결과를 전문적으로 판단하는 평가 방식
배호순 (2000)	학생으로 하여금 학습과제를 수행하도록 요구하고 그 과정과 결과를 통해 보여주는 지식, 기능, 태도를 관찰하고 판단하는 평가 방식
김영신 (2003)	학생 자신이 처한 상황 속에서 스스로 의미 있는 과제를 실제로 행하면서 나타나는 과정과 결과를 평가하는 방법
이경아 (2005)	평가자들이 학습자들의 과제수행 및 결과를 직접 관찰하고 이를 교육적으로 판단

연구자	개념
Aschbacher (1991)	학습자의 변화와 발전 과정을 종합적으로 파악하기 위해 전체적·지속적으로 이루어지는 평가
Meyer (1992)	평가자가 측정하고자 하는 행위를 시도하거나 완성하는 것을 평가
Stiggins (1994)	평가자는 학생들이 수행하는 과정을 보고 교육적 판단을 하든지, 학생들의 산출 특징을 판단
Oosterhof (1994)	말하기, 실험, 악기 연주, 신체 운동, 사회적 기술 등을 직접적 관찰에 의해 평가하는 방법
Linn & Gronlund (1995)	평가과정의 효과성과 진행과정, 과제 수행으로부터 얻어진 결과를 판단하는 평가방법
Baron & Boschee (1995)	학생들의 수행에 대해서 정보를 수집하는 여러 가지 방법
McMillan (1997)	결과를 만들어 내는 과정에서 나타나는 기술과 기능의 정도를 관찰하여 판단하는 평가방법

6 수행평가를 어떻게 할까?

수행평가의 방법은 학습 과제 및 평가의 목표에 따라 다양하게 제안될 수 있는데, 선택적 반응 요구, 구성적 반응 요구, 특정 산출물 요구, 특정 활동 요구, 과정의 확인 등 다섯 가지 접근에 따라 <표 4-16>과 같이 분류할 수 있다 (McTighe & Ferrara, 1994).

표 4-16 학습과제 및 평가 목표에 따른 수행평가방법

구분	방법
선택적 반응 요구	• 선택적 문항, 진위형 문항, 배합형 문항
구성적 반응 요구	• 완성형 문항, 단답형 문항, 도표나 그림에 제목 붙이기 • 과제물 제시, 시각적 자료 만들기
특정 산출물 요구	• 수필, 연구보고서, 과제일지 • 실험보고서, 이야기/극본, 시, 포트폴리오
특정 활동 요구	• 구두발표, 무용/동작발표, 과학실험 시연 • 체육 경기, 연극, 토론, 음악 발표
과정의 확인	• 구두질문, 관찰, 면담, 회의, 학습일지 • 과정에 대한 기술, 생각하는 과정을 말로 표현

한편, 김경자(1999)는 요구(on-demand)과제와 내포(embedded)과제, 누적평가(cumulative assessment)와 최종평가(culminating assessment)로 구분하여 다양한 측면에서 수행평가방법을 제시하고 있다(<표 4-17> 참조). 이외에도 서술형 및 논술형 검사, 구술시험, 토론법, 실기시험, 실험·실습법, 면접법, 관찰법, 자기 평가 및 동료 평가 보고서법, 연구보고서법, 포트폴리오법 등 <표 4-17>과 같이 일반적인 수행평가방법을 제시하고 있다(교육과학기술부, 1999).

표 4-17 과제유형 및 평가시기에 따른 수행평가방법

구분		특징
과제 유형	요구과제	짧은 시간 안에 문제에 대한 응답을 구성하도록 요구하는 과제
	내포과제	일반적인 수업과정과 통합되는 것으로, 학습 촉진 및 평가
평가 시기	누적평가	학습을 통해 변하는 학습자의 성취 상태 평가
	최종평가	수업이 끝나는 때 학습자의 상태 평가

표 4-18 일반적인 수행평가방법

구분	방법
서술형 검사	• 서술형: 문제의 답을 선택하는 것이 아니라, 직접 구성하는 검사
논술형 검사	• 논술형: 개인 나름의 생각·주장을 창의적·논리적으로 설득력 있게 작성하는 검사
구술시험	• 교육내용이나 주제에 대해 자신의 의견이나 생각을 발표하게 하여 학생의 준비도·이해력·표현력·판단력·의사소통능력 등 평가
토론법	• 교수·학습활동과 평가 활동을 통합적으로 수행하는 방법 • 특정 주제에 대해 학생들이 서로 토론하는 것을 보고 평가
실기시험	• 교수·학습활동과 평가 활동을 통합적으로 수행하는 방법 • 수업시간에 자연스러운 상황에서 해당 기술에 대해 평가
면접법	• 평가자와 학생이 서로 대화를 통해 얻고자 하는 자료나 정보를 수집하여 평가하는 방법
관찰법	• 자연적인 상황에서 학생들을 이해하고 평가하기 위해 행동을 주의 깊게 살펴보는 방법
자기평가	• 특정 주제나 교수·학습 영역에 대해 자기 스스로 학습 과정이나 학습 결과에 대한 평가 보고서 작성·제출
동료평가	• 동료 학생들끼리 서로 평가
연구 보고서법	• 연구 주제에 대해 자기 나름대로 자료를 수집·분석·종합하여 연구보고서 작성·제출
포트폴리오법	• 자신이 쓰거나 만든 작품을 지속적·체계적으로 모아둔 개인별 작품집 또는 서류철을 이용한 평가방법

특히, 허경철(2001)은 학교 현장에서 수행평가를 실제적으로 적용할 수 있도록 각 교과별 수행평가방법을 <표 4-19>와 같이 제시하고 있다.

표 4-19 교과별 수행평가방법

교과 방법	국어	도덕	사회	수학	과학	기술	가정	체육	음악	미술	영어			
											말하기	쓰기	듣기	읽기
면접	○	○									○			
토론(찬반토론)	○	○	○	○	○	○	○	○	○	○				
포트폴리오	○	○	○		○	○		○	○	○	○	○	○	○
실기	○						○	○	○	○				
논술형검사	○	○	○				○	○	○	○				
연구보고서	○			○	○	○	○	○	○	○				
실험·실습	○		○		○	○			○					
서술형검사	○	○		○	○	○	○	○	○	○			○	○
관찰	○	○		○	○			○	○	○				
구술	○		○		○					○				
조사발표		○												
질문지법		○												
미완성부분 창작완성		○												
PMR		○												
자기평가		○						○	○					
프로젝트			○	○										
답사보고서			○											
역할놀이					○						○			
개념도법					○									
V-도법					○									
대화를 통한 제한된 정보											○			
그림보고 묘사											○			
구두보고											○			
전략검사												○		○
서식작성												○		
자유작문												○		
통제작문												○		
정보격차찾기													○	
받아쓰기													○	
듣기회상													○	
Close/C test														○

지금까지 제시한 수행평가방법들이 수행평가의 본질을 어느 정도 구현할 수 있느냐 하는 문제는 정도의 문제라고 할 수 있다(김영신, 2003). 개별 평가방법들이 수행평가의 본질을 구현할 수 있는 정도를 연속선상에서 제시하면 <표 4-20>과 같다(백순근, 2002).

표 4-20 수행평가의 본질을 구현하는 정도에 따른 평가방법의 분류

수행평가 본질의 구현 정도	평가방법	비고
매우 높음	실제 상황에서의 평가	널리 사용되고 있는 수행평가
↑	실기시험, 실험·실습법, 관찰법	
	면접법, 구두시험, 토론법	
	자기평가 및 동료평가 보고서법	
	포트폴리오	
	연구보고서, 프로젝트법	
	논술형	
	서술형	
	단답형	보통 수행평가방법에 포함되지 않는 수행평가
	완성형	
	선다형	
↓	연결형	
매우 낮음	진위형	

한편, 수행평가의 유형을 학교 수행평가와 대규모 수행평가로 구분하여 차이점을 비교해 보면 <표 4-21>과 같으며(정기오, 2001), 수행평가의 방법을 분류하면 [그림 4-2]와 같이 도식화할 수 있다(김정숙, 2001).

표 4-21 학교 수행평가와 대규모 수행평가의 비교

구분	학교 수행평가	대규모 수행평가
관심의 주체와 내용	• (교사) 교수·학습방법 개선	• (정부) 국민의 기초능력향상과 학교 교육의 실용화, 교육개혁
교육과정과의 관계	• 자율화된 교육과정이나 교과형 교육과정 하에서 제한적 활용	• 표준화된 국가 교육과정 지향
측정 대상	• 고급사고력	• 핵심 기능, 핵심 역량
평가의 기능적 성격	• 수행과제는 교사의 창의 평가는 교사의 프로페셔널리즘	• 인지주의적 계속적 변화 • 구체적, 주관적 상황 중시 • 학습자의 이해, 성장 중시
인지적 기반	• 초인지(meta-cognition) • 학문적 지능	• 실제적 인지(practical cognition) • 실제적 지능
교육관	• 엘리트주의적	• 대중주의적

그림 4-2 수행평가방법의 분류

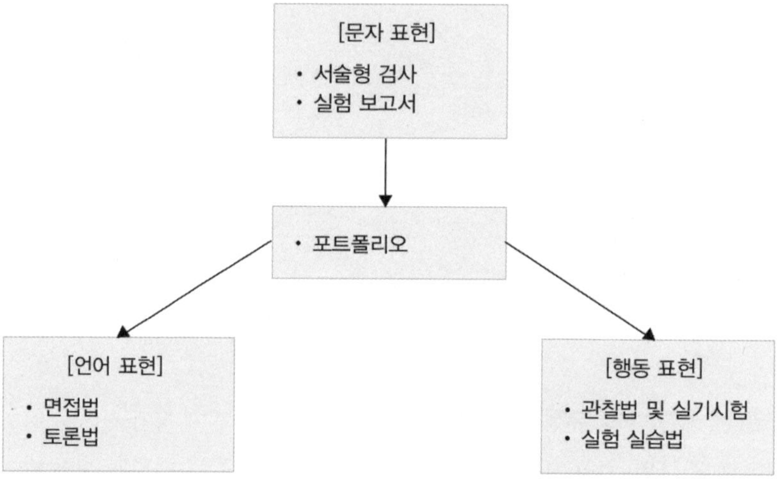

7 수행평가를 어떻게 접근하면 좋을까?

가. 수행평가 시행을 위한 일반적인 절차

수행평가를 제대로 시행하기 위해서는 일회적이면서도 즉흥적인 평가가 아니라, 종합적이면서도 체계적인 평가가 될 수 있도록 [그림 4-3]과 같은 절차에 따라 수행평가를 시행하는 것이 바람직하다(백순근, 2000).

그림 4-3 수행평가 시행을 위한 일반적인 절차

① 학기별 또는 연간 '수업 및 평가 계획서' 작성

↓

② 가르치고자 하는 '성취기준'(교육목표 및 내용) 구체화

↓

③ 실제로 다양화, 전문화, 특성화된 수업 진행

↓

④ 성취기준을 실제로 얼마나 성취했는지, 그 성취정도를 파악하기 위한 '평가기준'을 명확히 제시

↓

⑤ 적절한 평가방법을 결정하고 적절한 평가 도구 제작 (모범답안 및 채점 기준표 작성 포함)

↓

⑥ 실제로 다양화, 전문화, 특성화된 평가 실시

↓

⑦ 채점 기준표에 따라 채점을 하고, 그 결과 보고

↓

⑧ 평가의 결과를 교수·학습 활동에 피드백 제공

나. 수행평가 도구 개발 절차

수행평가 도구를 개발하는 절차를 [그림 4-4]와 같이 제시할 수 있는데, 수행평가 도구를 개발하는 과정이나 절차는 창의성을 요구하는 작업이기 때문에, 여기에서 제시하고 있는 일반적인 개발 절차는 단위 학교의 여건이나 교사의 능력에 따라 수정·보완하는 것이 바람직하다(백순근, 2000).

그림 4-4 수행평가 도구 개발의 일반적인 절차

① 평가를 실시하는 이유와 대상을 분명히 한다. -평가의 목적과 용도를 구체적으로 진술한다. -평가자, 평가 대상자, 평가 결과 사용자를 확인한다.
↓
② 평가할 내용과 시기를 구체화한다. -평가 영역과 그에 대한 평가기준을 구체화한다. -평가 시기를 구체화한다.
↓
③ 평가방법을 설계한다. -평가를 시행할 장소나 상황을 설정한다. -평가방법이나 도구의 유형이나 과제 수를 결정한다. -채점자를 결정한다. -평가 시행의 공고 여부를 결정한다.
↓
④ 평가 과제 또는 평가 문항을 제작한다. -평가 과제 또는 문항 카드를 작성한다. -평가 과제 또는 문항을 제작하여 카드에 기입한다.
↓
⑤ 모범 또는 예시 답안 및 채점 기준표를 작성한다.
↓
⑥ 평가의 실시나 채점상의 유의점을 진술한다.
↓
⑦ 앞의 ①~⑥ 전 과정을 반성적으로 검토하여 수정·보완한다.

특히, 수행평가를 위한 평가 문항의 출제 방향은 <표 4-22>와 같이 제시할 수 있다.

표 4-22 수행평가 문항 출제 방향

구분	문항 출제 조건
좋은 평가 문항	• 창의력과 문제 해결력 중심의 열린 문항 • 실생활과 관련지어 참 능력을 평가할 수 있는 문항 • 해결하는 데 피험자의 능력과 상황에 알맞은 문항 • 질문이 명료하고 응답 조건과 한계가 분명한 문항 • 평가 문항, 소요 시간, 채점의 용이성 등 현실성 있는 문항
문제 해결력 중심 문항	• 여러 개의 정답이 나올 수 있는 창의력을 묻는 문항 • 여러 개의 정답이 나올 수 있는 문제해결력을 묻는 문항
실생활 관련 문항	• 하나를 알면 열을 알게 하는 산지식을 묻는 문항 • 배운 지식을 실생활에 적용할 수 있는 문항
참 능력 평가 문항	• 학습 과정 속의 실제 상황 하에서 평가하는 문항
학습과정 평가 문항	• 학습의 과정과 과정이 누적된 결과를 나타내는 문항

또한, 수행평가 문항을 제대로 개발했는지 확인하는 기준을 <표 4-23>과 같이 제시할 수 있다.

표 4-23 수행평가 문항 기준

구분	문항 출제 조건
평가목적	• 평가 목적에 의해 구체화된 기능을 측정할 수 있는가?
평가대상	• 평가대상이 되는 수행이 진실되고 확실한 행위인가?
평가종류	• 측정행위의 질과 종류가 평가하기에 충분한 내용인가?
평가방법	• 측정행위가 직접 관찰될 수 있는가? • 수행평가가 성공적으로 이루어질 수 있는 상황이 제시되었는가? • 인위적 상황일 때, 학생들에게 간결, 명확하게 상황이 부여되었는가?
평가항목	• 측정행위에 대한 평가항목에 대해 평가자들이 동의할 수 있는가?
평가결과	• 다른 평가자들이 하더라도 유사한 평가결과를 얻을 수 있는가? • 평가척도나 점검표가 사용하기 편리한가?

- 수행평가 개념
  - 평가자가 학습자들의 학습과제 수행과정 및 결과를 직접 관찰하고, 그 관찰 결과를 전문적으로 판단하는 평가 방식
- 수행평가 시행 절차

수업 및 평가계획서 작성 ▶ 성취기준 구체화 ▶ 수업진행 ▶ 평가 기준 제시 ▶ 평가 도구 제작 ▶ 평가 실시 ▶ 채점 ▶ 결과 보고

8 서술형 평가란 무엇인가?

가. 서술형 평가의 개념

일반적으로 서술형 평가는 학생이 답이라고 생각하는 지식이나 주장을 직접 서술하도록 하는 평가로서, 학생의 창의력, 문제해결력, 비판력, 판단력, 분석력 등의 고등 사고능력을 평가할 수 있다. 즉, 서술형 평가는 학생들에게 나름대로의 답안을 계획하여 자신의 말로 표현하도록 요구하는 평가이기 때문에, 문제해결을 위한 사고의 과정과 결과를 모두 중시한다. 이러한 서술형 평가의 개념을 정리하면 <표 4-24>와 같다.

표 4-24 서술형 평가의 개념

특징	내용
황현숙 (2012)	• 학생들이 출제자가 출제한 문제들에 대한 예시 중에서 '선택'하도록 하는 것이 아니라 문제에 대한 학생들이 알고 있는 지식이나 학생들의 생각 및 의견들을 '서술'하도록 하는 평가
김혜숙 (2012)	• 서답형 문항 중 학생이 답이라고 생각하는 지식이나 주장을 직접 서술하도록 하는 평가
김주환 (2010)	• 학생들이 축적한 지식의 양과 습득 지식을 기억하여 인출하는 능력을 측정하는 평가 • 학생들이 알고 있는 정보나 지식 등을 활용하여 평가자가 설정한 문제 장면에 대해 논리적으로 분석, 설명, 해석하거나 창의적으로 문제를 해결할 수 있는 능력을 측정하는 평가
김민정 (2009)	• 영어의 에세이 테스트(essay test)를 번역한 것으로, 학생으로 하여금 출제자가 제시한 답을 선택하도록 하는 평가방식이 아니라 학생이 답이라고 생각하는 지식이나 의견들을 직접 서술하도록 하는 평가

일반적으로 서술형 평가는 학생들이 서술해야 할 분량이 적고 채점 시에도 서술된 내용의 깊이와 넓이에만 중점을 두는 반면에 논술형 평가는 학생들이 서술해야 할 분량도 많거니와 개인의 생각이나 주장을 창의적이면서도 설득력 있게 조직하여 작성하여야 한다는 점에서 서술형 평가와 구분이 된다(백순근, 1999).

그러나 학교현장에서 교사들이 출제하는 문제에서 서술형 평가와 논술형 평가를 구분하는 것은 어려운 점이 있고 두 가지를 구분하여도 특별한 의미가 없는 경우가 많아서 보통 서술형 평가와 논술형 평가를 따로 구분하지 않고 서술형 평가로 지칭한다(노영순·류춘식, 2001).

특히, 서술형 평가는 논술형 평가에 비해 서술해야 하는 분량이 많지 않고 채점할 때 서술된 내용의 깊이와 넓이에 주된 관심을 두는 반면에 논술형 평가는 학생이 자신 나름대로의 생각이나 주장을 논리적으로 설득력 있게 조직하여 작성하는 데 주된 관심을 둔다(윤오영, 2010).

따라서, 서술형 평가는 학습자의 지식이나 정보를 단순히 인출하는 것이 아니라 자신이 알고 있는 지식이나 정보를 인과 관계, 추론, 설명, 해석하는 사고의 과정을 거쳐 평가 장면에 맞게 학생이 직접 답안을 써넣은 평가이다. 그러나,

답안의 길이가 길지만 사고의 과정이 없는 단순재생형의 문항이라면 서술형 평가라고 볼 수 없다. 결론적으로 말하자면, 서술형 평가는 문제 장면에서 요구하는 응답 내용이 전제와 결론, 인과 관계, 현상과 추론, 주장과 근거, 예시와 일반화, 과정과 결과 등의 통합적 사고 작용을 측정할 수 있는 평가라고 할 수 있다.

결론적으로 말하자면 서술형 평가는 학생들의 답을 추측할 수 없고 정답을 구하는 능력과 문제해결 사고기능을 사용하는 능력을 보여주기 때문에 문제해결 과정을 잘 파악할 수 있게 하지만, 평가에 시간 소모가 많으며 각 평가에 포함되어 있는 과제의 수가 적기 때문에 타당도와 신뢰도를 확보하기 어렵다(Linn et al., 1991).

나. 서술형 평가의 장점과 단점

서술형 평가의 장점과 단점을 정리하면 <표 4-25>와 같다. 서술형 평가의 단점을 극복하기 위해서는 문항 개발 과정에서 반응의 자유도를 어느 정도 제한하고, 비교적 짧은 반응을 요하는 문항을 개발하거나 전체 문항수를 확대하는 방법이 있다.

표 4-25 서술형 평가의 장점과 단점

구분	서술형 평가
장점	• 학생 자신의 지적배경에 따라 적절한 자료나 정보를 선택하여 자기 말로 표현 가능 • 문항 지시 범위 내에서 자유로이 문제를 다룸 • 표현력, 사고력, 문제해결력 등 고등정신기능 측정에 효과적 • 개념 활용, 정의, 원리 탐색, 원리 적용 등 지적 기능학습에 효과적 • 문항이 지시하는 범위 내에서 자유로이 문제를 깊게 또는 넓게 다룰 수 있음 • 문항제작이 비교적 쉬움 • 학습자의 학습태도 개선
단점	• 채점의 낮은 객관성 • 채점에 시간과 노력의 많은 소비 • 문항 표집 수 제한 • 몇 개의 문항으로 학습목표 평가의 어려움 • 시험의 낮은 타당도와 신뢰도 • 복잡한 평가과정 • 문항 양호도 검증의 어려움

특히, 서술형 평가의 장점을 학생 정보 제공, 학생 성장 및 발달, 교수학습활동 개선 등 평가 목적에 따라서 <표 4-26>과 같이 분류할 수 있다(서울특별시 교육청, 2007).

표 4-26 서술형 평가 목적에 따른 장점

구분	장점
학생 정보 제공	• 문제이해력, 문제해결력, 창의력, 적용력 등 고등정신능력 측정 • 복합적인 학습결과 측정 가능 • 정의적 영역 측정 가능 • 학생의 학습수준을 보다 정확히 측정 • 추측 배제 • 학생의 다양하고 풍부한 반응 유도
학생 성장 및 발달	• 학생에게 좋은 학습경험 제공 • 고등정신능력 증진
교수학습활동 개선	• 교수-학습활동의 개선을 위한 정보 획득 • 피드백에 유용 • 학생의 학습태도 개선
기타	• 문항을 제작하기가 상대적으로 쉬움

다. 서술형 평가와 선택형 평가의 비교

서술형 평가와 선택형 평가를 비교하면 <표 4-27>과 같이 요약할 수 있다(한귀원, 2007; 박은혜, 2005).

표 4-27 서술형 평가와 선택형 평가의 비교(1)

구분	서술형 평가	선택형 평가
반응 자유도	• 학생들은 자신의 지적 배경에 따라 적절한 자료나 정보를 선택하여 자기 말로 표현	• 반응의 자유도 제한
측정 내용	• 표현력, 사고력, 문제 해결력 같은 고등정신 기능 측정	• 교과서의 중요 내용 또는 선택형 문제를 주로 암기

구분	서술형 평가	선택형 평가
문항 제작	• 비교적 쉬움	• 비교적 어려움
채점	• 채점의 객관성 확보가 쉽고, 시간과 노력이 많이 듦	• 채점의 객관성 확보가 쉽고 시간과 노력이 적게 듦
문항 표집수	• 한 문항에서 긴 반응을 요구하기 때문에 문항 표집수 제한	• 문항 표집수 제한 없음
타당도 신뢰도	• 낮은 타당도와 신뢰도	• 높은 타당도와 신뢰도
평가 목적	• 학생의 사고과정이나 문제해결 과정을 평가하는 경우	• 컴퓨터의 사용이 가능하거나 표준화 검사를 하는 경우
장점	• 정답을 추측하여 답할 수 없으며 문제해결의 전체적인 과정은 잘 파악 가능 • 학습자마다의 다양하고 풍부한 반응 기대 • 의사소통하는 방법을 익힐 수 있는 좋은 도구가 되므로 언어적 표현에서의 논리성 향상	• 채점이 쉽고 직관적이고 기계적으로 할 수 있어 높은 신뢰도 • 문항형식이 갖는 융통성이 커서 문항을 조금만 변형하면 추리력, 판단력 등을 물을 수도 있고 문항의 답지를 조금만 수정해도 원하는 문항의 난이도 조정 가능
단점	• 다양한 해석과 부분적인 답이 가능하므로 점수 매기기가 매우 어려움 • 평가하고 점수 매기기에 시간 소모가 많음 • 채점 결과에 대한 신뢰성이 낮음 • 관찰자의 평가 의도에 부합한 평가를 실시하였는지에 대한 주관적 판단으로 내용 타당도를 검증하는 것이 불가능 • 평가대상이 개인이나 소수 집단에 기초하므로 다른 타당도의 검증이 제한적	• 문항 제작이 어렵고 단순한 지식·기억·정보의 확인을 위한 문항을 양산하는 결함 • 능력이 높은 학생에게 불리하고 능력이 낮은 학생에게 유리하게 작용될 가능성이 많음 • 학생이 답을 몰라도 맞출 확률이 20~25%의 가능성이 있으므로 교사의 입장에서 평가결과를 보고도 평가목표의 어떤 부분이 잘되고 잘못되었는지 판단하기가 매우 곤란

특히, 강병동(2012)은 선택형 평가와 서술형 평가를 영역별로 서로 비교한 결과 <표 4-28>과 같이 제시하였다.

표 4-28 서술형 평가와 선택형 평가의 비교(2)

구분	선택형	서술형
평가 요소	단일한 평가 요소	1개, 또는 1개 이상
반응 특성	폐쇄적 반응	개방적 반응
해결 방법	5개의 답지 중 정답 선택	답안내용을 조건에 맞게 직접 작성
해결 시간	짧음	선택형에 비해 긴 시간 소요
반응 범위	제한	무제한
사고 작용	수렴적 사고에 의존	확산적 사고 필요
측정 요소	지식의 양	사고력, 이해력
반응 변인	정답 반응에 우연성 개입 가능	정답 작성에 우연성 개입 희박
학습력 변별	우연성 개입으로 변별 곤란	변별에 용이
출제 시간	시간 소요(답지 작성 등)	선택형에 비해 시간 단축
채점 시간	채점 시간 단축	채점 시간 소요
사용 성격	총괄평가, 형성평가에 사용	총괄평가, 형성평가, 수행평가에 사용
사용 범위	서열화, 선발시험에 많이 사용	문제해결력, 사고력 측정에 사용

- 서술형 평가 개념
  - 서술형 평가는 학생이 답이라고 생각하는 지식이나 주장을 직접 서술하도록 하는 평가
- 서술형 평가 장·단점

장점	단점
• 학생 자신의 지적배경에 따라 적절한 자료나 정보를 선택하여 자기 말로 표현 가능 • 문항 지시 범위 내에서 자유로이 문제를 다룸	• 채점의 낮은 객관성 • 채점에 시간과 노력 많은 소비 • 시험의 낮은 타당도와 신뢰도 • 복잡한 평가과성

9 서술형 평가 문항 개발은 어떻게 이루어지는가?

가. 서술형 평가 문항 개발 단계

서술형 평가 문항을 개발하는 순서는 과목별 교사 협의회 개최를 통한 출제 계획서 작성, 평가 목표 상세화, 평가 목표에 적합한 문항 초안 작성, 채점 기준표 및 모범 답안 작성, 문항 검토 및 수정, 최종 문항 확정 등 <표 4-29>와 같이 6단계의 과정을 거친다(최승현, 1999).

표 4-29 서술형 평가 문항 개발의 단계

구분	내용
출제 계획서 작성 (1단계)	• 출제 영역(내용 및 행동 영역), 문항 유형, 문항 수, 배점 등을 설정하고, 출제이원분류표 작성 • 서술형 평가를 다른 유형의 지필평가 문항과 함께 포함하여 실시할 것인지, 별도의 시간을 설정하여 실시할 것인지 계획 • 교육목표 및 내용에 적절한 평가 문항의 형태와 수 등을 고려하여 출제 계획서 작성
평가 목표 상세화 (2단계)	• 이원분류표에 근거하여 평가를 통해 측정하고자 하는 능력 및 내용을 행동적 목표 진술 방식에 따라 상세하고 명료하게 진술
문항 초안 작성 (3단계)	• 평가 목표에 부합하는 문제 상황을 결정하고, 문항의 체계 및 발문을 구상한 후 문항 초안 작성
모범 답안 작성 (4단계)	• 학생들의 예측 가능한 반응, 답안 작성 시 유의점, 답안 작성 소요 시간 등을 고려한 모범 답안 작성
채점 기준표 작성 (5단계)	• 모범답안에 근거하여 채점 기준표를 작성함에 있어서 채점 요소에 대항목과 소항목 결정 • 요소의 비중에 따라 배점을 차등화 하여 채점 기준 상세화
문항 검토 및 수정 (6단계)	• 출제자의 관점보다는 학생의 입장에서 학생이 질문을 이해하여 출제자가 의도하는 방향으로 응답할 수 있는지, 채점 기준이 명료한지, 소요 시간이 적정한지 등을 중점 검토 • 동 교과 혹은 동 학년 교사들끼리 검토팀을 구성하여 공동으로 검토 • 문항 검토 항목 등을 체크리스트 형태 검토

구분	내용
최종 문항 확정 (7단계)	• 최종 문항 검토 시 유의 사항 – 검사문항의 표현이나 배열상에 결점이 없는가? – 동일한 교수목표를 측정하는 문항끼리 가급적 묶어 놓았는가? – 쉬운 내용에서 어려운 문항으로 배열이 되어있는가? – 검사를 받는 데 대한 지시와 각 문항유형에 따른 응답에 관한 지시가 명시되었는가?

특히, 서술형 평가의 채점 기준 형태는 사례나열 형태, 감점조건 제시 형태, 요소별 채점 형태 등 <표 4–30>과 같이 구분할 수 있다(허진주, 2009).

표 4–30 서술형 평가의 채점 기준 형태

구분	내용
사례나열 형태	• 부분점수를 받을 수 있는 모든 답안의 예를 구체적으로 제시하고 각각에 대한 득점을 명시하는 형태
감점 조건제시 형태	• 감점을 당하게 되어 있는 답안상의 미비점을 구체적으로 명시하고 그에 대한 감점 값을 명시하는 형태
요소별 배점 형태	• 정답 혹은 모범답안을 구성하고 있는 채점 요소 각각에 대하여 배점을 명시하는 형태

한편, 서술형 문항을 검토하고 수정하는 과정에서는 출제자의 관점에서 보다는 학생의 입장에서 검토하는 자세가 필요하다. <표 4–31>은 서울특별시 교육청에서 배부한 서술형·논술형 평가 예시문항 자료집에 제시되어 있는 문항 검토 항목으로서, 이를 토대로 문항을 면밀히 검토·수정하되, 특히 학생이 질문을 이해하여 출제자가 의도하는 방향으로 응답할 수 있는지, 채점 기준이 명료한지, 소요 시간이 적정한지 등을 중점적으로 실시하며, 평가 실시 단계에서는 평가 문제지와 답안지를 배부하기 전 평가 내용과 목적, 평가 시 유의점 및 평가 관점을 제시하여 평가받는 학생들이 진지한 태도로 평가에 임하도록 한다.

표 4-31 서술형 평가 문항 검토 항목

구분	검토 항목	세부 내용
문항	출제 의도에의 부합성	① 측정하고자 하는 능력을 평가하는가? ② 문항이 묻고자 하는 요점이나 지시문이 명료한가? -답을 작성하는 데 필요한 조건이 모두 포함되어 있는가? -여러 개의 다양한 답이 나올 수 있는 문항은 아닌가? ③ 출제범위를 벗어난 것이 아닌가? ④ 학생들의 발달 및 능력 수준에 부합하는가? ⑤ 난이도와 소요 시간이 의도한 바에 부합하는가? ⑥ 출제에 인용한 교과서나 참고 도서에 모범답안의 근거가 분명히 제시되어 있는가?
문항	문항의 교육적 기능 및 공정성	⑦ 문항의 내용이 지나치게 특수하거나 세부적이지 않는가? ⑧ 문항(특히 지문)의 내용이 비교육적이거나 반사회적이지는 않는가? ⑨ 지나치게 어렵거나 쉬운 문항은 없는가? ⑩ 지역이나 성별, 취미, 기호 등에 따라 특별히 유리하거나 불리한 내용은 없는가?
	기타	⑪ 정답에 대한 단서가 본 문항 또는 타 문항에 나와 있지 않는가? ⑫ 기출문제, 시중 참고서나 문제지 혹은 학원교재 등에 그대로 나와 있는 문항은 없는가?
채점 기준 예시 답안	① 채점기준과 모범답안에 오류가 없는가? ② 채점기준과 모범답안은 명료하고 이해하기 쉬운가? ③ 채점기준은 실제 채점과정에서 활용하기 쉬운가? ④ 문제지에 있는 문항 번호, 내용, 배점과 동일한가?	

지금까지 살펴본 서술형 평가 문항 개발 단계를 좀 더 구체적으로 도식화해 보면 [그림 4-5]와 같다(마효영, 2012).

그림 4-5 서술형 평가 문항 개발 세부 단계

첫째, 평가 목적 설정 단계로서, 교육과정의 성취 기준 및 평가기준을 탐색하고, 문항 곤란도를 정하여 학습목표의 성취 수준을 진술한다.

둘째, 교육과정 분석 단계로서, 평가목적과 교육과정이 관련되었는지 분석하고, 가능한 수업내용이지만 교육과정에 없는 것은 출제를 지양한다.

셋째, 필수 학습요소의 추출 단계로서 교육과정의 분석으로 통해 학습단위의 목표와 내용을 체계적으로 정리한 다음, 단원의 내용 위계상 가장 중요한 세부 목표를 추출하여야 한다.

넷째, 평가요소의 선정 단계로서, 필수 학습요소 중 평가요소를 선정해야 한다. 다른 학습요소에 비해 교육과정에서 중요하게 다루어지지 않는 학습요소를 평가요소로 선정할 경우 상대적으로 문항의 내적 타당도는 떨어지게 된다.

다섯째, 문제 장면의 설정 단계로서, 평가요소를 측정할 문제 장면을 표현할 수 있다. 이때, 문제 장면은 기출 문제를 활용하는 것도 좋은 방법이다.

여섯째, 모범 답안 및 채점 기준표를 포함하는 이원목적분류표 작성하는 단계로서, 서술형 문항에 대한 별도의 이원목적분류표를 제작하는 것보다는 기존의 이원목적분류표에 서술형 문항의 요소, 채점기준표 등을 포함시켜 작성한다.

일곱째, 문항 초안 작성 단계로서, 문제 장면, 답안 조건, 평가요소를 설정한다. 또한, 기본답안 작성, 소요시간, 배(채)점 방법, 인정답안 범위 설정(반응사례) 등을 작성·예측한다.

여덟째, 문항 검토 컨설팅 단계로서, 문항 검토 컨설팅 과정은 제작과정에서 가장 중요한 과정이다. 문항 검토 컨설팅은 문항에 쓰인 단어 하나하나에, 그리고 그 단어들이 어울려 만들어내는 내용의 논리적 적합성 등에 주의를 기울여야 하는 정밀작업이다. 따라서, 동료 교사가 많이 참가할수록, 여러 차례 할수록 효과적이다.

아홉째, 문항 수정·보완 단계로서, 컨설팅 과정에서 제시된 의견과 드러난 문제점을 면밀히 검토하여 반영할 것과 반영하지 않을 것을 결정하고 문항 수정 작업에 들어간다.

열째, 최종 문항 완성 단계로서, 문항 수정 보완 과정을 거친 후 최종 문항 원안지, 이원목적분류표 등을 마무리하여 제출본을 완성한다. 이때 수정 사항이 최종 문항에 제대로 반영되었는지의 여부, 이전 원안 파일과 최종 파일의 혼동 여부, 파일 정리 과정에서 그림, 그래프나 기호, 선 등이 누락되지 않았는지의 여부 등을 재확인하는 과정이 필요하다.

나. 서술형 평가 문항 개발 원리

서술형 평가 문항을 개발하는 원리는 다음과 같이 정리할 수 있다.

첫째, 검사 받을 집단의 동질성과 이질성을 고려하여 문항을 개발해야 한다. 즉, 검사받을 집단의 성격을 분명히 분석하고 파악함으로써 반응의 다양성을 막을 수 있다.

둘째, 선택형 평가 문항에서 다루기 어려운 교과 내용의 전반적 사실 및 이해를 바탕으로 분석, 종합, 비판력 등 고등정신능력을 측정할 수 있는 문항을 개발해야 한다.

셋째, '~를 논하시오', '~을 들으시오', '~을 설명하시오' 등의 식으로 짧게 기술하는 것보다는 문제 상황을 제시할 만한 충분한 자료를 제시하는 자료 제시형이 좋다.

넷째, 지시문의 어미 진술은 '~에 대하여 3가지 쓰시오', '~에 대하여 기술하시오', '~이유를 쓰시오', '여러 가지 방법을 쓰시오'와 같이 특정 사실에 관하여 학생이 알고 있는 것을 기술하도록 한다.

다섯째, 서술형 평가 문항의 발문은 평가자가 요구하는 정답을 정확하게 작성할 수 있도록 서술의 내용과 조건이 명확하게 드러나게 하고 질문의 요지를 명확하게 구조화해야 한다.

여섯째, 해당 문항의 종결 어미 뒤, 또는 해당 줄의 맨 끝에 문항당 점수를 제시한다.

일곱째, 서술형 평가 문항의 질문 내용은 광범위한 소수의 문항보다는 필수 학습요소를 측정하기 위한 문항을 2~3개로 세분화하여 제시하는 것이 좋다.

여덟째, 서술형 평가 문항은 여러 문항 중에서 학생들이 스스로 선택하여 응답하는 것을 지양한다.

아홉째, 서술형 평가 문항은 쉬운 문항에서 어려운 문항으로 배열한다.

열째, 서술형 평가에서 각 문항에 응답할 수 있는 적절한 응답 시간을 충분하게 주어야 한다.

열한번째, 서술형 평가 문항의 채점은 채점자의 주관이 개입될 수 있으므로, 문제에 대한 정답 예시안 및 채점 기준을 사전에 작성해야 한다.

다. 서술형 평가 문항 개발시 유의점

서술형 평가 문항을 개발할 때에 <표 4-32>와 같은 점들을 유의해야 한다(경기도교육청, 2007; 이혜련 외, 2005).

표 4-32 서술형 평가 문항 개발시 유의점

구분	내용
평가집단의 성격 고려	• 문항 내용이나 지시문 등의 어휘 수준은 학생의 수준에 적합 • 문항 수를 학생의 능력에 맞게 적절히 조절하고, 각 문항에 충실히 답할 수 있도록 적절한 응답시간 배정
고등정신 능력 평가	• 사고력, 추리력, 종합력, 비판력, 분석력, 응용력, 표현력, 창의력과 같은 정신 기능을 측정 가능한 문항 개발
질문 구조화 및 제한성	• 문항이 요구하는 영역의 범위 규정 및 제한 등 구조화된 형태의 서술형 평가 문항 개발 • 반응의 자유도를 허용하되 답의 표현이 일정한 방향으로 가도록 지시
여러 문항 중 선택해서 사용금지	• 여러 문항을 주고 '택1', '택2'를 선택하게 하면 시험의 타당도가 낮고 채점의 노력과 시간이 많이 들며, 넓은 교과내용 중 본인이 원하는 내용만을 공부하는 부분학습 습관과 요행심을 키우게 될 가능성이 높음
응답 요소 종류 열거할 경우 개수 한정	• 응답 요소를 나열할 때에는 "○가지(만) 제시하시오"라고 한정하고, 채점 과정에서는 지시한 ○가지까지만 채점하고 뒤에 나열되는 요소에 대해서는 채점을 하지 않아야 함을 원칙
채점기준 및 문항점수 사전 제시	• 문항 제작과 함께 모범 답안을 사전 제작 • 검사 문항의 오류 가능성 배제, 문항에 포함시킬 채점 기준을 명료화, 채점 기준의 방향 설정

구분	내용
채점기준 준수	• 포괄성(망라성): 채점기준을 설정했을 때 학생들이 제시한 답안상의 반응을 모두 포함 • 배타성: 채점 기준의 범주 혹은 수준 구분이 서로 겹쳐서는 안 됨을 뜻한다. <부적합한 채점 기준 예시> 상: 글 전체의 내용과 관련된 질문을 3~5가지 만들었을 경우 중: 글 전체의 내용과 관련된 질문을 3~5가지 만들었으나, 부적절한 질문이 끼어있는 경우 하: 글 전체의 내용과 관련된 질문을 2개 이하를 만들었거나 부적절한 질문이 2개 이상 끼어 있는 경우 <적합한 채점 기준 예시> 상: ㅇ과 관련하여 적절한 질문을 4가지 이상(혹은 4~5가지) 만든 경우 중: ㅇ과 관련하여 적절한 질문을 2~3가지 만든 경우 하: ㅇ과 관련하여 적절한 질문이 1가지 이하인 경우
계열성을 고려한 문항 배열	• 쉬운 문항부터 어려운 문항의 순서로 배열

특히, 서술형 평가 문항을 개발하여 출제할 경우 반드시 고려해야 할 점을 제시하면 다음과 같다.

첫째, 수험자 집단의 특성과 규모를 고려한다.

둘째, 다른 문항 유형으로는 측정하기 어려운 폭넓고 고차적인 능력을 측정할 수 있도록 구체적인 문제 사태를 자료로 제시하여 문항을 진술한다.

셋째, 구체적인 학습 결과를 측정할 수 있도록 질문을 구조화시키고 제한성을 갖도록 응답할 내용의 범위를 적절하게 제한한다.

넷째, 응답의 내용이나 방향을 지시하는 동사로는 명시성의 정도가 높은 것을 사용하여 서술 양식을 적절하게 제한한다.

다섯째, 답안의 분량이 어느 정도이어야 하는지, 반응 수나 답안의 길이 등을 명시해 준다.

여섯째, 답안의 우열을 판단할 수 있는 근거가 명백한 문제 사태만을 소재로 택해야 한다.

일곱째, 여러 문장 중에서 일부를 선택하여 답하도록 하는 방식은 바람직스럽지 못하다.

여덟째, 문항 수를 학생의 능력에 맞게 적절히 조절하고, 각 문항에 충실히 답할 수 있도록 적절한 응답 시간을 배려한다.

아홉째, 응답요소의 종류를 나열하게 할 경우에는 가짓수를 한정한다.

열번째, 논쟁을 다루는 문항은 학생 자신의 견해를 밝히고, 논리적으로 전개할 수 있도록 유도하여야 한다.

열한번째, 문항 말미에 배점과 채점 요강을 제시해 주는 것이 바람직하다.

한편, 좋은 서술형 문항을 개발하기 위해 문항 개발자가 갖추어야 할 조건으로 <표 4-33>과 같다(김대현·김석우, 1996).

표 4-33 서술형 평가 문항 개발자의 조건

구분	내용
문항 내용의 타당성	• 문항의 내용이 측정하고자 하는 내용과 얼마나 일치하는지 가장 먼저 고려
문항 내용의 복합성	• 질문의 내용이 단순기억에 의한 사실보다는 고등정신 기능인 분석 종합 평가 등의 능력을 측정할 수 있는 문항
문항 내용의 요약성	• 열거된 단순 사실만을 질문하는 것이 아니라 열거된 사실들을 요약하고 일반화하고 나아가 추상화시킬 수 있는 내용 포함
문항의 참신성	• 내용적 측면이나 형식적 측면에서 기존에 존재하는 진부한 형태의 문항이 아니라 새로운 문항 개발
문항의 구조화	• 문항의 체계성을 의미하는 것으로서 질문이 모호하지 않으며 구체화
문항의 난이도	• 학생 수준 및 능력을 고려한 문항의 난이도 조절
흥미 유발 가능한 문항 개발	• 학습 목표 도달에 있을 때 문항은 학습동기를 유발할 수 있도록 개발
검사 목적에 부합된 문항 개발	• 검사의 목적을 상호 비교하는 규준참조평가와 목표의 도달 여부를 확인하는 준거참조평가 등 검사의 사용 목저에 부합하는 문항 개발
측정 오차없는 문항 개발	• 문항의 답을 알고 있는 피험자임에도 불구하고 문항제작의 미숙으로 실수를 유발하게 하여 답을 맞히지 못하는 경우가 발생하지 않도록 개발

10 서술형 평가 문항 채점은 어떻게 하는가?

가. 서술형 평가 문항 채점 단계

일반적으로 서술형 평가 문항을 채점하는 단계는 평가목표 확인, 이원목적분류표 확인, 문항 구성요소 확인, 시뮬레이션, 채점 전 협의, 채점 실시, 채점 후 협의, 채점결과 확인 및 종결 등의 순으로 이루어진다([그림 4-6] 참조).

그림 4-6 서술형 평가 문항 채점 단계

평가 목표 확인 ▶ 이원 목적 분류표 확인 ▶ 문항 구성 요소 확인 ▶ 시뮬레이션 ▶ 채점 전 협의 ▶ 채점 실시 ▶ 채점 후 협의 ▶ 채점 결과 확인 및 종결

첫째, 평가 목표 확인 단계는 교육과정에서 제시된 학습목표를 제대로 평가하는지와 학습목표 성취수준은 적절한지 등 평가 목표를 확인하는 단계이다.

둘째, 이원목적분류표 확인 단계는 평가 요소의 행동 영역, 내용 영역, 문항 곤란도 등의 타당성과 평가 요소의 인정 답안, 배점, 소요시간 등의 타당성, 오탈자 유무 등 이원목적분류표를 확인하는 단계이다.

셋째, 문항 구성요소 확인 단계로서, 답안의 제한 조건을 정확히 이해하고, 기본답안을 인식하고 인정답안의 범위, 배점, 채점 등을 숙지하는 것은 물론, 채점을 준비하는 단계이다.

넷째, 시뮬레이션 단계는 단위 학교에서 실시하기보다는 광범위한 학생을 대상으로 하는 평가나 표준화 검사를 실시할 경우 학급에서는 담임교사 또는 채점교사가 응답한 시험지를 확인하거나 일부 가채점을 실시하는 단계이다.

다섯째, 채점 전 협의 단계로서 동일 학년이 2학급 이상일 경우 조건 통제를 동일하게 하기 위해 사전협의가 필요하다. 특히, 공동채점과 개별채점, 전체채점과 분할채점 등 구체적인 채점 방법을 협의해야 한다.

여섯째, 채점을 실시하는 단계로, 문항별로 채점하는 것이 일관된 기준으로 채점

하기에 유리하고 채점과정에서 실수를 줄일 수 있다. 또한, 출제자 채점 참여 및 여러 사람에 의한 채점을 동시에 실시하여 채점의 객관성과 신뢰성을 확보해야 한다.

일곱째, 채점 후 협의 단계로서, 특이 답안 유형 및 처리를 이원목적분류표와 채점 기준에 반영하고 채점 결과에 대한 재검 과정을 수행해야 한다.

여덟째, 채점 결과 확인 및 채점 종결 단계로서, 검토를 마무리한 후 학생들에게 본인 답안을 확인하고 채점에 이상이 있는지 확인하도록 한 후 채점을 종결해야 한다.

나. 서술형 평가 문항 채점 방법 및 기준

서술형 문항의 채점법은 성취행동 전체를 단위로 해서 채점자가 전체적인 관점에서 판단하여 순위를 매기는 총괄적 채점법(holistic scoring)과 성취행동을 평가기준표에 열거된 요소와 배점에 따라 채점을 하고 요소별 득점을 합산하여 총점으로 평가하는 분석적 채점법(analytic scoring)으로 구분할 수 있다(<표 4-34> 참조). 특히, 총괄적 채점법은 학생의 답만이 아닌 풀이 전체를 대상으로 문제 해결에 수반되는 사고 과정과 관련된 특정한 기준에 의하여 해결 과정 전체에 대하여 하나의 점수를 배점하므로 전체에 대해 단일한 점수를 제공하지만, 분석적 채점법은 총괄적 채점법의 단점을 보완하여 문제해결 과정의 여러 측면에 대하여 각각 점수를 할당하는 방법이다(강선순, 2004; 장경윤·권오남·최명례, 1998).

표 4-34 총괄적 채점법과 분석적 채점법의 비교

구분	총괄적 채점법	분석적 채점법
개념	• 답만이 아닌 풀이 전체를 대상으로 하여 종합적인 인상을 바탕으로 채점하는 방법 • 과제에 대한 응답을 전체적으로 판단하여 하나의 점수를 부여하는 방법 • 성취행동 전체를 단위로 하여 채점자가 전체적인 관점에서 판단하여 순위를 평가	• 평가에서 관심을 갖는 문제 해결의 각 단계들을 규명한 다음 각 측면에 대한 점수를 세분화시켜, 성취 행동을 평가기준표에 열거된 요소와 배점에 따라 채점을 하고 요소별로 점수를 부여하여 종합하는 방법 • 성취행동을 평가기준표에 열거된 요소와 배점에 따라 채점을 하고 요소별 득점을 합산하여 총점으로 평가

구분	총괄적 채점법	분석적 채점법
평가 목적	• 답안 전체를 하나의 채점단위로 보아 질적으로 채점할 경우(상, 중, 하)에 유용한 방법 • 선발이나 배치인 경우 • 학생의 순위를 필요로 하는 경우 • 답안 전체를 하나의 채점단위로 보아 질적으로 채점할 경우 • 수행과제의 부분적인 측면에 대한 정보보다는 전체를 중요시하는 경우 • 학생 수가 비교적 적은 경우 • 채점 과정의 신뢰성이 중시되는 광범위한 평가를 하는 경우	• 개인의 진단이나 최소한의 숙련정도를 파악하는 경우 • 교사가 문제해결에 관련된 핵심 범주에서 학생의 수행에 대해 피드백을 주기를 원하는 경우 • 학생들의 강점과 취약점에 대한 직접적인 정보를 얻고자 하는 경우 • 별도 지도 시간을 요구하는 문제 해결의 특정 국면을 확인하고 싶은 경우 • 학생이 쓴 답을 자세히 분석할 만큼 충분한 시간이 있을 경우
장점	• 전체적인 느낌에 의하여 점수를 부여하기 때문에 비교적 신속한 평가 가능 • 답만이 아닌 문제해결에 사용된 사고과정도 중시 • 신속하고 일관된 평가 • 답안을 채점하는 구체적 기준 제공 • 수행에 대한 표준화된 점수 제공 • 평가결과에 대하여 세부 영역으로 구분하지 않고 종합적으로 판단하여 점수를 부여하기 때문에 채점하기가 용이	• 채점 기준이 명료하여 채점의 일관성을 유지하기가 쉽고, 교사에게 수업의 진단적인 정보를 제공 가능 • 학생의 강점과 약점을 파악한 후 피드백 제공 기회 제공 • 수행의 다양한 측면을 고려하여 점수 부여하여 채점의 신뢰도가 높음 • 채점준거는 교사에게 수업의 진단적인 정보 제공 • 다양한 교수 활동의 효과에 대한 특별한 정보 제공 • 척도를 원하는 범주에 따라 가중치를 다르게 제공 가능
단점	• 채점자들의 판단이 전체적인 인상 판단의 형태를 취할 때, 서로 다른 준거를 적용하기 때문에 채점의 일관성 유지 어려움 • 학생들의 특정 장·단점을 명확하게 지적하지 못함 • 일부 학생의 답안은 사고과정에 대하여 충분한 정보를 주지 못하기 때문에 교사가 확신을 가지고 채점 불가능 • 문제해결 사고과정에 대하여 다른 가중치를 적용 불가능	• 복잡한 구조를 가지고 있어 채점자 훈련과 실제 채점에서 시간이 많이 걸림

<table>
<tr><th>구분</th><th>총괄적 채점법</th><th>분석적 채점법</th></tr>
<tr><td>예시</td>
<td>
<table>
<tr><th rowspan="2">채점기준</th><th>배점</th></tr>
<tr><th>5점 만점</th></tr>
<tr><td>• 백지 상태</td><td rowspan="2">0점</td></tr>
<tr><td>• 오답 이외에 아무 것도 제시하지 않은 경우</td></tr>
<tr><td>• 문제의 조건들만 단순히 옮겨 놓은 경우</td><td rowspan="2">1점</td></tr>
<tr><td>• 풀이 과정의 일부를 제시하였으나, 그 과정조차 틀린 경우</td></tr>
<tr><td>• 문제를 이해할 듯하나, 풀기 시작한 상태에서 멈춘 경우</td><td rowspan="2">2점</td></tr>
<tr><td>• 풀이 과정과 답이 모두 틀린 경우</td></tr>
<tr><td>• 정답만 제시한 경우</td><td rowspan="3">3점</td></tr>
<tr><td>• 정답을 제시하였으나, 풀이 과정이 틀린 경우</td></tr>
<tr><td>• 풀이 과정은 옳지만, 답을 제시하지 않은 경우</td></tr>
<tr><td>• 풀이 과정은 옳지만, 문제의 조건에 맞지 않은 답을 한 경우</td><td rowspan="2">4점</td></tr>
<tr><td>• 풀이 과정은 옳지만 계산상의 오류로 오답을 한 경우</td></tr>
<tr><td>• 풀이 과정과 답의 숫자 부분은 옳으나, 단위가 없거나 잘못 쓴 경우</td><td rowspan="2">5점</td></tr>
<tr><td>• 풀이 과정과 답이 모두 옳은 경우</td></tr>
</table>
</td>
<td>
<table>
<tr><th>문제 해결 단계</th><th>채점 기준</th><th>배점</th></tr>
<tr><td rowspan="3">문제의 이해</td><td>• 문제를 완전히 이해하지 못한 경우</td><td>0점</td></tr>
<tr><td>• 문제를 부분적으로만 이해한 경우</td><td>1점</td></tr>
<tr><td>• 문제를 완전히 이해한 경우</td><td>2점</td></tr>
<tr><td rowspan="3">문제의 풀이 계획 세우기</td><td>• 풀이 계획을 전혀 시도하지 않았거나 부적절한 계획을 세운 경우</td><td>0점</td></tr>
<tr><td>• 문제를 부분적으로 올바르게 해석하고 이에 따라 부분적으로 옳은 계획을 세운 경우</td><td>1점</td></tr>
<tr><td>• 시행이 적절하게 이루어지면 정답을 도출할 수 있는 계획을 세운 경우</td><td>2점</td></tr>
<tr><td rowspan="3">풀이 결과 답 구하기</td><td>• 답을 구하지 않았거나 오답인 경우</td><td>0점</td></tr>
<tr><td>• 계산상의 오류, 다단계 문제에서 일부만 정답인 경우</td><td>1점</td></tr>
<tr><td>• 정답이고 단위나 이름을 정확하게 붙인 경우</td><td>2점</td></tr>
</table>
</td></tr>
</table>

결론적으로 말하면 총괄적 채점법은 수행과정의 부분적인 측면에 대한 정보보다는 전체를 중시할 때 채택하는 방법으로서, 평가결과에 대하여 세부 영역으

로 구분하지 않고 종합적으로 판단하여 점수를 부여하기 때문에 채점하기가 용이하고 채점속도가 빠르지만, 채점의 일관성을 유지하기가 어려운 단점이 있는 반면에, 분석적 채점법은 비교적 채점기준이 명료하여 일관성을 유지하기 쉬우며 학생들에게 수행판단의 준거에 대한 정보를 제공하므로 학생 자신들의 강점과 약점에 대한 피드백을 제시하는 장점이 있지만 채점 시 시간이 오래 걸리는 단점이 있다(서수정, 2006). 따라서, 실제로는 총괄적 채점법과 분석적 채점법이 함께 사용되는 경우가 많다.

다. 서술형 평가 문항 채점시 유의점

서술형 문항을 채점할 경우에는 <표 4-35>와 같은 점을 고려하여 채점을 해야 한다(경기도교육청, 2010; 김민정, 2009; 이혜련 외, 2005).

표 4-35 서술형 평가 문항 채점시 유의 사항

구분	내용
명확한 채점기준	• 채점기준을 사전에 명료히 함으로써 채점자 간에 생길 수 있는 오류와 채점자 내의 오류(비일관성의 오류)를 최소화 • 채점기준은 채점의 요소와 각 요소의 채점이 분명하게 결정 • 일관성 있는 채점을 위해 모범답안 작성
문항 단위 채점	• 채점기준이나 결과가 다른 문항에 영향을 주는 것을 최소화, 채점자의 내적 일관성 유지, 채점의 신속화
답안지 일차 검토 후 채점	• 학생에 따라 서술하는 방법이 다르므로 응답의 내용이 다른 순서에 의하여 기술될 수 있으며, 출제자가 예측하지 못한 반응이 나올 수도 있어 사전에 마련된 채점기준(유사답안 포함)에서 일부 보완 가능
2인 이상 복수 채점	• 여러 사람에 의해 채점되는 것이 채점의 객관성과 신뢰성 확보
최상의 컨디션 상태 유지	• 공정한 채점을 위해서 채점자는 일관된 기준을 적용할 수 있는 최상의 상태에서 채점
블라인드 채점	• 채점의 객관성 및 공정성을 확보하기 위해 답안지(혹은 문답지)에서 학생의 성명과 번호를 가리고, 학급 번호 순서에 따르지 말고 무작위로 섞어 채점

- 서술형 평가 문항 개발 단계

평가 목적 설정 ▶ 교육과정 분석 ▶ 필수학습 요소 추출 ▶ 평가 요소 선정 ▶ 문제 장면 설정

▶ 이원 목적 분류표 작성 ▶ 문항 초안 작성 ▶ 문항 검토 컨설팅 ▶ 문항 수정 보완 ▶ 최종 문항 완성

| 토론문제 |

- 수행평가의 본질을 되돌아보고, 수행평가 실행의 어려움과 수행평가의 본질을 구현하기 위한 방법을 설명하시오.
- 학교 현장에서 과목별 서술형 평가가 잘 이루어지고 있는지 논의하고, 서술형 평가의 단점을 극복하기 위한 방법에 대해 설명하시오.

CHAPTER

05

수업모형

1. 도덕과 수업모형
2. 국어과 수업모형
3. 수학과 수업모형
4. 사회과 수업모형
5. 과학과 수업모형
6. 영어과 수업모형
7. 상황 중심 모형
8. 음악과 수업모형
9. 감상 중심 수업모형
10. 미술과 수업모형
11. 직접 교수법
12. 체육과 수업모형
13. 체육과 수업모형(실과 수업모형)
14. 문제해결 학습모형
15. 홈 프로젝트 학습모형
16. 모듈 학습모형

05
CHAPTER
수업모형

학습목표
- 각 수업모형의 특징을 설명할 수 있다.
- 모형별 수업 단계에 맞는 활동을 설명할 수 있다.

KEY WORD 수업모형, 교과

1 도덕과 수업모형

가. 일반적인 수업모형

도덕과의 일반적인 수업모형은 <표 5-1>과 같이 1차시, 2차시, 3차시로 구분할 수 있다.

표 5-1 일반적인 수업모형

차시	수업의 중점	수업의 흐름
1차시	• 지식 이해 중심+ (도덕적 심정과 실천)	• 도덕적 문제의 제시 → 가치 규범의 탐구 및 이해의 심화 → 도덕적 정서 및 의지의 강화 → 정리 및 실천 생활화
2차시	• 가치 판단 중심+ (도덕적 심정과 실천)	• 도덕적 문제의 제시 → 도덕 판단·합리적 의사 결정의 연습 → 도덕적 정서 및 의지의 강화 → 정리 및 실천 생활화
3차시	• 가치 심화 중심+ (도덕적 심정과 실천)	• 도덕적 문제의 제시 → 가치 규범의 추구 및 심화 → 도덕적 정서 및 의지의 강화 → 정리 및 실천 생활화

나. 역할놀이 수업모형

역할놀이 모형은 학생들이 여러 가지 다른 역할을 해 보는 과정에서 일상생활에서 일반화시킬 수 있는 인간의 행동에 관한 여러 개념을 습득하게 될 것이라는 가정에 근거를 두고 있다. 역할놀이는 대본을 가지고 미리 연습한 후에 시연하는 것이 아니라는 점에서 역할극과 구별된다(<표 5-2> 참조).

표 5-2 역할놀이 수업모형

단계(과정)	주요 활동
역할놀이 준비	• 문제점 직면 느끼기 • 문제 상황 이야기해 주기
역할놀이 참가자 선정	• 역할을 잘 인식하고 있는 사람 선별하기 • 배역 정하기
무대 설치	• 무대 장치 꾸미기
참여적 관찰자로서의 청중의 준비	• 경청하는 자세 알기 • 문제를 해결할 수 있는 다른 대안을 탐색하면서 관찰하기
역할놀이의 시연	• 배역을 맡은 사람이 느끼는 대로 행동하기
토론 및 평가	• 역할놀이 실시 후 토론하기
재연	• 토론 과정을 통해 얻어낸 대안을 다시 역할놀이로 표현
경험의 공유와 일반화	• 학생의 경험 이야기하기

다. 개념 분석 수업모형

개념 분석 수업모형은 도덕적 언어 기능을 바로 파악하여 도덕적 개념의 의미를 정확하게 인식하게 함으로써 도덕적인 원리를 체계적으로 이해할 수 있도록 도와주는 모형이다(<표 5-3> 참조).

표 5-3 개념 분석 수업모형

단계(과정)	주요 활동
분석될 가치 개념의 확인	• 분석될 가치 개념 확인하기
개념의 전형적인 사례 및 반대되는 사례 탐구	• 문제 사태에서 분석할 개념을 식별하기
개념의 경계에 해당되는 사례 확인	• 개념의 의미 명료화시키기
그 개념과 관련된 개념의 분석	• 도덕 개념을 보다 넓은 범위에서 논리적, 경험적으로 분석하기
가상적인 사태에의 적용	• 확립된 개념을 여러 사태에 적용해 보고 내면화하기
분석된 의미의 수용 여부 검토와 정리	• 일상 언어생활에 비추어 수용해도 괜찮은지 검토 • 개념의 정의 확립
분석 결과의 검토 및 정리	• 일상 언어생활에 비추어 수용해도 괜찮은지 검토 • 개념의 정의 확립

라. 도덕적 토론 수업모형

도덕적 토론 수업모형은 학생들이 인지적 갈등을 일으킬 수 있도록 도덕적 딜레마를 제시하고 이의 해결을 위한 토론의 과정에서 학생들이 자신이 속한 단계보다 상위 단계의 도덕적 관점을 갖도록 하는 모형이다(<표 5-4> 참조).

표 5-4 도덕적 토론 수업모형

단계(과정)	주요 활동
도덕적 문제 사태 제시	• 도덕적 딜레마의 제시
도덕적 토론의 도입	• 도덕적 문제를 부각시키기 • 도덕적 입장에 대한 지지 근거 제시하기 • 상황을 복잡하게 하기 • 도덕적 문제를 개인화시키기
도덕적 토론의 심화	• 도덕적 문제를 심화시키기 • 인접 단계의 논의를 부각시키기 • 명료화와 요약하기 • 역할 채택하기
실천동기 강화 및 생활에의 확대 적용	• 깨달은 것 이야기하기 • 깨달은 것을 어떻게 실천할지 발표

마. 가치 명료화 수업모형

가치 명료화는 학생들로 하여금 그들이 지니고 있는 가치가 무엇인지 명료하게 인식할 수 있도록, 그리고 선택한 가치를 소중하게 여겨 가치와 행동 사이에 일관성이 있도록 도와주는 가치 지도의 한 방법이다(<표 5-5> 참조).

표 5-5 가치 명료화 수업모형

단계(과정)	주요 활동
도덕적 문제 사태 제시	• 도덕적 문제 사태 제시
선택하기	• 자유롭게 선택하기 • 여러 대안들로부터 선택하기 • 각 대안들의 결과를 사려 깊게 생각하여 선택하기
존중하기	• 선택한 가치를 소중하게 여기고 긍지 갖기 • 선택한 바를 다른 사람들에게 기꺼이 이야기하기
행동하기	• 선택한 가치를 행동으로 옮기기 • 생활 속에서 반복하여 행동하기

2 국어과 수업모형

가. 창의성 계발 학습모형

창의성 계발 학습모형의 단계는 문제 발견하기, 아이디어 생성하기, 아이디어 선택하기, 아이디어 적용하기 등 <표 5-6>과 같다.

표 5-6 창의성 계발 학습모형

단계(과정)	주요 활동
문제 발견하기	• 동기유발 • 학습문제 확인 • 학습의 필요성 확인 • 학습 과제 분석
아이디어 생성하기	• 문제를 다른 각도에서 검토 • 문제 해결을 위한 다양한 아이디어 산출 및 토의 준비
아이디어 선택하기	• 아이디어 비교 및 검토 • 최선의 아이디어 선택 • 일반
아이디어 적용하기	• 일반적인 상황에 적용 • 아이디어 적용 결과 평가하기

나. 반응 중심 학습모형

반응 중심 학습모형의 단계는 반응 준비하기, 반응 형성하기, 반응 명료화하기, 반응 심화하기 등 <표 5-7>과 같다.

표 5-7 반응 중심 학습모형

단계(과정)	주요 활동
반응 준비하기	• 학습 문제 확인 • 학습의 필요성 확인 • 배경 지식이나 경험 활성화
반응 형성하기	• 작품 개관 및 작품 읽기 • 작품에 대한 개인 반응 정리
반응 명료화하기	• 작품에 대한 개인적 반응의 표현 • 반응에 대한 토의(질의/응답) • 자신의 반응 정교화 및 재정리
반응 심화하기	• 다른 작품과 관련짓기(작품 개관 및 읽기) • 일반화하기

다. 직접 교수 모형

직접 교수 모형의 단계는 설명하기, 시범보이기, 질문하기, 활동하기 등 <표 5-8>과 같다.

표 5-8 직접 교수 모형

단계(과정)	주요 활동
설명하기	• 전략 또는 기능 제시 • 전략의 필요성과 중요성 설명 • 전략의 사용 방법 안내
시범보이기	• 전략이 사용된 예 제시 • 교사의 시범
질문하기	• 세부 단계별 질문 • 질문에 대한 답변 • 학생들의 질문 제기 및 교사의 응답
활동하기	• 실제 상황을 통한 반복적인 연습 • 다른 상황에 적용

라. 문제 해결 학습모형

문제 해결 학습모형의 단계는 문제 확인하기, 문제 해결 방법 찾기, 문제 해결하기, 일반화하기 등 <표 5-9>와 같다.

표 5-9 문제 해결 학습모형

단계(과정)	주요 활동
문제 확인하기	• 문제 진단 및 확인(목표 확인)
문제 해결 방법 찾기	• 문제 해결 방법 탐색 • 학습 계획 및 학습 절차 확인
문제 해결하기	• 문제 해결 활동 • 원리 터득 • 전략 습득 여부 확인
일반화하기	• 전략의 적용 및 연습 • 적용상의 문제점 추출, 대안 제시 • 전략의 정착 및 일반화

마. 지식 탐구 학습모형

지식 탐구 학습모형의 단계는 문제 확인하기, 자료 탐색하기, 지식 발견하기, 지식 적용하기 등 <표 5-10>과 같다.

표 5-10 지식 탐구 학습모형

단계(과정)	주요 활동
문제 확인하기	• 동기유발 • 학습 문제 확인 • 학습의 필요성 또는 중요성 확인
자료 탐색하기	• 기본 자료 또는 사례 탐구 • 추가 자료 또는 사례 탐구
지식 발견하기	• 자료 또는 사례 비교 및 일반화 • 지식의 발견 및 정리
지식 적용하기	• 지식의 적용 • 지식의 일반화

바. 토의·토론 학습모형

토의·토론 학습모형의 단계는 주제 확인하기, 토의·토론 준비하기, 토의·토론하기, 정리 및 평가하기 등 <표 5-11>과 같다.

표 5-11 토의·토론 학습모형

단계(과정)	주요 활동
주제 확인하기	• 동기유발 • 학습 문제 확인 • 토의·토론 목적 및 주제 확인
토의·토론 준비하기	• 주제에 대한 자신의 입장 정리하기 • 주제에 대한 자료 수집 및 정리 • 토의·토론 방법 및 절차 확인
토의·토론하기	• 각자 의견 발표 • 반대 또는 찬성 의견 제시
정리 및 평가하기	• 토의·토론 결과 정리 • 토의·토론 평가

3 수학과 수업모형

가. 개념 형성 학습모형

개념 형성 학습모형은 대체로 <표 5-12>와 같은 단계로 수업을 진행할 수 있다.

표 5-12 개념 형성 학습모형

단계	주요 활동
도입	• 선수 학습 상기 및 동기 유발 • 학습 목표 확인
범례제시 및 범례	• 개념의 정의에 필요한 범례(정례와 비례)를 제시 • 조작, 관찰 등에 의해 범례를 속성에 따라 분류 • 분류된 예들의 공통 성질을 암묵적으로 생각
공통의 성질 추상하기	• 분류된 예들의 공통된 성질을 명확하게 설명 • 분류된 예들의 공통 성질을 추상화
개념정의하기	• 추상화한 공통 성질을 활용하여 수학적인 용어와 기호로 개념을 정의
개념의 속성 조사하기	• 정의한 개념의 결정적 속성과 비결정적 속성을 조사
개념 익히기	• 개념을 익히고 새로운 상황에 개념 적용
정리 및 평가	• 학습 내용 정리 및 형성평가 • 차시 예고

나. 속성 모형

속성 모형은 대체로 <표 5-13>과 같은 단계로 수업을 진행할 수 있다.

표 5-13 속성 모형

단계	주요 활동
도입	• 선수 학습 상기 및 동기 유발 • 학습 목표 확인
개념의 정의	• 학생들이 학습할 개념 정의
정례와 비례의 구분	• 정의한 개념의 속성에 맞는 예(정례)와 아닌 것(비례)
개념의 속성 조사하기	• 정의한 개념의 결정적 속성과 비결정적 속성을 조사
개념 익히기	• 개념을 익히고 새로운 상황에 개념 적용
정리 및 평가	• 학습 내용 정리 및 형성평가 • 차시 예고

다. 귀납 추론 수업모형

귀납 추론 수업모형은 대체로 <표 5-14>와 같은 단계로 수업을 진행할 수 있다.

표 5-14 귀납 추론 수업모형

단계	교수·학습 활동
도입	• 선수 학습 상기 및 동기 유발 • 학습 목표 확인
관찰 및 실험	• 문제의 조건 파악하기 • 문제의 조건에 맞는 사례 수집하기 • 수집된 사례 관찰 및 실험하고 조작적으로 다루기
추측하기	• 사례의 공통 규칙과 성질 발견하고 추측하기 • 추측한 공통 규칙과 성질을 수학적 식 또는 간결한 용어로 표현하기
추측의 검증	• 다른 사례로 추측을 확인하고 검증하기 • 검증된 추측을 일반화하여 수학적 성질이나 공식으로 형식화하기 • 추측의 반례를 찾았을 경우, 관찰 및 실험 단계로 돌아가기

단계	교수·학습 활동
발전	• 형식화한 수학적 성질이나 공식을 적용하기 • 추측을 연역적으로 정당화하기 • 새로운 추측 만들고 검증하기
정리 및 평가	• 학습 내용 정리 및 형성평가 • 차시 예고

라. 문제 해결 수업모형

문제 해결 수업모형은 대체로 <표 5−15>와 같은 단계로 수업을 진행할 수 있다.

표 5−15 문제 해결 수업모형

단계	교수·학습 활동
도입	• 선수 학습 상기 및 동기 유발 • 해야 할 문제 제시하기
문제의 이해	• 문제의 이해 • 문제에서 구하려는 것과 주어진 것 알기 • 문제에 제시된 수학적 용어의 의미 파악하기
해결계획 세우기	• 전에 풀어본 경험이 있는 문제인가? • 문제해결 방법 생각하기 • 문제에서 주어진 것과 구하려는 것 사이의 관계 파악하기 • 여러 가지 문제해결 전략 생각하기: 실제로 해보기, 그림그리기, 식 만들기, 거꾸로 풀기, 규칙 찾기, 예상과 확인, 표 만들기, 단순화하기, 논리적 추론 • 주어진 것과 구하려는 것 사이의 관련성을 즉각적으로 알 수 없을 때에는 보조 문제 고려하기
해결 계획의 실행	• 해결 계획 실행하기
반성	• 문제 해결 과정 검토하기 • 다른 해결 방법 탐색하기 • 문제 해결 과정과 결과를 논의하여 더 나은 문제 해결 방법 탐색하기 • 문제 해결 방법 일반화하기 • 조건을 변경하여 새로운 문제 만들기
정리 및 평가	• 학습 내용 정리 및 형성평가 • 차시 예고

4 사회과 수업모형

가. 개념학습모형

개념학습모형은 대체로 <표 5-16>과 같은 단계로 수업을 진행할 수 있다.

표 5-16 개념학습모형

단계(과정)	주요 활동
학습 문제 확인	• 문제 제기
	• 선수개념의 확인 및 진단
속성, 원형, 상황 제시단계	• 속성, 원형, 상황 제시
	• 개념에 대한 정의 내리기
속성사례 검토단계	• 일상생활 속에서 개념과 관련된 추가 사례 찾기
	• 개념의 속성 분류하기
개념 분석	• 관련 개념 찾기
	• 개념 간의 위계구조 파악하기
적용 및 정리	• 개념을 통하여 자신과 관련된 사례를 설명
	• 애매한 사례 제시하기

나. 탐구학습모형

탐구학습모형은 대체로 <표 5-17>과 같은 단계로 수업을 진행할 수 있다.

표 5-17 탐구학습모형

단계(과정)	주요 활동
문제파악	• 탐구 상황 제시
	• 탐구 문제 확인
가설설정	• 잠정적인 결론(가설)설정
탐색	• 탐구 계획 수립
입증	• 자료 수집
	• 자료 분석 및 평가
일반화	• 증거를 통해 결론 도출

다. 가치 명료화 학습모형

가치 명료화 학습모형은 대체로 <표 5-18>과 같은 단계로 수업을 진행할 수 있다.

표 5-18 가치 명료화 학습모형

단계(과정)	주요 활동
문제 파악	• 가치 문제 제시
	• 가치 문제 파악
선택	• 대안의 탐색
	• 최선의 대안 선택
존중	• 각자의 선택에 대한 의사소통
	• 최종 선택
행위	• 실천 동기 부여
	• 실천 계획 수립

라. 문제해결학습모형

문제해결학습모형은 대체로 <표 5-19>와 같은 단계로 수업을 진행할 수 있다.

표 5-19 문제해결학습모형

단계(과정)	주요 활동
문제 확인	• 문제상황 제시 • 문제의 확인
문제 탐구	• 개념(지식)의 도입 • 문제 해결 방법 찾기
문제 해결	• 다양한 자료 및 정보 수집하기 • 문제 해결하기 • 원리 터득하기
일반화	• 학습 내용의 정리 • 다른 상황에 적용 • 방법의 전이 및 일반화

마. 의사결정학습모형

의사결정학습모형은 대체로 <표 5-20>과 같은 단계로 수업을 진행할 수 있다.

표 5-20 의사결정학습모형

단계(과정)	주요 활동
결정 상황 확인	• 문제상황 제시
	• 결정할 문제 확인하기
대안 작성	• 결정할 문제 분석하기
	• 가능한 대안 개발하기

단계(과정)	주요 활동
평가기준 작성	• 평가기준에 대한 토의
	• 평가기준표 작성
대안 평가	• 기준에 따라 대안 평가하기
	• 대안들의 장단점 평가하기
최종 결정 일반화	• 최종 결론 내리기
	• 행동계획 수립하기

5 과학과 수업모형

가. 발견학습 수업모형

발견학습 수업모형은 대체로 <표 5-21>과 같은 단계로 수업을 진행할 수 있다.

표 5-21 발견학습 수업모형

단계(과정)	주요 활동
탐색 및 문제 파악	• 학습 자료 탐색 • 문제 파악
자료제시 및 관찰·탐색	• 자유로운 탐색 활동
추가 자료제시 및 관찰·탐색	• 귀납적인 추론 자극
규칙성 발견 및 개념 정리	• 관찰된 규칙성 확인 • 규칙성의 일반화
적용 및 응용	• 학습한 추상적인 개념 확장 • 개념 응용

나. 탐구학습 수업모형

탐구학습 수업모형은 대체로 <표 5-22>와 같은 단계로 수업을 진행할 수 있다.

표 5-22 탐구학습 수업모형

단계(과정)	주요 활동
탐색 및 문제파악	• 자유로운 탐색 • 문제 파악
가설 설정	• 문제에 대한 잠정적인 해답 설정(모둠별 토의 활동)
실험 설계	• 변인 확인 및 통제 방법 확인 • 기구 확정 및 실험 계획
실험	• 변인 통제 • 실제 실험
가설 검증	• 실험 결과 자료 정리 해석 • 가설 수용, 수정 또는 기각
적용 및 새로운 문제발견	• 새로운 상황 예상 • 상황 적용 및 응용

다. 순환학습 수업모형

순환학습 수업모형은 대체로 <표 5-23>과 같은 단계로 수업을 진행할 수 있다.

표 5-23 순환학습 수업모형

단계(과정)	주요 활동
탐색	• 선수 학습 확인 • 새로운 문제상황(현상)의 제시(장면 설명, 시범 실험) • 새로운 현상의 관찰 및 논의 • 학습 문제의 인지 • 가설 설정(새로운 현상에 대한 예측)

단계(과정)	주요 활동
탐색	• 실험 설계 • 실험 관찰 및 자료 수집 • 실험 결과 정리 및 토의
개념 도입	• 실험 결과의 해석 및 논의 • 새로운 개념과 관련된 용어 도입 • 새로운 개념의 확인
개념 적용	• 새로운 개념을 유사한 문제 상황에 적용해 보도록 다양한 문제 제기 • 새로운 개념을 학생의 사고 양식으로 추론해 보고, 새로운 상황에서 확실한 개념 습득의 기회 제공 • 학습 내용 정리 및 형성 평가

라. STS 수업모형

STS 수업모형은 대체로 <표 5-24>와 같은 단계로 수업을 진행할 수 있다.

표 5-24 STS 수업모형

단계(과정)	주요 활동
문제인식	• 주변 환경 관찰 • 의문 제기 • 예기치 않은 현상 기록
탐색	• 가능 대안에 대한 토의 • 정보 수집 • 적절한 자료 출처 선정 • 모델 설계 • 해결방안 토의, 실험 • 자료 분석
해결방안제시	• 정보, 아이디어 교환 • 새로운 설명 구상 • 해결방안 검토 비평 • 동료들의 평가 이용 • 다각적인 응답과 해결방안 결합
실행	• 결론 도출 • 지식 및 기능 응용 • 정보와 생각의 교환, 수용 • 새로운 의문에 질문

6 영어과 수업모형

가. 자연적 교수모형

자연적 교수모형은 대체로 <표 5−25>와 같은 단계로 수업을 진행할 수 있다.

표 5−25 자연적 교수모형

단계		학습과정
도입		• 동기 유발
전개	발화전 단계	• 본시 학습 목표 제시 • TPR 방법으로 수업 시작 • 분위기 조성 • 학급 사물 소개
	초보 발화 단계	• 어휘의 확장 • 주위 물체로 듣고 말하기 연습
	발화 단계	• 심화과정
정리		• 본시 복습하기 • 차시 안내 및 과제 제시

나. 전신 반응 모형(TPR)

전신 반응 모형은 대체로 <표 5−26>과 같은 단계로 수업을 진행할 수 있다.

표 5-26 전신 반응 모형

단계		학습과정
도입		• 인사하기 • 학습 분위기 조성
		• 복습하기
전개	동작시연	• 새로운 명령어 제시 및 시연
	연습	• 명령어 듣고 행동하기 -전체 반응-남녀, 분단 반응-개인 반응
		• 질문하고 동작으로 답하기
		• 역할 바꾸기
		• 읽고 쓰기
	응용	• 활동 놀이하기
정리		• 학습내용 정리, 평가하기

다. 과업 중심 모형

과업 중심 모형은 대체로 <표 5-27>과 같은 단계로 수업을 진행할 수 있다.

표 5-27 과업 중심 모형

단계	주요 활동
도입 (과제 전 활동)	• 학습 분위기 조성 • 전시 학습 상기 • 과제 제시 -과제의 주제와 목표 -유용한 단어나 구
전개(과제 해결)	• 과제 해결하기 -모니터 역할 -소집단별 안내 -학습자의 동기 촉진
정리 (과제 후 활동)	• 학습과제 수행에 사용한 표현 정리하기 • 학습 내용 정리하기 -많이 쓰인 단어나 구 -과제 수행에 사용한 표현 • 결과 확인 및 평가하기

라. 역할 놀이 중심 모형

역할 놀이 중심 모형은 대체로 <표 5-28>과 같은 단계로 수업을 진행할 수 있다.

표 5-28 역할 놀이 중심 모형

단계	주요 활동
도입	• 인사하기 • 학습 분위기 조성하기 • 전시 학습 상기 • 학습 목표 확인
전개	• 역할 상황 제시하기 -상황 추측하기 • 시범 역할 놀이 보기
	• 상황 이해하기 -전체적인 대화 내용 파악하기
	• 대화 내용 연습하기 -역할 및 상황 연습하기
	• 모둠별 역할 놀이하기 • 모둠별 역할 놀이 발표하기
정리	• 주요 표현 복습하기 • 학습내용 정리하기

마. 놀이 활동 중심 모형

놀이 활동 중심 모형은 대체로 <표 5-29>와 같은 단계로 수업을 진행할 수 있다.

표 5-29 놀이 활동 중심 모형

단계	주요 활동
도입	• 인사하기(greeting) • 학습 분위기 조성(warm up) • 전시 학습 상기(review) • 학습 문제 제시(main subject)
전개	• 관련 행동하기(activity) -상황 제시 -노래(챈트)하기 -놀이하기
정리	• 학습 내용 정리하기 • 차시 예고

7 상황 중심 모형

상황 중심 모형은 대체로 <표 5-30>과 같은 단계로 수업을 진행할 수 있다.

표 5-30 상황 중심 모형

단계	학습과정
도입	• 학습 분위기 조성 • 전시 학습 상기(review) • 학습내용 상황 제시
전개	• 듣기 활동 -경청하여 듣기 -선택하여 듣기 • 듣기·말하기 활동 -통제된 구두 표현활동 -유도된 구두 표현활동
정리	• 질의 응답 -그룹별, 개인별 • 역할 놀이 -짝 단위, 그룹 단위 • 차시 예고 • 끝인사

8 음악과 수업모형

가. 가창 중심 수업모형

가창 중심 수업모형은 대체로 <표 5−31>과 같은 단계로 수업을 진행할 수 있다.

표 5−31 가창 중심 수업모형

단계(과정)		주요 활동
도입	감각적 감지	• 기습곡 부르기 • 제재곡 듣기
전개	기초 기능 파악	• 리듬 익히기 • 음정 익히기
	표현 방법의 탐색	• 박자와 리듬치며 부르기 • 계이름으로 부르기 • 가사의 뜻을 생각하며 부르기
	창조적 표현	• 악상 살려 부르기 • 다양한 방법으로 부르기
정리	내면화	• 느낌 이야기하기

나. 기악 중심 수업모형

기악 중심 수업모형은 대체로 <표 5−32>와 같은 단계로 수업을 진행할 수 있다.

표 5-32 기악 중심 수업모형

단계(과정)		주요 활동
도입	감각적 감지	• 제재곡 부르기 • 감수성 일깨우기
전개	기초 기능 파악	• 기초 기능 익히기 • 악기 주법 익히기
	표현방법의 탐색 (연습)	• 아티큘레이션 표현하기 • 연습하기 • 합주하기
	창조적 표현	• 이해 영역에 변화를 주어 연주하기 • 연주 형태를 달리하여 연주하기
정리	내면화	• 연주 듣고 평하기 • 수정하여 연주하기

다. 창작 중심 수업모형

창작 중심 수업모형은 대체로 <표 5-33>과 같은 단계로 수업을 진행할 수 있다.

표 5-33 창작 중심 수업모형

단계(과정)		주요 활동
도입	미적 자극	• 기습곡 부르기 및 연주하기 • 학습 목표 인지
전개	지각	• 학습 목표와 관련된 특징이 잘 드러난 악곡(장면) 탐색 및 관점 분석 • 특성과 느낌 알기
	반응	• 아이디어 표현 방법 알아보기
	기초기능신장	• 창작 활동을 위해 알아야 할 것 확인하기
	창의적 표현	• 주제와 관련된 내용을 창작하기
	내면화	• 창작품 감상하기
정리	가치 판단	• 학습 내용 정리하기 • 차시 학습 및 과제 안내

9 감상 중심 수업모형

감상 중심 수업모형은 대체로 <표 5-34>와 같은 단계로 수업을 진행할 수 있다.

표 5-34 감상 중심 수업모형

<table>
<tr><th colspan="2">단계(과정)</th><th>주요 활동</th></tr>
<tr><td>도입</td><td>미적 자극</td><td>• 동기 유발</td></tr>
<tr><td rowspan="4">전개</td><td>지각</td><td>• 감상할 악곡 알아보기
• 연주 악기 알아보기</td></tr>
<tr><td>반응</td><td>• 곡의 분위기, 특성 파악하기
• 주의 기울여 들어야 할 음악적 요소 알기</td></tr>
<tr><td>기초
기능
신장</td><td><표제 음악>
• 음향과 이미지의 합치성 파악
<절대 음악>
• 음과 음, 부분과 부분 간의 관계성 파악</td></tr>
<tr><td>창조적
표현</td><td>• 감상하며 신체표현하기
• 허밍으로 따라 부르기
• 주제를 악기로 연주하기
• 악보 분석하기</td></tr>
<tr><td rowspan="2">정리</td><td>내면화</td><td>• 느낌 말하기</td></tr>
<tr><td>가치판단</td><td>• 감상에 대한 전반적인 토의 및 평가</td></tr>
</table>

10 미술과 수업모형

가. 귀납적 사고법

귀납적 사고법은 대체로 <표 5-35>와 같은 단계로 수업을 진행할 수 있다.

표 5-35 귀납적 사고법

단계(과정)	주요 활동
문제 인식	• 학습 문제 파악 • 학습 문제 탐구
관계 탐색	• 발견 • 분류 • 주제에 대하여 자신의 생각 명확하게 하기 • 의미와 언어대비
개념 발견	• 탐색한 사실을 근거로 상호 관계를 찾아 규칙성 발견 • 발견한 개념 정리
개념 적용	• 발견한 개념 적용시키기 • 학습한 개념을 확장시키거나 응용하기
정리 및 발전	• 내용 정리와 생각 발전

11 직접 교수법

직접 교수법은 대체로 <표 5-36>과 같은 단계로 수업을 진행할 수 있다.

표 5-36 직접 교수법

단계(과정)	주요 활동
문제 인식	• 학습 문제 파악
설명 및 시범	• 표현 재료와 용구의 탐색 및 설명 • 표현 방법 탐색 및 설명 • 교사의 시범
질의 응답	• 활동 내용 확인하기 • 참고 작품보며 확인 • 이해 정도 확인하고 피드백하기
연습 활동	• 설명 내용 연습 • 단계적인 연습
작품 제작	• 독창적인 작품 표현 활동 • 개별 또는 모둠별로 과제 수행하기
정리 및 발전	• 작품 감상하기 • 평가하기 • 정리 및 작품 전시

가. 창의적 문제 해결법

창의적 문제 해결법은 대체로 <표 5-37>과 같은 단계로 수업을 진행할 수 있다.

표 5-37 창의적 문제 해결법

단계(과정)	주요 활동
문제 인식	• 동기 유발하기 • 학습 문제 확인 • 학습 활동 이해
아이디어 탐색	• 표현 주제 및 방법 탐색 • 표현 주제의 특징 발견
아이디어 정교화	• 아이디어 보완 및 재검토 • 아이디어 정교화 • 표현 계획 수립
아이디어 적용	• 표현 활동
종합 및 재검토	• 서로의 작품 감상 • 학습 내용 정리

나. 반응 중심 학습법

반응 중심 학습법은 대체로 <표 5-38>과 같은 단계로 수업을 진행할 수 있다.

표 5-38 반응 중심 학습법

단계(과정)	주요 활동
반응 형성	• 시각적 대상과 현상에 대한 탐색 • 자신의 경험과 선지식과 관련짓기
반응 명료화	• 작품의 주제와 형식적 특징, 형식들 간의 상호 관계 탐색 • 형성된 반응에 대한 질문, 토의, 반성 • 탐색 활동 결과 발표

단계(과정)	주요 활동
반응 심화	• 관련 작품 탐색하기 • 새로운 시각으로 대상이나 현상 파악하기 • 표현 활동과 연계한 반응 심화
정리 및 발전	• 미술적 반응에 대해 의미와 가치 부여 • 이전 단계들에서의 활동에 대한 종합적인 평가

12 체육과 수업모형

가. 기능중심 수업모형

기능중심 수업모형은 대체로 <표 5-39>와 같은 단계로 수업을 진행할 수 있다.

표 5-39 기능중심 수업모형

단계(과정)	학습요소
준비	• 준비 운동 • 학습 과제 및 목표 인지
탐색	• 관련된 기초 지식 • 시범 활동 • 실연 • 요소 기능 탐색
실천	• 자기 평가 • 동기 부여 • 기능의 재구성
발전	• 반복 연습 • 기능 종합
정리	• 평가 활동 • 정리 활동

나. 직접 교수모형

직접 교수모형은 대체로 <표 5－40>과 같은 단계로 수업을 진행할 수 있다.

표 5－40 직접 교수모형

단계(과정)	주요 활동
도입	• 전시학습 확인
과제제시	• 새로운 수업 내용의 제시 • 기초적인 과제의 제시
연습	• 제시된 과제 연습(80% 도달될 때까지)
피드백과 교정	• 피드백과 제공
연습	• 수준별 과제 제시
피드백과 교정	• 긍정적 피드백과 교정적 피드백 제공
독립적 연습	• 기초적인 과제와 연습과제 숙달장의 독립적 과제 연습
주기적 복습	• 학생의 학습 내용 유지 상태 확인

다. 탐구 수업모형(움직임교육 수업모형)

탐구 수업모형은 대체로 <표 5－41>과 같은 단계로 수업을 진행할 수 있다.

표 5－41 탐구 수업모형

단계(과정)	주요 활동
문제상황 제시 및 탐구문제의 설정	• 적절한 상황 제시 • 탐구문제 설정
탐구 계획의 수립	• 탐구문제 해결을 위한 구체적 계획 수립
탐구 활동의 전개	• 탐구계획 단계의 수행 과정 확인 • 모둠의 탐구활동 전개 방법 안내
탐구 결과 정리 및 발표	• 탐구 결과 발표

라. 이해중심 게임수업모형

이해중심 게임수업모형은 대체로 <표 5-42>와 같은 단계로 수업을 진행할 수 있다.

표 5-42 이해중심 게임수업모형

단계(과정)	주요 활동
탐색	• 학습동기 유발 • 학습목표 확인
게임구성	• 준비운동 • 기초기능 지도 • 게임구성 내용 소개(예습과제 발표) • 게임구조 이해
전략인지 및 의사결정	• 게임 전략과 규칙 및 의사결정
수행	• 신체활동을 통한 탐구 • 게임의 실행
게임 재구성	• 게임의 재구성 및 기술 수행 • 게임의 재실행 • 부진아동 지도
정리	• 정리운동 • 결과 발표 및 평가 • 수업 활동 정리 • 차시 예고

13 체육과 수업모형(실과 수업모형)

가. 기능 학습모형

기능 학습모형은 대체로 <표 5-43>과 같은 단계로 수업을 진행할 수 있다.

표 5-43 기능 학습모형

단계	주요 활동
설명	• 목표 및 관련 지식 파악 • 기능의 의미와 중요성 설명
시범	• 기능이 사용된 예 제시 • 기능의 시범 • 질문하기
연습	• 기능의 원리 터득 • 기능의 습득 • 실제 상황 반복 연습
평가·적용	• 기능의 평가 • 새로운 상황에 적용 가능성 예측 • 실험·실습

14 문제해결 학습모형

문제해결 학습모형은 대체로 <표 5-44>와 같은 단계로 수업을 진행할 수 있다.

표 5-44 문제해결 학습모형

단계	주요 활동
문제 확인	• 문제를 이해하고 기록하기
정보 수집	• 참고 자료 모으기 • 해결 방안 생각해 보기
계획	• 문제 해결을 생각하기 • 좋은 방안 고르기 • 방안을 자세히 기록하기
문제해결	• 생각한대로 해 보기
평가	• 각 단계와 결과를 평가하고 바로 잡기

15 홈 프로젝트 학습모형

홈 프로젝트 학습모형은 대체로 <표 5-45>와 같은 단계로 수업을 진행할 수 있다.

표 5-45 홈 프로젝트 학습모형

단계	주요 활동
목적 단계	• 관련 경험 상기 • 실습 과제 파악 • 학습 목표 제시 및 확인
계획 단계	• 계획 수립하기 • 재료 용구의 준비 및 사용법 • 요소 기능 파악 • 교사의 시범, 실습 과정 보기 • 홈 프로젝트 과제 제시 및 활동 요령 익히기 • 홈 프로젝트 학습지 및 반성 평가지 배부
실행 단계	• 학교에서 배운 실습 계획 확인 • 재료 용구 준비 • 실습 순서 확인 • 학교에서 배운 실습계획에 따라 실습하기 • 실습 도중 문제점은 가족의 도움 받아 해결 • 실습 뒷정리 • 실천 결과 홈 프로젝트 학습지 및 반성 평가지 기록 • 생활화하기
평가 단계	• 현장 체험활동 전시 및 보고 준비하기 • 체험학습 결과 보고하기 • 보고 결과 상호 토의하기 • 현장 체험학습 소감 발표하기

16 모듈 학습모형

모듈 학습모형은 대체로 <표 5-46>과 같은 단계로 수업을 진행할 수 있다.

표 5-46 모듈 학습모형

단계	주요 활동
문제제기	• 주제 탐구 • 학습 문제 찾기
실습계획	• 실습 활동 계획 세우기
실습 및 평가	• 실습하기 • 자기 평가하기
정리 및 적용	• 실습 소감 발표하기 • 생활에 적용하기

| **토론문제** |

• 이 장에서 기술된 수업모형의 공통점을 논하고, 학생 참여 중심 수업전략 수립에 적용하시오.

CHAPTER

06

수업과정에서의 교육평가

1. 시작하는 말
2. 수업에 대한 이해
3. 교육평가란 무엇인가?
4. 수업과정상의 교육평가
5. 문항별 유형
6. 문항 작성 시 유의점
7. 결론

06
CHAPTER
수업과정에서의 교육평가

학습목표

- 수업과정에서의 체계적인 평가 방법을 이해한다.
- 수업 목표 달성을 위한 효율적인 평가도구를 제작할 수 있다.
- 평가문항별 차이점을 알고 설명할 수 있다.

KEY WORD 수업, 학습, 교육평가, 평가도구, 평가유형, 문항별 유형

1 시작하는 말

최근 세계 각국은 교육의 질적 향상을 위해서 부단히 노력하고 있다. 이러한 논의는 근본적으로 학교 교육의 핵인 교수-학습의 효율성 증진을 통한 학생의 학업성취를 도모하고 나아가 학교 교육의 목표를 달성하려는 노력이라고 볼 수 있다.

이와 같이 학교 교육의 질 관리와 교육의 생산성 증대는 결국 학교의 교수-학습과 직결되고 교수-학습의 성패는 교수-학습과정에서 교사들의 전문성과 열성에 기인한다고 볼 수 있다. 그래서 유능한 교사, 우수한 교사니 하는 개념 정의에는 반드시 그 교사의 수업능력이 포함되며 그러한 교사의 수업과정에 반드시 수업 결과를 평가하고, 학생들의 수업이해도를 측정하는 과정이 내재되어 있음을 알 수 있다. 따라서 우리는 교육전문가답게 수업하고 그 결과에 따라서 학생들의 학업성취를 도모하며, 그들의 잠재능력을 최대한 신장·발전시킬 수 있도록 도와 학생 개개인의 자아실현을 돕기 위해서 교수-학습의 우수한 실천가로서, 평가전문가로서의 당위성이 대두되고 있다. 이에 수업과정에서 실시할 수 있는 다양한 평가방법을 제시해 본다.

2 수업에 대한 이해

1. 수업

수업은 교육과정에 명시된 목표와 내용을 학습자가 효율적으로 학습하도록 도와주는 작용이다. 다시 말하면 교육과정은 교육에 있어서의 가르쳐야 할 '그 무엇'이며 수업은 그 내용을 잘 가르치기 위한 '어떻게'에 해당된다. 따라서 교육과정과 수업은 상호 관련성과 연결성이 요구되는 연구영역이다.

2. 수업과 학습

수업과 학습과의 관계를 <표 6-1>과 같이 요약할 수 있다.

표 6-1 수업과 학습, 교육과정과의 관계

수업(Instruction, Teaching)	구분(기준)	학습(Learning)
목표가 있음	목표유무	목표가 있을 수도 있고 없을 수도 있음
독립변수(작용하는 교육행위)	수업 〉학습	종속변수(작용결과로 나타나는 행동 변화)
一義的 교육행위	학습결과의 다양성	多義的 교육행위
처방적(학습자에게 최적의 학습절차를 마련해 주어야 함)	행위방법	기술적(수업결과를 기록하는 것)
수업연구는 있는 그대로의 교육상황을 대상으로 함	연구방법	학습연구는 동물을 대상으로 함

3. 수업, 학습, 교육과정의 상호 관계

그림 6-1 수업과 학습, 교육과정과의 관계

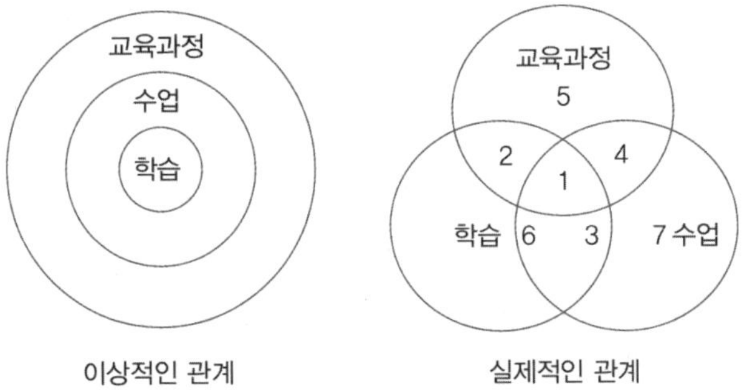

위의 3자의 가장 이상적인 관계는 교육과정에 제시된 내용을 교사가 명확하게 수업하고 그것을 학생이 완벽하게 수업했을 때 가능하다. 그러나 실제적인 관계에 있어서는 3자가 각기 다르므로 수업과 학습, 교육과정의 공통된 영역을 최대화하는 것이 바람직한 교육행위라고 본다.

4. 수업의 근거: 교육과정의 구성요소와 절차

수업의 이론적인 근거가 되는, 교육과정의 구성요소는 교육목적의 설정, 교육내용의 선정 및 조직, 교수-학습 과정, 교육평가 등 4단계로 규정할 수 있다. 이들 4단계는 순환적인 연속성을 지니는 절차적인 활동에 의한 전개보다는 수업활동 전 과정에서 상호작용적인 관계로 유지되고, 운영될 때 효과적이라고 볼 수 있다.

그림 6-2 교육과정의 구성요소의 관계

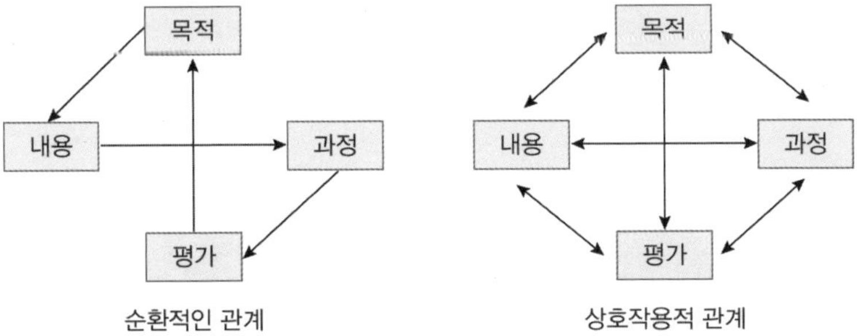

5. 수업의 모형: Glaser의 교수-학습모형

수업모형 중 가장 일반화되고 있는 것이 절차적인 면에 치중하여 구안한 것이 Glaser의 수업모형이다. 학습평가와 관련하여 수업절차 모형을 도식적으로 개괄하면 다음과 같다.

그림 6-3 Glaser의 교수-학습모형

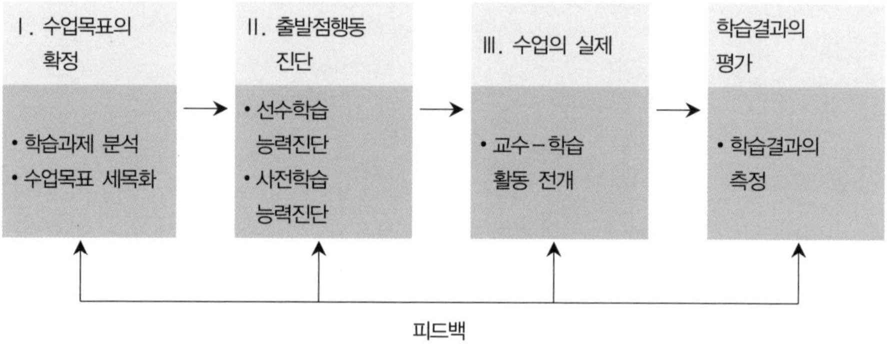

Glaser는 절차적인 관점에서 교수-학습모형을 제시하였다. 위 모형을 교육평가와 관련하여 관련된 하위 요소들을 개별적으로 이해할 필요가 있다.

한편 교육개발원은 수업의 절차를 계획단계 → 진단단계→ 지도단계→ 발전단계 → 평가단계로 구안하여 제시하였다.

Carroll 학교학습모형: 학습 조건적 관점

학습의 정도= f (학습에 필요한 시간/ 학습에 사용한 시간)
• 학습에 필요한 시간: 적성, 수업 이해력, 수업의 질
• 수업에 사용된 시간: 학습기회, 지속력

1) 완전학습모형

Carroll 학교학습모형을 바탕으로 Bloom은 '학교 교육과정 속에 규정되어 있는 대부분의 교육목표들은 거의 모든 학생들에 의해 능히 성공적으로 달성될 수

있는 것으로 보고, 이를 성취하기 위하여 수업절차가 학생 개개인의 능력과 학습속도에 대하여 최적의 것이 되도록 구성하여야 한다'는 교수이론을 주장하였다. 이와 같은 완전학습(mastery learning)의 구체적인 절차는 [그림 6-4]와 같다.

그림 6-4 완전학습모형 절차

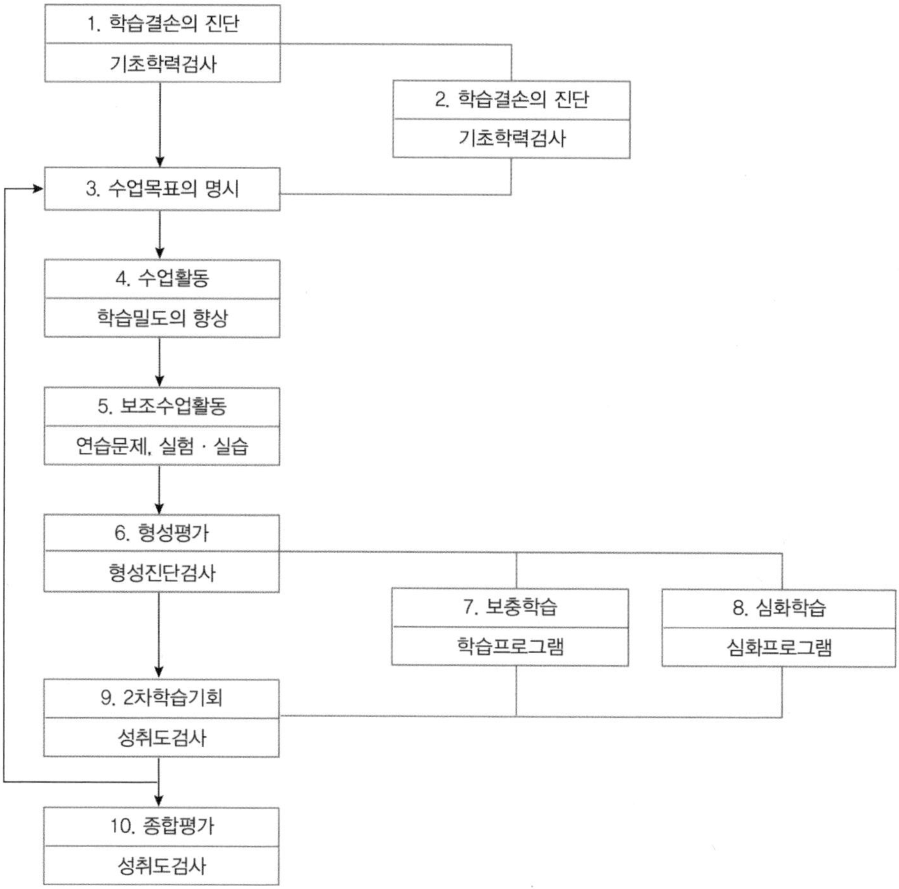

3 교육평가란 무엇인가?

교육평가에 관해 개념적 이해를 돕기 위하여 교육평가에 관한 기본적인 사항을 고찰해본다.

1. 교육평가의 정의

① 교육평가란 교육과정과 수업활동을 통해 교육목표가 실제로 도달된 정도를 결정하는 과정(Tyler, 가치판단론적 정의)

② 교육평가란 교육프로그램에 관한 의사결정을 내리는 데 필요한 정보를 수집하고 사용하는 과정(Cronbach, 정보처리론적 정의)

③ 교육의 과정 또는 성과에 관한 어떤 결정을 내릴 목적으로 교육의 과정과 성과에 대한 가치와 장점을 체계적으로 조사하는 과정(Nevo, 통합절충론적 정의)

이와 같은 정의는 현장의 교육평가 실제와 연관하여 각기 다르게 해석, 적용할 수 있다고 본다.

2. 교육평가의 기능

가. 교육평가의 기능

교육평가의 기능은 일반적으로 ① 개발, 수정보완, 대안탐색을 위한 형성적 기능(formative function) → 전향적 기능 ② 선발, 자격인정, 책무확인을 위한 총괄적 기능(summative function) → 후향적 기능 ③ 홍보, 주의환기, 동기촉진을 위한 정략적 기능(strategical function) → 심리적·사회적·정치적 기능으로 구분할 수 있다.

나. 학교교육에서 지향하는 평가

학교교육에서의 지향하는 평가의 기능은 다음과 같다.

① 개개 학생의 학업성취도를 평가하는 기능이다.
② 개개학습자 혹은 학급집단 전체가 직면하고 있는 곤란점을 진단하는 기능이다.
③ 교육과정, 수업자료, 수업절차, 학급조직 등의 교육적 효과성을 평가하는 기능을 평가하는 기능이다
④ 교육의 제문제를 이해하고 교육정책 및 일반 정책을 수립하는 데 도움을 줄 수 있도록 전 학습집단의 교육진보도를 사정하는 역할을 해야 한다.

다. 학습평가의 특성

학습평가가 지녀야 할 특성으로는 다음과 같다.

① 학습평가는 교수목적의 달성도를 평가해야 한다.
② 학습평가 그 자체가 교육적이어야 한다.
③ 학습평가는 학습개선과 능률화에 이바지하여야 한다.

3. 교육평가의 유형

교육평가를 분류하는 유형은 다양하나 다음과 같이 6가지 관점에서 분류하여 개괄적으로 제시하면 다음과 같다.

① **평가내용 기준:** 교육학의 세부영역에 해당
② **평가영역 기준:** 지적 영역, 정의적 영역, 심동적 영역 → Bloom의 교육목표분류에 의함
③ **목표수준 기준:** 최소필수 학력평가(minimum competency·minimum essential·기초학력평가·완전학습평가 - mastery test,절대평가방법 적용), 최대성취 학력평가(변별평가·discrimination test·상대평가 방법 적용)

④ **평가기능 기준:** 진단평가, 형성평가, 총괄평가

⑤ **평가준거 기준:** 규준기준평가(norm-referenced evalution: NRE, 선발적 교육관, 상대평가), 준거기준 평가(selective-referenced evalution: CRE, 학습목표기준평가, 절대평가)

⑥ **평가체제 기준:** 입력(투입)평가, 과정평가, 출력(산출)평가

4. 교육평가의 절차

평가의 절차는 이미 확산 보급된 체제적 접근방법을 소개하면 다음과 같다. 평가계획 수립 → 평가목표 진술 → 평가설계 선정 → 평가도구 제작 → 평가자료 수집 → 평가결과 보고 → 평가결과 활용 등의 순으로 진행, 활용된다.

5. 좋은 평가도구의 특성

좋은 평가도구가 지녀야 할 특성은 3가지로 요약할 수 있다.

① **타당도:** 측정하려고 의도하는 것을 어느 정도 충실히 측정하고 있는 정도(준거 개념, 검사의 진실성, 검사의 정직성) → 목표지향 타당도, 예언타당도, 공인타당도, 구인타당도

② **신뢰도:** 얼마나 정확하게 오차 없이 측정하는 정도 → 재검사신뢰도, 동형검사 신뢰도, 반분검사 신뢰도, 내적 합치도, Cronbach α 계수

③ **객관도:** 채점자의 채점이 어느 정도 신뢰로운가 하는 정도 → 평가자 신뢰도

이 밖에도 검사가 지녀야 할 특징으로서 경제성, 간편성, 편의성 등이 있다.

4 수업과정상의 교육평가

평가의 기능 혹은 목적에 따라 수업이 이루어지는 과정과 연계하여 진단평가, 형성평가, 총괄평가로 구분할 수 있다.

1. 진단평가

가. 진단평가의 의의

진단평가는 ① 학습의 예진적 활동 기능을 지니다. 즉 학생들의 기본적인 학습능력, 학습동기, 선수학습 정도를 확인한다. ② 현재 학습하고자 하는 학습과제를 학습자가 얼마나 달성하고 있는가를 밝히는 기능을 한다. ③ 학습자의 흥미, 성격, 학업성취 및 적성 등에 따라서 적절한 교수적인 처방을 내리는 기능을 한다. ④ 학습결손이 있는 경우 학습실패의 교육외적 원인, 학습장애의 제요인을 밝히는 기능을 한다.

① **학습실패의 신체적 요인:** 건강상태 이상, 영양관리의 이상, 운동·감각기능의 장애 등

② **심리적 요인:** 심리적 갈등, 부정적 자아개념, 가정에서 기인한 심리적 불안정, 신경증

③ **환경적 요인:** 물질적, 경제적 빈곤, 문화실조

2. 형성평가

형성평가는 수업과 학습의 진전상황에 관한 정보를 수집·분석하여 그 수업 및 학습의 개선에 이바지하려는 목적이 있다. 더욱 구체적으로는 다음과 같은 기능을 지니고 있다고 본다.

① 형성평가는 학생들의 학습 진행 속도를 조절한다.

② 학생의 학습에 대한 강화 역할을 한다.

③ 학습의 곤란을 밝히는 데 도움을 준다.
④ 학습지도력 방법 개선에 기여한다.
⑤ 형성평가는 학생들에게 바람직한 학습의 방향을 명시해주는 기능을 한다.
⑥ 형성평가는 각 단계에서 필요한 학습요소의 이해도를 점검함으로써 교수-학습의 진전을 원활하게 한다.

3. 총괄평가

총괄평가는 일정 기간동안의 수업이 종결되었을 때 학생의 학업성취도를 총괄적으로 평가하여 수업활동 전반의 효율성에 대한 판단을 내리는 기능을 하게 된다. 총괄평가의 기능을 구체적으로 살펴보면 다음과 같다.

① 총괄평가는 학생들의 성적을 매겨주는 기능을 한다.
② 총괄평가의 결과는 학생들의 장래 성적을 예측하는 자료가 된다.
③ 집단의 학업성과를 비교할 수 있는 정보를 제공해 준다.
④ 학습지도의 장기적 질 관리를 하는 데 도움을 준다.

이제까지 논한 진단평가·형성평가·총괄평가의 유사점과 차이점을 논하면 다음과 같다.

구분	진단평가	형성평가	총괄평가
시간	• 학습시초: 학년·학기시초의 배치를 위하여 • 교수 도중: 정상적인 수업의 곤란을 느낄 때	수업 도중에 실시	• 학습단위, 각기, 학년 끝에
강조점	• 지적·정의적·심리운동적 행동 요소 • 신체적·환경적·심리적 요인	지적 행동	• 일반적: 지적 행동 • 특수한 경우: 심리운동적 행동, 정의적 행동
검사 도구 형태	• 표준화 검사도구 • 사전검사를 위한 형성 및 총괄평가 도구 • 교사제작 도구	• 학습목적에 맞게 특별히 고안된 형성평가 도구	• 종말 혹은 총괄평가 도구

구분	진단평가	형성평가	총괄평가
교육 목표 표집법	• 각 선행행동의 구체적 표본 • 비중을 둔 교과목표 표본 • 특별한 교수형태에 관계가 있다고 생각되는 학생변인의 표본 • 신체적·정신적·환경적 행동의 표본	• 학습단위의 위계에 포함된 모든 관련 있는 과제의 구체적인 표본	• 비중을 둔 교과목표의 표본
난이도	• 대부분 쉬운 문항 • 65% 이상 난이도	미리 구체화 할 수 없음	• 평균난이도: 35~70% • 쉬운 문항, 어려운 문항도 포함
채점	규준지향 및 목표지향 겸용	목표지향	• 일반적으로 규준지향이나 목표지향도 사용
점수 보고	하위 기능별 개인 프로파일	학습위계에 포함된 각 과제에 대한 급락의 개인 점수 유형	• 목표에 비추어 본 총점 혹은 하위 점수

4. 교육목표 분류

평가문항작성 절차 시에 평가계획이 수립된 다음 가장 우선되는 것이 평가목표 진술이며 목표의 이원분류인데 이에 관해서 자세하게 살펴보면 다음과 같다.

가. 교육목표의 이해

① 교육평가에 영향을 주고 참고해야 할 목표는 학교 교육목표 → 교과교육목표 → 학년목표→ 단원목표 → 수업목표로 위계를 가지면서 이어지고 있는 목표체계인 것이다.

이러한 교육목표는 상위목표일수록 상위개념·추상적·거시적·일반적·규범적이며 달성하는 데 장시간이 요구되는 질적 성격이 강하며 하위목표일수록 사위개념·구체적·현실적·특수적·실천가능성을 지니며 관찰과 측정이 가능한 양적인 개념인 것이다.

이와같은 교육목표를 단계적으로 구체화하면 [그림 6-5]와 같다.

그림 6-5 교육목표를 단계적으로 구체화한 예

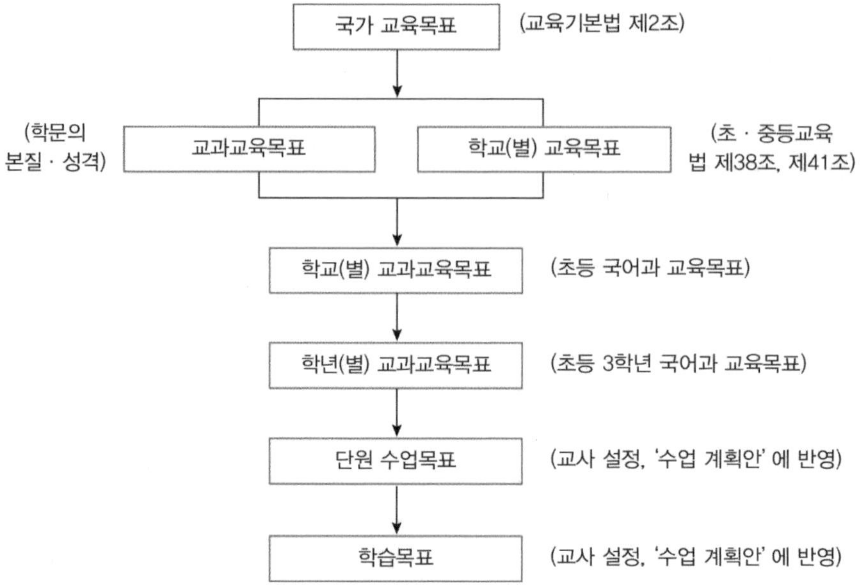

② 여러 차원의 교육목표를 다른 조건까지 감안하여 종합, 고려한다는 것은 불가능한 일이므로 교육목표의 가장 핵심적인 두 요소인, 즉 '내용요소'와 '행동요소' 차원에서 포괄적·종합적으로 분석하는 노력이 교육목표의 이원분류이다.

③ 교육목표의 이원분류는 교육평가 대상(과목, 평가목적)을 내용과 행동차원으로 그 성격을 분명히 하고 종합화하는 기능이다.

④ 이는 평가대상의 성격을 간결하면서도 종합적으로 볼 수 있는 분석의 틀을 제공한다.

⑤ 교육목표의 이원분류는 효율적인 교육평가의 기초작업이다.

⑥ 총괄평가의 내용분류는 각 교과의 단원이나 내용영역이 분류기준이 된다.
   - 사회·수학·고학·실업·기술: 교육과정이나 교과서에 제시된 단원 구성
   - 국어·외국어·체육·음악·미술: 내용영역의 분류

⑦ 진단·형성평가를 위한 내용분류는 학습과제의 내용분석 방법이 좋다.

학습과제 분석방법은 단원의 내용이 비교적 분명한 학습위계를 가진 교과(수학, 과학)의 경우는 상위 학습요소, 하위 학습요소, 최종 학습요소들 간에 관계를

분석하는 방법을 적용한다.

한편, 단원수업에 필요한 학습요소들이 서로 위계적인 관계를 갖지 않고 있는 교과의 경우는 학습순서에 의한 과제분석을 실시한다. [그림 6－6]은 「문학」 제재의 학습지도를 위한 학습과제 분석을 실시한 예를 나타낸 것이다.

그림 6－6 「문학」 제재의 학습지도를 위한 학습과제 분석

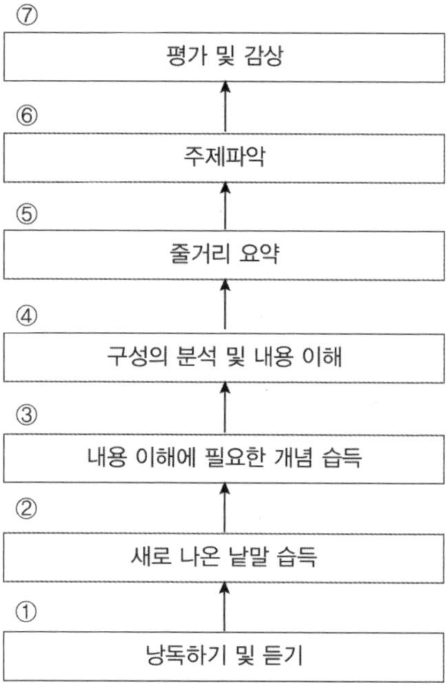

⑧ 행동목표는 인지적 영역, 정의적 영역, 운동 기능적 영역 등으로 나눈다.

구분	인지적 영역
인지적 영역	지식(knowledge), 이해(comprehension), 적용력(application), 분석력(analysis), 종합력(synteesis), 평가력(evalution)
정의적 영역	감수(receiving), 반응(responding), 가치화(valution), 조직화(organizing), 인격화(characterizing)
행동적 영역	지각(preception), 태세(set), 유도반응(guided Response), 기계화(mechanism), 복합 외현 반응(complex overt response)

5 문항별 유형

1. 문항의 유형

문항유형에는 여러 가지 방식이 있으나 일반적으로 문항구성 형태와 응답방식에 따라 개관형(objective type), 주관형(subjective type), 선택형(selection type), 서답형((supply type) 등으로 구분할 수 있다.

주관형과 객관형의 문항 분류는 채점방법, 즉 문항의 채점이 객관적으로 이루어지는가 아니면 주관적으로 이루어지는가에 따른 것이다.

그림 6-7 주관성 개입정도에 의한 분류

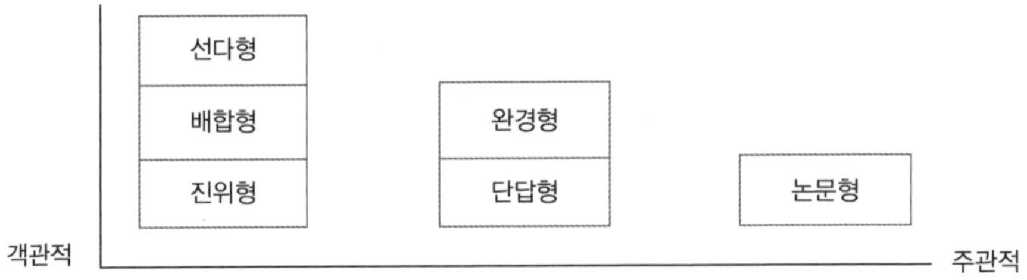

주·객관형 분류체계는 문항의 채점과정에 채점자의 주관이 개입될 가능성이 얼마나 큰가에 의해 분류되는 것이다. 본고에서는 일반적인 분류체계인 객관형, 주관형 문항분류체계를 따르고, 기술의 편의상 객관형에는 진위형, 배합형, 선다형, 단답형, 완결형을, 주관형에는 논문형을 포함시키는 것으로 분류하여 설명한다. 이들 문항유형을 주관성의 개입정도에 따라 연속선상에 나타내면 [그림 6-7]과 같다(박도순 외, 2001).

이를 좀더 세부적인 문항유형으로 분류해 도표로 나타낸 것이 [그림 6-8]의 내용이다.

그림 6-8 객관형 및 주관형 문항유형

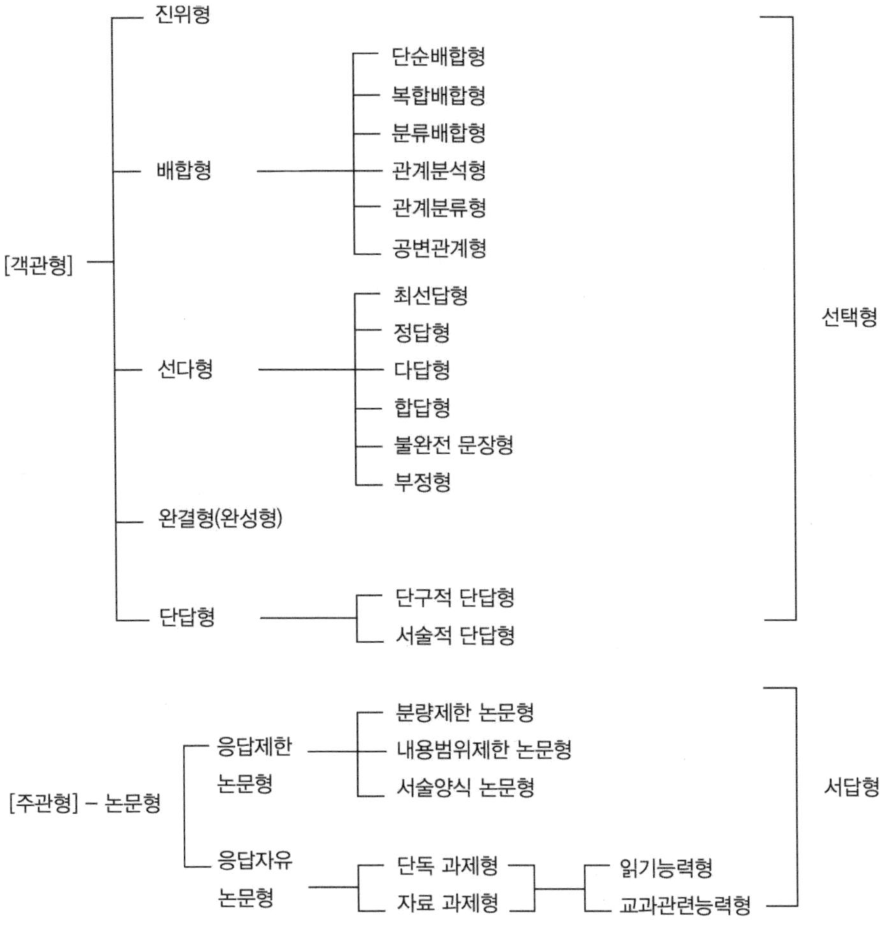

2. 객관식 문항 구성 예시

객관형 문항 중 학교현장에서 대표적으로 사용할 수 있는 문항의 예시를 평가 전문서적을 참고하여 제시하면 다음과 같다(박도순 외, 2001).

가. 진위형

진위형이란 피험자에게 진술문을 제시하고 그것의 진위, 정오를 판단하게 하는 문항형식으로 흔히 양자택일형(alternative-response type)이라고도 한다.

● 예: (다음 글을 읽고 맞으면 ○표, 틀리면 ×표 하시오.)
○ 개구리는 겨울에는 겨울잠을 자고 여름에는 여름잠을 잔다. (　)

나. 배합형

배합형이란 일련의 전제와 답지, 그리고 전제와 답지를 배합시키는 지시문의 세 가지로 구성되는 문항형식이다. 전제와 답지에는 단어, 어구, 문장기호 등 무엇이든지 사용할 수 있다.

(1) 단순배합형

단순배합형(simple matching type)은 전제와 답지가 한 묶음으로 되어 있는 경우이며 가장 보편적으로 사용된다.

● 예: (지시) 다음에 있는 동물을 먹이에 따라 분류할 때 알맞은 번호를 앞에서 찾아 그 번호를 써 넣어라.

〈동물 먹이〉	〈동물〉
1. 초식동물	(　) 호랑이
2. 육식동물	(　) 닭
3. 잡식동물	(　) 돼지

(2) 복합배합형

복합배합형(compound matching type)은 한 개의 전제에 대해 두 개 이상의 답지가 배합되도록 하는 형식이다.

● 예: (지시) 다음에 든 인명에 대하여 〈A〉에서 업적이나 관계 사실을 고르고, 〈B〉에서 국적을 골라라

A	B	〈인명〉	A	B
(　)	(　)	가. 코호	1. X광선	1. 오스트리아
(　)	(　)	나. 멘델	2. 원자폭탄	2. 영국
(　)	(　)	다. 퀴리부인	3. 결핵균	3. 프랑스
(　)	(　)	라. 뉴턴	4. 우성인자	4. 독일
(　)	(　)	마. 에디슨	5. 중력	5. 미국
			6. 축음기	6. 소련

(3) 분류배합형

분류배합형(classification matching type)은 어떤 조건, 법칙, 개념, 사실에 비추어 주어진 답지를 분류하는 방법이다.

● 예 : (지시) 다음에 있는 동물들을 제시한 A, B, C, D의 유목에 따라 분류하라

A. 조류　B. 젖먹이　C. 고기　D. 양서류

(　) 독수리	(　) 소
(　) 쥐	(　) 고래
(　) 도룡뇽	(　) 꼬치어
(　) 박쥐	(　) 올챙이

(4) 관계분석형

관계분석형(relation analysis type)은 답지에 제시된 두 개의 진술문 사이에 인과관계가 성립되는지의 여부를 분석해서 주어진 전제에 따라 분류하는 형식이다.

다. 선다형

선다형은 문두와 그에 따른 두 개 이사의 답지로 구성된다. 문두는 대개 서설적이거나 불완전한 문장으로 되어 있다. 문두와 두 개 이상의 답지로 구성되어 피험자가 답을 선택하는 형식으로 객관형 문항 중에서 가장 장점이 많은 문항형식이다.

(1) 최선답형

이것은 여러 가지 답지 중에서 '가장 맞는 답', '정답의 정도가 가장 큰 것'을 선택하게 하는 방법이다. 이 형식이 모든 선다형의 모체라고 볼 수 있으며, 좋은 문항을 만들기만 하면 어떤 형식보다도 유용하다.

● 예: 지시) 다음 낱말과 가장 뜻이 가까운 것은?
○ 창공
① 맑은 하늘 ② 넓은 바다 ③ 푸른 벌판 ④ 깊은 강물

(2) 정답형

그것을 여러 개의 답지 중 한 개만 정답이고 다른 것은 전혀 관계없는 것으로 되어 있는 형식이며, 최선답형과 형식상의 차이는 없고 다루는 화제의 차이뿐이다. 이 형식도 비교적 보편적으로 사용되는 형식이다.

● 예: 낙양(洛陽)은 지리적으로 교통이 사통팔달하여 예로부터 삼남을 잇는 (　　)이었기 때문에 이 지역을 차지하기 위한 전쟁이 많았다.
① 요새(要塞) ② 기로(歧路) ③ 요충(要衝)
④ 대처(大處) ⑤ 관문(關門)

(3) 다답형

이것은 답지에 정답이 여러 개인 형식이다. 분명한 정답이 여러 개 있고 그것을 한 문항 속에 담고 싶을 때 이 형식을 사용한다. 이 경우 문두에 답지 중

정답을 '여러 개 골라야 한다'는 것을 명시하고 반드시 밑줄을 긋는다. 채점 방법은 다 맞아야 정답이 되는 '全－無 방법(all or not)'에 따른다.

(4) 합답형

이것은 여러 개의 답지 중 하나 혹은 하나 이상이 합해서 정답이 되는 형식이다. 답지 중 정답을 하나만 알아서는 안 되며 여러 개를 종합적으로 알아야 한다. 형식은 다답형과 비슷하지만 '합해진 답지 세트'에 대해서 정답으로 채점한다는 점에서 차이가 있다. 이 형식은 수험자가 완전히 이해해야 답 할 수 있다는 장점이 있으나, 묶여 있는 답지군 때문에 정답의 단서를 줄 수 있다는 점에서 단점도 있다.

● 다음 〈보기〉에서 정직생활에 관한 글 중에서 그 내용이 옳은 것은 모두 고르시오.
○ 〈보기〉
ㄱ. 친구 간에는 믿음이 있어야 한다.
ㄴ. 남에게 피해를 주지 않으면 적당한 거짓말은 필요하다.
ㄷ. 정직하지 않으면 그 사람의 말을 믿을 수가 없다
ㄹ. 남이보지 않아도 언제나 바르고 정직한 행동을 해야한다.

(5) 불완전 문장형

불완전 문장형은 문항의 진술문이 직접 질문이 아니고 일부분 비어 있는 불완전 문장으로 되어 있으며, 이 불완전한 곳에 채워야 할 정답을 답지에서 찾는 방법이다.

● 예: 글의 종류에는 (　　　　), (　　　　), (　　　　)이(가) 있다.
○ (정답) 설명문, 논설문, 기행문, 전기문 등

(6) 부정형

부정형은 답지 중 한 개는 '거짓'인 항목을 주고 그것을 선택하게 하는 방법이다. 이 형식을 사용할 때는 반드시 부정적 표현의 어구에 밑줄을 긋거나 다른 방법으로 주위를 환기시켜야 한다.

● 예: 다음 중 서울에 관한 설명이 아닌 것은?
① 우리나라의 수도
② 우리나라에서 제일 큰 도시
③ 우리나라의 정부의 중요관청이 있는도시
④ 한족면이 바다에 닿은 도시

라. 완성형(완결형)

완성형이란 진술문의 일부분을 띄어 놓고 단어, 어구, 숫자, 기호 또는 문장을 써넣게 하는 문항유형이다. 이 문항유형은 불완전문장형, 불완전 도표형, 제한완성형으로 구분할 수 있다

(1) 불완전 문장형

문장 중 중요하고 의미 있는 부분을 띄어 놓고 그 곳에 문장(단어, 구, 기호, 어구, 숫자, 포함)을 써넣게 하는 것이다.

● 만약 얼음에다 ( ) 녹는다.
ㄱ. 온도를 높일 때
ㄴ. 0˚C 이하로 온도를 낮출 때
ㄷ. 압력을 가할 때
ㄹ. 밀도를 높일 때

(2) 불완전 도표형

문항의 내용을 도표로 제시하고, 도표 중 중요한 부분을 비워 놓고 그 곳에 답을 써넣게 하는 것이다.

(3) 제한 완성형

이 문항유형은 부분적으로 선택형과의 혼합형이라고 할 수 있다. 빈곳에 들어갈 낱말을 순서없이 혼합해서 제시하고 그 중에서 정답을 골라 넣게 하는 것이다.

● 예: 개구리는 (　　　　)(으)로 숨을 쉬고 (　　)을 낳는다.
○ (정답) 피부, 알

마. 단답형

단답형이란 간단한 어구, 구 문장, 숫자, 그림 등 제한된 형태로 대답하게 하는 문항유형이다. 이 문항유형은 중앙교육평가원의 분류에 의하면 단구적 단답형과 서술적 단답형으로 구분할 수 있다.

(1) 단구적 단답형

이 유형은 완전한 문장 수준 미만의 답안을 요구하는 문항으로서, 한 두 개 정도의 단어, 어구, 숫자, 기호 또는 간단한 그림을 이용하여 응답하는 문항형태이다.

● 예: 3.1운동의 주도했던 33인의 이름 2명만 적어보시오.
○ (정답) 손병희, 한용운, 최남선 등

(2) 서술적 단답형

이 유형은 답안내용의 범위와 서술양식, 또는 반응수, 진술요소, 답안의 길이(문장수, 글자수, 또는 행수)에 상당한 제한이 가해져서 대개 한두 개 정도의 짧은 문장으로 답하는 유형이다. 답안의 양이 비교적 적다는 점과 답안을 작성하는 데 있어 조직력이나 표현력이 별로 요구되지 않는다는 점에서 논문형과 구분된다.

● 예: 북빈구에서 고기압과 저기압의 바람의 방향을 명시하시오.
○ (정답) 북반구에서 고기압은 시계방향으로 불어가고, 저기압은 반시계방향으로 불어온다.

3. 주관식 문항

가. 응답제한 논문형

이 문항의 유형은 수험생들의 반응 허용 정도가 상당히 제한된 논문형을 일컫는 것으로서, 반응의 내용과 형식을 구체적으로 지시하여 제한된 답밖에 나오지 않게 하는 문항형태이다. 특히 이 유형은 '지식' 수준을 측정하는 것이 아니라 '이해' 수준 이상의 행동을 측정하고, 그 답이 수험생 자신의 말로 표현되어야 한다.

(1) 분량제한 논문형

이 유형은 응답에 제한을 가하는 방법의 하나로서 반응수, 진술요소, 답안의 길이(문장수, 글자수, 또는 행수) 등과 같은 물리적 제한이 가해져 있는 유형을 의미한다. 답안작성에 조직력과 표현력을 요구하는 문항유형이기도 하다.

● 예: IMF 시대에 물자를 절약할 수 있는 실천방법과 연관시켜 400자 이내로 적어보시오
○ (정답) 생략

(2) 내용범위 제한 논문형

이 유형은 응답에 제한을 가하는 방법의 하나로서 내용범위에 제한을 가하는 문항유형이다. 물리적 제한이나 서술양식에 대한 제한을 가하지 않는다는 점에서 분량제한 논문형이나 서술식 제한 논문형과 구분된다.

● 예: IMF 시대에 물자를 절약할 수 있는 실천방법을 학교생활 측면에서 적어보시오
○ (정답) 생략

(3) 서술양식제한 논문형

이 유형은 응답에 제한을 가하는 방법의 하나로서 특히 서술하는 양식에 제한이 가해진 문항유형이다.

● 예: IMF 시대에 물자를 절약할 수 있는 실천방법을 학교생활 측면에서 적어보시오
○ (정답) 생략

나. 응답자유 논문형

이 문항유형은 응답의 내용범위와 서술양식에 아무런 제한이 가해지지 않고 답안의 길이에 대한 제한도 명시되어 있지 않는 것으로서, 답안의 최대 길이가 수험생 개개인의 능력 수준과 시험시간에 의해서만 간접적으로 제한을 받는 수험생의 반응자유가 가장 큰 문항형식이다.

수험생들이 조직화된 방법으로 자신의 생각을 '응답제한 논문형'보다 자유롭게 표현하도록 요구하는 문항형태이다.

● 예: 월드컵의 해를 맞이하여 세계 선진국가로 발돋움하기 위한 방안을 논하시오
○ (정답) 생략

6 문항 작성 시 유의점

좋은 문항을 작성하는 데도 고민과 전문성이 요구된다고 본다. 좋은 문항의 작성을 통해 평가의 진정한 목적을 달성하기 위하여 평가시 유의해야할 점을 개괄적으로 논하면 다음과 같다.

1. 객관식 문항 작성 시의 유의점

① 문항은 쉬운 용어로 간결하고 분명하게 서술할 것
② 문항작성에서 복잡한 어구의 배열을 피할 것

③ 정확한 의미를 가진 단어를 사용할 것
④ 문항 작성 시에 가급적이면 전문적인 용어를 사용하지 말 것
⑤ 문항 작성 시에 부정문을 가급적 사용하지 말 것
⑥ 문항 내용 중 가급적 반복되는 어구가 없도록 할 것
⑦ 교재에서 학습한 내용을 그대로 문항으로 만들지 말 것
⑧ 문항의 내용이 지나치게 특수한 내용은 다루지 말 것
⑨ 문항의 내용은 상투적인 표현을 다루지 말 것
⑩ 문항은 가능한 한 도표, 수표 등 구체적이고 실제적인 자료를 사용할 것
⑪ 평가문항이 주요한 학습방법임을 알고 이에 맞게 문항을 제작할 것

2. 주관식 문항 작성 시의 유의점

① 주관식 문항 작성 시에 수험자집단의 성질을 고려할 것
② 문항은 쉬운 것부터 차례로 배열할 것
③ 문항수를 수험자의 능력에 맞게 배열할 것
④ 평가목표와의 관련성 특히 유의할 것
⑤ 지식보다는 고등정신기능을 측정하도록 노력할 것
⑥ 객관적인 채점을 고려하여 작성할 것
⑦ 주관식 검사의 객관성 유지를 위하여 문항제작과 동시에 모범답안을 만들 것
⑧ 주관식 평가 시 각종 평정의 오류를 범하지 않도록 할 것
(인상의 오류, 논리적 오류, 표준의 오류, 대비의 오류, 근접의 오류)

7 결론

교수학습방법 개선을 위하여 학교 교육의 효과의 극대화를 도모하는 수단의 하나로 교수-학습 방법과정상의 평가와, 다양한 평가방법과 평가유형을 고찰해

보았다. 평가의 본래목적에 맞게 의도적이고 체계적인 평가를 실시하기 위하여 더욱 많은 노력과 전문성이 요구된다고 하겠다. 이를 위해 우리는 이제 수업전문가로서 노력해야 할 뿐만 아니라 평가전문가로서 성장하기 위해서 노력해야 할 것으로 본다.

| 토론문제 |

- 평가전문가가 되기 위한 바람직한 교사의 노력은 무엇일까?
- 학교학습평가와 관련하여 수업방법 개선이 이바지한 예를 발표해 보자.

PART

02

The Theory and Practice of Class Consulting for Future Education

수업컨설팅의 실제

CHAPTER

07

장학과 학교컨설팅

1. 장학의 개념과 원리(장학에 대한 이해)
2. 장학의 유형(장학을 바라보는 시각)
3. 장학의 발달과정
4. 학교컨설팅

07
CHAPTER
장학과 학교컨설팅

학습목표
- 장학의 개념과 특징에 대해 설명할 수 있다.
- 학교컨설팅, 컨설팅장학, 자율장학의 특징을 비교할 수 있다.

KEY WORD 장학, 컨설팅

1 장학의 개념과 원리(장학에 대한 이해)

가. 장학의 개념

장학이라는 말은 영어의 'supervision'을 해석한 것이다. supervision은 'super'와 'vision'의 합성어이다. 여기서 'super'는 '높은 곳' 혹은 '우월한'이라는 의미를 지닌 접두어이고, 'vision'은 '본다' 또는 '감시한다'는 의미를 갖고 있는 단어이다. 따라서, supervision이라는 말은 '높은 곳에서 본다 혹은 감시한다'라는 뜻으로 해석될 수 있다. 이렇게 볼 때 supervision은 일반조직에서 흔히 우리가 번역하여 사용하는 말처럼 '통제'의 의미가 가미된 '감독'으로 해석될 수 있다(김윤태, 1991). 그러나, 교육장면에서 supervision은 미국에서나 우리나라에서나 단순히 지시와 감시가 전제된 권위주의적인 개념으로만 통용되어 오지 않았다. 따라서, 여기서 장학이라는 개념이 역사적으로 어떻게 변천해왔는지 살펴봄으로써 오늘날 장학의 개념과 성격을 분명히 이해하는 데 도움을 줄 것이다. 장학 개념의 변천 과정을 살펴보면 <표 7-1>과 같다.

이렇듯, 장학의 개념이 역사적으로 변천하는 과정에서 장학은 그 성격 자체가 다중적이게 되었다. 그럼에도 불구하고 많은 학자들이 장학을 개념적으로 정의하기 위한 노력을 계속해 왔다. 이러한 과정에서 장학개념에 대한 혼란은 가중될 수밖에 없었다. 김종철·이종재(1997)는 장학개념의 혼돈 원인을 다음과 같이 네 가지로 제시하였다.

첫째, 장학개념의 용어가 통일되어 있지 않다. 즉, 장학의 개념이 장학, 지도, 조언, 장학에 있어서의 지도행정 등의 용어로 다양하게 사용되고 있다.

둘째, 장학담당자가 행하는 모든 행정사무는 일반적으로 장학이라고 부르는 용어의 개념규정을 벗어나고 있으며 일반행정가로서 처리하는 사무 중에는 장학행정의 면이 많이 있다.

셋째, 장학의 대상이 되는 교육문제의 영역이 광범위하고 행정과 장학의 한계가 명확하지 않다.

넷째, 외국의 장학개념과 우리나라의 장학이 반드시 일치하지 않는다.

표 7-1 장학 개념의 변천 과정

시대 \ 개념	장학의 방법	개념적 성격
식민시대	공공장학 (public supervision)	학교를 직접방문하여 법에 정해진 대로 아동들에 대한 교육 확인·감시
18·19세기	시학형식 (authoritative inspection)	학교의 교육활동이 법령이 제대로 준수하는지 사정하고, 학교의 운영을 시정하도록 지시·명령
1900~ 1910년대	과학적·관료적 장학 (scientific and bureaucratic supervisory methods)	학교조직의 관료제적 틀 속에서 통제중심의 장학
1920~ 1940년대	인간관계 중심의 장학 (supervision as human relations)	교사와 학생, 장학담당자와 교사간의 원만한 관계 형성을 통한 교육활동 개선과 장려
1950~ 1960년대	교육과정개발 중심의 장학 (supervision as curriculum development) 지도성 중심의 장학	장학연구의 과학화, 교육행정의 이론화 운동과 더불어 현대적 장학의 개념적 토대 제공
1970년대	임상장학 (clinical supervision)	동료의식, 협력, 지원, 수업의 개선

개념 시대	장학의 방법	개념적 성격
1980년대	자율장학, 발달장학, 선택적 장학 등	관 주도의 타율적인 장학으로부터 민주적인 방식의 다양한 자율장학의 모형 개발
1990년대	자기장학, 동료장학 등	학교개선과 연계, 전문적이고 도덕적인 활동으로 학교공동체의 문화 형성
21세기	컨설팅장학, 사이버장학 등	가상공간 속에서 교사와 학생과의 협력학습, 장학의 개념적 경계 초월

자료: 김형관 외(2000). 신 장학론. 학지사. 재구성.

따라서, 장학의 개념에 대해서는 학자들 간 의견이 다양하게 정의되고 있다. 즉, 장학의 강조점, 접근방법, 시간과 공간 또는 강조점을 어디에 두느냐에 따라 달리 정의되기도 한다(조성일 외, 2004).

국내·외 학자들의 장학에 대한 견해를 살펴보면 <표 7-2>, <표 7-3>과 같다.

표 7-2 국내 학자들의 장학에 대한 개념

학자	장학의 개념	
백현기 (1975)	교사가 그들에게 생긴 문제를 그들 자신이 해결해 나가도록 도와주는 성공 및 조언	
윤정일 (1989)	교수-학습의 효율화를 목적으로 교사의 전문성 신장, 교육과정 운영 및 학교 경영의 합리화를 위해 제공되는 지도·조언, 자원 봉사 등 일련의 전문적·기술적 활동	
김창걸 (1992)	교사와 학생의 성장, 발달에 대한 모든 조건을 향상시키기 위해 지도·조언하는 전문적·기술적 봉사활동	
강영삼 (1994)	① 문교장학	중앙 교육행정 조직의 참모활동 중심접근
	② 학무장학	지방교육행정조직의 계선활동 중심접근
	③ 수업장학	학교조직의 수업활동 중심접근
	④ 임상장학	학급에서 행해지는 임상활동 중심접근

학자	장학의 개념	
조병효 (1995)	① 법규적 접근	교육활동 전반에 관한 기획, 조정, 연구와 교육활동에 대한 지도감독, 교원에 대한 인사와 지도 감독, 학생의 지도
	② 기능적 접근	교수－학습사태의 개선을 도모하고 어린이의 성장과 발달을 위해 교사 및 교육종사자에게 제공하는 지도성
	③ 이념적 접근	학생들의 성장발달을 위한 교수학습개선을 목적으로 하는 민주적인 활동
김윤태 (1995)	교수－학습과정을 개선하고 학교의 목표를 성취하기 위하여 장학담당자가 행사하는 교육지도성	
허병기 (1997)	교사의 수업행위 또는 교육행정에 근접하여 그 행위를 전문적으로 조력하는 활동	
김종철 외 (1997)	① 법규적 접근	교육활동 전반에 관한 계선 조직의 행정활동에 대한 전문적·기술적 조언을 통한 참모활동
	② 기능적 접근	교사의 전문적 성장, 교육운영의 합리화, 학생들의 학습환경 개선을 위한 전문적 기술적 보조활동
	③ 이론적 접근	학습지도의 개선을 위하여 제공되는 지도 및 조언
한경수 외 (1998)	학생들의 성장과 발달을 증진시키기 위해 교사들의 활동을 전문적으로 개선·향상시키는 일	
주삼환 (1999)	장학의 핵은 수업개선에 있으며 수업개선을 하려면 교사, 교육과정, 학습환경에 변화를 주어 결국 학생의 학습행위를 변화시켜 학습성취, 학습결과를 높이는 활동	
윤정일 외 (2000)	① 중앙장학 ② 지방장학 ③ 교내장학 ④ 임상장학 ⑤ 동료장학 ⑥ 자기장학	
이윤식 (2001)	교육활동의 개선을 위한 지도 및 조언활동	
정태범 (2002)	교사의 전문성 신장, 교육과정 운영, 정보 제공, 자원봉사 등 전문적·기술적 활동	

표 7-3 국외 학자들의 장학에 대한 개념

학자	장학의 개념
W.H.Burton (1947)	교수행위의 개선, 현직교사의 성장, 교육과정의 선정과 조직, 교사의 평가와 관련된 제 활동
K.Wiles(1955)	교수-학습사태의 개선 향상을 위한 지도·조언
K.Wiles(1967)	교사들이 그들의 일을 보다 잘 할 수 있도록 도와주는 봉사활동
Glen G. Eye(1971)	교육체제의 적정 수업기대의 달성에 주로 초점을 두는 학교행정의 국면
Kimball Wiles & John T. Lovell(1975)	교수행동체제와 상호작용 시킬 목적으로 조직이 공식적으로 제공하는 부가적인 행동체제
Robert J. Alfonso, Gerald R. Firth & Richard F. Neville (1975)	학교 내의 상담활동, 수업, 행정, 학생의 행동체제 등과 상호작용하는 수업행동체제
Morris L. Cogan(1979)	교육과정의 제정과 개정, 수업단원과 자료의 준비, 학부형에게 통지하는 과정과 도구의 개발, 전체적인 교육프로그램의 평가와 관련된 활동
Robert J. Alfonso, Gerald R. Firth & Richard F. Neville (1981)	학생들의 학습을 촉진시키고 교육조직의 목적을 달성하기 위하여 교사의 행동에 직접적인 영향을 주는 학교조직의 공식적인 노력
Lovell & Wiles(1983)	학습기회의 설계와 실행을 유지, 변화, 향상시킴으로써 학생 학습의 향상
Ben M. Harris(1985)	학생들의 학습을 돕고자 이용되는 수업과정에 직접적인 영향을 주는 방법으로 학교를 경영해 나가거나 변혁을 가져오게 하는 인적·물적 요소를 다루는 일
Oliva & Pawlas(1988)	전문적 조력을 통해 교사에게 봉사하는 것
Sergiovanni & Starratt (1988)	교사들이 학습사회의 일원으로 반성적 통찰을 교육가능성의 비전을 얻도록 도와주는 과정
Oliva(1993)	교사 개인이나 교사집단에 봉사하는 활동으로서, 교수활동의 개선에 특별히 도움을 주고자 교사를 대상으로 제공하는 노력의 한 방법
Godlhammer, Anderson & Krajewski(1993)	교사와 대면적 상호작용을 통한 관찰 자료를 사용하여 직무수행 기회의 향상
Komoski(1997)	학생의 성공적 성취를 진작시키기 위하여 수업개선을 추구하는 지도성 과정

학자	장학의 개념
Calebres & Zepeda (1997)	교육과정을 달성하기 위하여 인간의 성장과 잠재능력을 연결시켜 주는 과정
Gliksman, Gordon & Ross-Gorden(1998)	교사의 발달 단계에 기초한 조력
J.Wiles & Bondi (2000)	① 행정적 행위로서의 장학 ② 교육과정 활동으로서의 장학 ③ 수업기능으로서의 장학 ④ 인간관계 행위로서의 장학 ⑤ 경영으로서의 장학 ⑥ 지도성 역할로서의 장학

위의 <표 7-2>와 <표 7-3>과 같이 국내·외 여러 학자들의 장학에 대한 개념 정의를 고찰해 볼 때 ① 행정(administration) ② 경영(management) ③ 인간관계(human relations) ④ 교육과정(curriculum) ⑤ 수업(instruction) ⑥ 지도성(leadership)의 여섯 측면에서 정의하여 <표 7-4>와 같이 분류할 수 있다(주삼환, 2003).

표 7-4 장학의 개념적 접근

개념적 접근	학자	장학의 개념
행정적 측면	Eye, GNetzer & Krey(1971)	교육체제의 적정화 또는 교수기대의 달성에 초점을 맞춘 학교행정의 국면
	Harris & Besent (1969)	학교체제의 직원이 학교의 주요 교수목적을 달성하기 위해 학교경영의 유지 또는 변화의 목적으로 성인과 사물을 다루는 것
	Burton & Brueckner (1955)	행정과 장학은 기능적으로 분리될 수 없고 양자는 교육체제 운영에 있어서 서로 조정하고 상호관련되며, 상보적이고, 기능을 서로 분담하기는 하지만 유리한 학습조건을 제공하는 것
	Glickman (1998)	장학은 교사들이 역할을 성공적으로 수행하도록 지식과 기능을 지원해 주는 일
	김종철·강영삼 (1982)	장학행정
	백현기(1964b)	지도행정

개념적 접근	학자	장학의 개념
경영적 측면	Alponso & Firth & Neville (1975)	조직 목표달성에 대한 책무성, 생산성, 효율성을 강조하는 것으로 장학도 학교조직의 효과를 얼마나 높였는가에 관심
	Alponso & Firth & Neville (1981)	기술적 생산체제, 인간봉사체제 등 조직의 일의 체제는 장학담당자의 역할을 결정하는 가장 의미 있는 결정인자
인간 관계 측면	Wiles, K. (1967)	장학담당자를 촉진자, 의사소통 조성자, 다른 사람과 접촉하게 하는 연락자, 직원을 자극하는 사람 등으로 인식
	Blumberg (1980)	생산적인 직무관계성의 조성이 장학담당자에게 가장 중요한 결정적인 일
	Sergiovanni & Starratt(1988)	교사가 가지고 있는 능력을 최대한 발휘하게 하여 자아실현을 도와주어 행복하게 해 주는 철학(인간자원장학)
교육 과정 측면	Morris L. Cogan (1979)	교육과정의 제정과 개정, 수업단원과 자료의 준비, 학부형에게 통지하는 과정과 도구의 개발, 전체적인 교육프로그램의 평가와 관련된 활동
	Curtin James (1964)	교육과정을 개발하여 이를 실현시킴으로써 교수의 향상을 기하는 것
수업적 측면	Dull, L. W(1981)	교육개선의 목적으로 행하는 전문교육자의 행동
	Marks, Stoops & King－Stoops (1978)	수업과 수업프로그램의 개선에 목적을 둔 행동과 실험
	Komoski(1997)	수업개선을 목적으로 하는 지도성 과정
	이윤식(1999)	교육활동의 개선을 위한 모든 지도 조언 활동
	주삼환 외 (1994)	수업개선을 위하여 교사, 교육과정, 교육환경을 변화시켜 학생의 학습결과를 높이는 것
	백현기(1964b)	교수학습과 학생의 성장발달에 관한 모든 조건을 향상시키는 전문적 기술봉사
	ASCD(1965)	장학담당자는 교수개선이나 교육과정의 운영이나 개발에 기여하는 모든 사람

개념적 접근	학자	장학의 개념
지도성 측면	Mosher & Purpel (1972)	교육과정, 교수, 조직형태 등에서 전문적 지도력을 발휘하는 것
	Wiles, J. & Bondi, J.(1980)	행정, 교육과정, 교수를 연결하고, 학습과 관련된 학교활동을 조정하는 지도성의 기능

자료: 주삼환(2003). 교육의 질 향상을 위한 장학의 이론과 기법. 학지사.

앞에서 제시한 장학의 개념적 접근은 행정(administration), 경영(management), 인간관계(human relations), 교육과정(curriculum), 수업(instruction)의 모든 측면에서 지도성(leadership)을 발휘해야 하기 때문에 [그림 7－1]과 같이 부채꼴 모양으로 나타낼 수 있다(주삼환, 2003).

그림 7－1 장학의 개념정의 접근

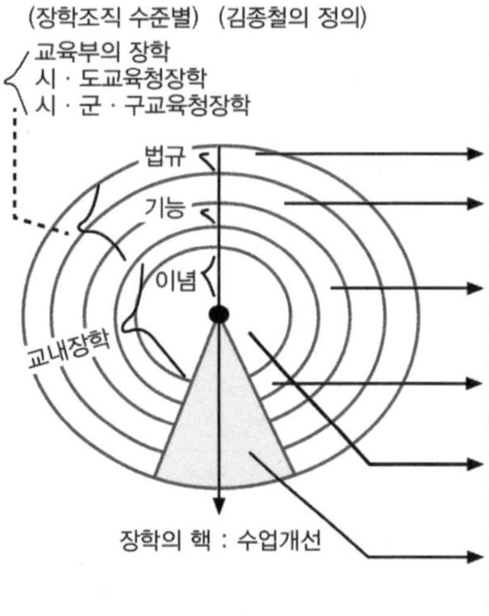

개념적접근	저자(연도)
(1)행정	Eye, Never, & Krey(1971), Harris & Bessent(1969), Burton& Brueckner (1955), 김종철(법규적 접근, 1982), 강영삼(장의 제목, 1982)
(2)경영	Alfonso, Firth & Neville(1981)
(3)인간관계	K.Wiles(1967), J.Wiles & Lovell(1975), Sergiovanni & Starratt(1979), ASCD(1982), Blumberg(1980), 김종철(기능적 접근, 1982)
(4)교육과정	Cogan(1973), Curtin(1964), 김종철(기능적 접근, 1982)
(5)수업	ASCD(1965), Marks, Stoops, & King Stoops(1978), 김종철(이념적 접근, 1982), 백현기(1964)
(6)지도성	Mosher & Purple(1972), J. Wiles & Bondi(1980), Dull(1981), Greenfield (1987)

자료: 주삼환(2003). 교육의 질 향상을 위한 장학의 이론과 기법. 학지사.

특히, Oliva(1993)는 장학의 개념모형을 [그림 7－2]와 같이 제시하고 있다.

그림 7-2 장학의 개념 모형

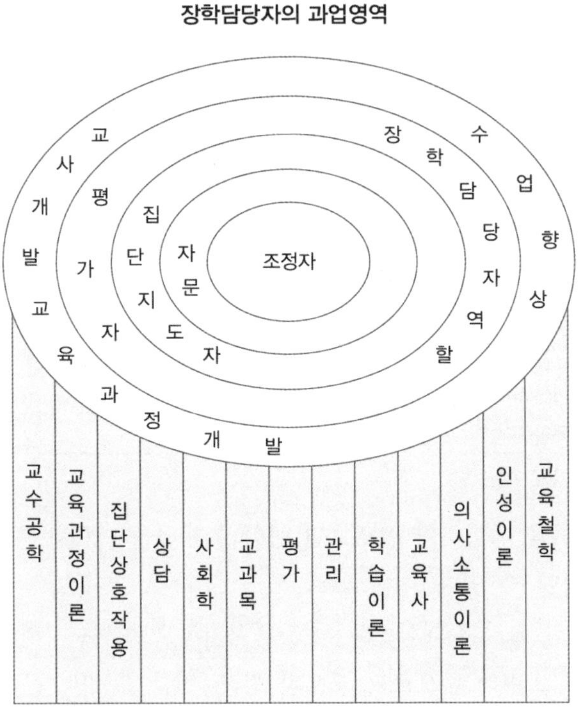

최근 20년간에도 많은 장학에 대한 정의가 내려지고 있는데 여러 학자들의 정의들을 이론적 형태로 제시하면 <표 7-5>와 같이 세 가지로 분류할 수 있다(Beach & Reinhartz, 2000).

표 7-5 장학의 개념정의에 대한 이론적 형태

이론적 형태	학자	장학의 개념
수업에 초점	Pfeiffer & Dunlap(1982)	다면적 인간 간의 과정으로써 교육과정 개발, 학습 환경, 학생의 조직, 교사활동, 전문성 성장을 포함
	Oliva & Pawlas(1997)	수업개선을 돕기 위해 제공되는 전문적 노력의 한 방법
	Glickman, Gordon & Ross-Gorden (1998)	수업효과성 요소들을 결집시키려는 범 학교적인 노력

이론적 형태	학자	장학의 개념
조직에 초점	Alponso & Neville(1981)	학교 생산체제 안에서의 경영적 기능
	Wiles & Bondi(1986)	행정, 교육과정, 교수를 포함하는 지도성 기능
사람에 초점	Wiles & Lovell(1975)	교수 행위를 변화시키는 방법
	Godlhammer & Anderson(1993)	전문적 성장을 자극하고 향상시키는 활동
	Sergiovanni & Starratt(1998)	인간관계적인 것이며 인간자원을 개발하는 것

이러한 정의들을 종합하여 살펴보면 장학의 본질을 이해할 수 있는 몇 가지 결정요인을 발견할 수 있다(김정한, 2003).

첫째, 장학이란 교사를 대상으로 하는 봉사활동으로서 교사의 교육행위의 변화를 전문적으로 조력해 줌으로써 교사의 성장, 전문성 개발, 문제 해결력 등을 키워 주는 활동이다.

둘째, 장학의 초점은 교수-학습 개선에 있고 효과적 수업을 통하여 학생의 학습의 효과를 증진시키는 활동이다.

셋째, 장학은 수업 과정에 직접 영향을 미치는 교사, 교육과정, 교육환경, 교육운영 등 인적, 물적 과정적 자원을 변화시키고 조정하는 활동이다.

따라서, 장학이란 수업개선, 경영과 지도성, 인간관계, 인적자원 개발 등 복합적인 과정으로서 교사나 다른 교육자들이 학교의 교수-학습의 질을 향상시키기 위하여 협력적, 동료적으로 함께 일하는 과정이며 교사의 평생발달이 일어날 수 있게 돕는 과정이다.

다시 말하면, 장학은 교수·학습의 효율화를 목적으로 교사의 전문성의 신장, 교육과정의 운영 및 학교경영의 합리화를 위해 제공되는 지도, 조언·조정, 정보제공, 자원봉사 등 일련의 전문적·기술적 활동이라 할 수 있다(임호성, 2002). 이러한 장학의 개념을 이윤식(1999)은 [그림 7-3]과 같이 도식화하였다.

그림 7-3 장학의 개념적 구조

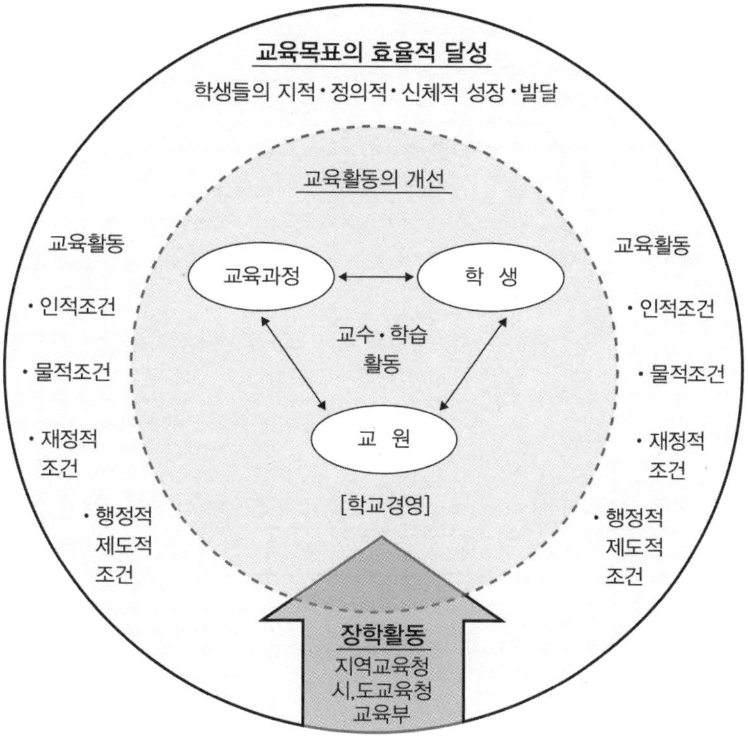

자료: 이윤식(2001). 장학론. 교육과학사.

나. 장학의 원리

1) Parker의 장학 원리

장학의 원리는 장학의 개념처럼 학자들마다 다양하게 제시하고 있지만 공통점을 발견할 수 있다. Parker는 효과적인 장학을 위한 장학의 원리로 다음과 같이 계획, 필요성, 협력, 전문성, 효과, 지역성, 민주적 시노성의 7가지로 제시하였다(김종철, 1982).

표 7-6 Parker의 장학 원리

장학의 원리	개념
계획의 원리	장학은 계획성을 지니고 있으며, 교내 교육을 실천하고 운영하는 수단으로서 학교운영에 있어서 계획성이 요구
필요성의 원리	장학은 형식적이어서는 안 되고 교수-학습개선에 초점을 두고 상호 신뢰하는 분위기에서 교사의 문제해결 및 필요에 부응
협력의 원리	장학은 상호작용의 과정으로서, 교사는 자기발전을 위하여 전문성을 고취시키고 보다 능동적으로 참여해야 하며 장학담당자는 감독적 위치가 아니라 조언자적 입장에서 지도
전문성의 원리	교사의 교수-학습향상에 대한 전문적 지식과 기술을 토대로 장학이 전개될 때 권위와 신뢰가 뒤따르고 장학의 목적 달성 가능
효과의 원리	장학의 평가는 여러 가지 방법을 활용하고 적용하여 그 목적에 어느 정도 기여했는지 확인할 필요
지역성의 원리	지역의 특수성에 맞춰 학교를 경영하고 학교교육이 사회발전에 기여
민주적 지도성의 원리	학교장의 민주적 지도성 발휘가 중요하고 전 교직원들의 적극적인 협조 요구

2) 시대적 변화 추세를 고려한 장학의 원리

자율화·민주화·개방화를 지향하는 시대적 변화 추세를 고려할 때, 보다 효과적인 장학이 되기 위하여 <표 7-7>과 같이 시대적 변화 추세를 고려한 장학의 원리를 제시할 수 있다.

표 7-7 시대적 변화 추세를 고려한 장학의 원리

장학의 원리	개념
학교중심성 존중	학교현장의 인적·물적 조건 및 조직적·사회심리적 특성을 존중
자율성 존중	학교기관으로서 자율성과 학교 내 구성원으로서 자율성을 존중
협력성 존중	장학담당자, 학교관리자, 교직원, 외부인사 등 협력적인 공동 노력 유도
다양성 존중	학교현장의 조건·특성 및 교직원의 필요·요구에 기초한 다양한 내용과 방법 활용
계속성 존중	일시적·단기적이 아니라, 계속적·장기적인 방향
자기발전성 존중	기관으로서 학교의 발전, 학교 내 구성원으로서 개인의 발전, 장학담당자의 발전 도모

자료: 이윤식(1999). 장학론-유치원·초등·중등 자율장학론. 교육과학사, 재구성.

3) 종합적인 장학의 원리

국내·외 여러 학자들의 장학의 원리를 종합해서 정리하면 다음과 같이 <표 7-8>과 같이 교육과정 운영 효율화, 단위학교 중심성, 협력성 존중, 학교경영 합리화의 네 가지로 나타낼 수 있다.

표 7-8 종합적인 장학의 원리

장학의 원리	개념
교육과정 운영 효율화	교육내용 및 교육활동에 대한 개발·운영·평가에 있어 효율성 존중
단위학교 중심성	교육활동이 실제로 전개되는 단위학교 현장의 인적·물적 조건 및 조직적 특성을 존중
협력성 존중	장학담당자, 학교관리자, 교직원, 외부인사, 학부모 등 협력적·참여적인 공동의 노력 유도
학교경영 합리화	학교체제 내의 인적·물적·재정적 자원을 효과적으로 유지·통합·운영, 제반 교육활동 기능 최적화

자료: 조성일·신재흡(2004). 장학행정 이론과 실제. 학이당, 재구성.

장학의 원리를 요약하면 장학은 교수-학습방법의 개선을 위하여 진취적인 태도로 새로운 것을 창조하려는 마인드를 갖고, 과학적인 원리에 입각하여 서로 협력하여 자율적이고 민주적으로 이루어져야 함을 알 수 있다.

이와 같은 장학지도의 기본원리에 입각하여 장학지도의 계획을 수립하고 실천해 나가야 한다. 특히 지식정보화 사회에 교육수요자인 학생과 학부모의 요구에 부응하여 교사의 수업의 질을 향상시키기 위한 방향으로 진행되어야 할 것이다.

아울러 이러한 장학의 원리에 입각한 의식적 전환이 장학의 전면에 표출되는 시대 상황임을 우리는 깨닫고, 계속적이고 장기적인 방향으로 이루어져야 하며, 전체적으로 학교의 발전뿐만 아니라, 교사 개인의 발전, 나아가 장학담당자의 발전도 도모하는 방향으로 이루어져야 한다.

2 장학의 유형(장학을 바라보는 시각)

장학의 유형은 시각에 따라 달리 해석할 수 있다. 장학의 조직, 주체, 내용, 방법 등에 따라 구분되기도 하고, 연구자의 관점이나 실무자의 편의에 따라 다르게 구분되기 때문에 다양한 방식으로 분류할 수 있다. 이렇게 장학의 개념이 다양한 것처럼 장학의 유형도 <표 7−9>, <표 7−10>과 같이 다양하게 분류할 수 있다.

표 7−9 장학의 조직과 주체에 따른 장학의 유형

연구자	분류 기준	장학의 유형
강영삼 (1994)	교육조직의 수준	① 문교장학 ② 학무장학 ③ 수업장학 ④ 임상장학
주삼환 (1984)	교육조직의 수준	① 교육부장학 ② 교육청장학 ③ 교내장학
윤정일 외 (1995)	장학의 형태	① 종합장학 ② 확인장학 ③ 수업장학 ④ 개별장학 ⑤ 요청장학 ⑥ 자율장학 ⑦ 교내장학
	장학의 방법	① 일반장학 ② 특수장학 ③ 협동장학 ④ 통신장학
김윤태 (1994)	장학의 주체	① 행정장학 • 교육부장학 • 지방교육행정기관 장학 ② 교내자율장학 • 임상장학 • 동료장학 • 자율적 장학 • 행정적 감독
이윤식 (1999)	장학의 주체	① 교육행정기관이 주도하는 행정적 장학 • 역할로서의 장학 ② 교직원들의 협력적·자율적 성격이 강한 자율장학 • 과정으로서의 장학
윤보영 (1999)	수업개선 관련정도	① 일반장학 ② 수업장학 ③ 임상장학
	교사의 참여정도	① 참여장학 ② 동료장학 ③ 자기장학
김명대 (1996)	장학의 발전단계	① 전통적(과학적 관리)장학 ② 인간관계장학 ③ 인간자원론 장학

표 7-10 연구자의 관점이나 실무자의 편의에 따른 장학의 유형

연구자	장학의 유형	장학의 방법
강영삼	문교장학 학무장학 수업장학 임상장학	① 임상장학 ② 동료장학 ③ 자기장학 ④ 행정적 ⑤ 확인장학 ⑥ 선택적 장학
조병효	일반장학 수업장학 임상장학	① 임상장학 ② 동료장학 ③ 자기장학 ④ 확인장학 ⑤ 교내연수
주삼환	일반장학 수업장학 임상장학	① 전통적 장학 ② 동료장학 ③ 자기장학 ④ 확인장학 ⑤ 교내연수
이윤식	교내자율장학	① 수업장학 ② 동료장학 ③ 자기장학 ④ 전통적 장학 ⑤ 교내연수
변영계	일반장학 수업장학 임상장학	① 임상장학 ② 동료장학 ③ 자기장학 ④ 약식장학 ⑤ 교내연수
강영삼 외 4인	일반장학 수업장학 임상장학	① 임상장학 ② 동료장학 ③ 자기장학 ④ 약식장학 ⑤ 선택적 장학

자료: 차광숙(2003). 교내 자율장학 활성화 방안에 관한 연구. 석사학위논문. 경주대학교 교육대학원.

그리고, 교육행정기관이 주도하는 장학, 즉 교육부 장학, 시·도교육청 장학, 지역교육청 장학은 <표 7-11>과 같이 다양한 형태와 방법으로 전개되고 있다(이윤식, 1999).

표 7-11 교육행정기관이 주도하는 장학의 유형과 방법

유형	개념	방법
종합장학	교육시책 추진사항, 교육과정운영, 학교경영 등 전반 영역에 대해 종합적으로 수명의 장학지도반이 실시하는 장학	학교현황 파악, 수업참관, 협의, 확인, 평가
담임장학	각 학교 담당 장학사가 해당 학교 교육활동 전반에 대해 수시로 실시하는 장학	상담, 협의, 참관, 확인, 평가
표집장학	학교별 또는 주제별로 학교를 무선표집하는 장학	학교경영 또는 주제활동을 점검·협의·지원
확인장학	장학지도 시 시정·보완 지시사항에 대한 이행을 확인하거나 학교경영활동을 확인하기 위한 장학	지시사항 및 학교경영사항 확인
요청장학	학교의 필요에 의해 장학사를 초청하여 실시하는 장학	수업참관, 연구회 참석, 상담, 협의
특별장학	특별한 문제가 발생하거나 발생이 우려될 때 해당 문제의 해결이나 예방을 위하여 실시하는 장학	지도, 조언
협동장학	장학사, 학교관리자, 교사 등 장학협동체를 구성하여 실시하는 장학	장학협동체 구성, 협의, 정보교환
개별장학	장학사 개인별로 담당 학교에 대해 실시하는 장학	상담, 협의, 참관, 확인, 평가
교과 장학	각 교과별로 교과담당 장학사가 해당 교과활동 중심으로 실시하는 장학	수업참관, 수업협의
교과장학	교과장학 담당자가 교과 관련 교육정책 수립, 교육과정 운영지도, 교구설비의 확보와 사용계획 수립·조정·보급, 자료개발과 연구·실험·시범학교의 운영, 각종 교원연수 및 학교의 교과 관련 교육행사를 지도하는 장학	교육정책 수립, 교육과정 운영지도, 교육행사 지도
일반장학	학교 교육활동 또는 사업내용에 대하여 협의·검토, 지도·조언하는 장학	협의, 검토, 지도, 조언
방문장학	학교의 요청 또는 교육행정기관의 필요에 따라 해당 학교 담당 장학사나 해당업무 담당 장학사가 학교를 방문하여 실시하는 장학	요청, 방문
통신장학	교육과정운영, 학교경영, 기타 학교에서 질의·협의 요청한 사항에 대해 통신수단을 이용하여 지도·조언하는 장학	통신수단을 이용한 지도·조언

학교현장에서 이루어지는 장학으로는 교내 자율장학과 지구 자율장학으로 구분된다. 교내 자율장학은 ① 수업장학 ② 동료장학 ③ 자기장학 ④ 약식장학 ⑤ 교내연수의 형태로 나타나고 있어 이들의 관계성을 살펴보면 <표 7-12>와 같이 제시할 수 있다(전라북도교육청, 2000).

표 7-12 교내장학의 기본 유형

유형	개념	장학 담당자	영역	형태	대상
수업장학	교사들의 수업기술향상을 위한 체계적이고 개별적인 과정	교장 교감	-교사 전문적 자질	-임상장학 -마이크로티칭	-초임교사 -수업기술향상 필요교사
동료장학	동료교사들 간에 그들의 교육활동의 개선을 위해 공동으로 노력하는 과정	동료교사	-교사 전문적 자질 -교사개인 및 조직발달	-동학년, 동교과, 동부서 동료 간 수업연구	-전체교사 -협동을 원하는 교사
자기장학	교사 개인이 자신의 전문적 발달을 위해 스스로 체계적인 계획을 세워 이를 실천하는 과정	교사 개인	-교사 전문적 발달	-자기수업반성 -1인1연구과제 -대학원수강 -문헌연구 -전문가상담 -방문견학 -각종 자기연찬 과정	-전체교사 -자기분석 -자기지도의 기술을 갖고 있는 교사 -혼자 일하기를 원하는 교사
약식장학	교장, 교감이 간헐적으로 짧은 시간 안에 학급순시나 수업참관을 통하여 교사들의 수업 및 학급경영활동을 관찰하고 교사들에게 지도조언을 제공하는 과정	교장 교감	-교사 전문적 발달	-학교순시 -수업참관	-전체교사
교내연수	교직원들이 교육활동의 개선을 위해 그들의 필요와 요구에 대해 학교내·외의 인적·물적 자원을 활용하여 단위학교 자체에서 실시하는 연수활동	전체 교직원	-교사 전문적 발달 -교사 개인적 발달 -학교 조직적 발달	-각종 교내 연수	-전체 교직원

자료: 전라북도교육청(2000). 초등장학자료 제2000-51호. 공익사.

지구 자율장학의 경우에는 교육프로그램 및 정보교환, 교육연구 및 특색사업의 공동추진, 교육현안의 협의·조정, 협동적 교육·학예활동, 교직원 학예·친목활동 등을 포함한 다양한 장학활동이 이루어진다.

표 7-13 장학의 유형 및 형태

자료:이윤식(1999). 장학론－유치원·초등·중등 자율장학론. 교육과학사.

3 장학의 발달과정

장학의 역사는 장학 용어의 의미 변천에서도 알 수 있듯이 학교교육의 감독, 감시, 강요 등을 강조하는 기능으로부터 수업의 질적 개선, 교육과정 개발 및 교사의 능력 개발 등을 강조하는 기능으로까지 발전되어 왔다. 장학활동은 나라에 따라 그 특징을 달리하나, 부분적으로 아직까지 감시, 감독이 그대로 진행되고 있는 경우가 많으며, 장학의 발달은 국가에 따라, 학교조직의 형태에 따라, 장학담당자에 따라 다양하게 전개되고 있는 실정이다. 그리하여 장학발달의 단일적인 시대구분은 매우 어려우며, 각국의 장학은 시대의 흐름에 따라 주어진 여건과 상황에 적응하는 그 나름의 독특한 특징을 갖고 발달하여 왔다고 할 수 있다(정태범, 2002).

그리고, 장학의 발달과정이 분명하게 구분되는 것도 아니고, 또 학자에 따라 장학 발달을 역사적으로 구분하는 명칭도 각각 다르다. 대표적인 국내·외 학자들이 장학의 발달과정을 연구하여 <표 7-14>와 같이 제시하였다.

표 7-14 장학의 발달과정 구분

연구자	장학의 발달과정 구분
Sergiovanni & Starratt (1998)	과학적 관리 장학 → 인간관계 장학 → 신과학적 관리 장학 → 인간자원 장학
Lovell & Wiles(1983)	행정적 시학 → 과학적 관리 장학 → 인간관계 장학 → 협동장학
Beach & Reinhartz (2000)	전문화-관료시대 → 진보-협동시대 → 교육과정 개발시대 → 임상-책무성시대 → 영향과 개혁의 시대

가. 외국 장학의 발달과정

외국의 장학발달 단계는 학자들의 관점에 따라 <표 7-15>와 같이 구분하고 있다.

표 7-15 외국 학자들의 장학 발달과정 구분

연구자	시대	장학의 발달과정 구분
Kimball Wiles (1967)	1920년대	지시와 판정활동으로서의 장학
	1930년대	민주적 활동의 장학
	1940년대 이후	협동적 활동으로서의 장학
William H. Lucio & John D. Mcneil (1979)	1900년 이전	행정적 감시
	20세기 초	전문가에 의한 시학
	1920년대	과학적 장학
	1940년대	민주적 인화 강조의 장학
	1950년대 이후	이성적·실천적 지성을 통한 장학
Sergiovanni & Starratt(1983)	1865~1935	전통적 과학적 관리 장학: 교사를 관리의 부산물로 보고, 엄격한 통제의 책임, 능률을 강조
	1935~1955	인간관계 장학: 장학사가 교사를 하나의 전인으로 보고 부드러운 관계를 강조
	1980~1995	신과학적 관리 장학: 교사의 능력, 직무, 수행목표, 비용-효과 분석이라는 용어 사용, 관찰 가능한 표준을 정하여 표준에 따라 교사를 통제하고 행정가, 장학담당자, 일반대중에게 보다 잘 가르칠 수 있다고 보장해 주는 장학
		인간자원 장학: 수정주의 운동의 한 형태로 교사의 직무만족이 교사가 일하는 목적, 장학담당자의 의사결정에 참여를 강조
Jerry J. Bellon & Elner C. Bellon (1982)	1642~1900	행정적 시학: 학교를 시찰, 명령, 감독하고 교사를 평가, 시찰위원회는 전문교육직에 위양되고 교사자질향상이 장학의 기능
	1900~1930	과학적 관리 장학: "시찰", "감독", "탐정" 용어 사용, 교사란 교육조직 목표달성을 위한 도구, 조직화·규격화된 학교
	1930~1950	인간관계 장학: 교사와 장학담당자가 협동적으로 일을 하며, 장학담당자는 상담자, 조정자, 자원인사 역할
	1950년 이후	체계적 프로그램 장학: 조직의 기대를 성취하면서 개인의 목표에 도달하도록 도와주는 프로그램

지금까지 외국 학자들의 장학 발달과정을 학자들의 관점에 따라 구분하여 살펴보았다. <표 7－16>은 장학 형태의 시대적 변화를 장학형태, 장학자 역할, 장학의 초점, 배경이론 등으로 좀 더 구체적으로 제시하였다(김정한, 2003).

표 7－16 장학형태의 시대적 변화

시대적 특성	장학 형태	장학자 역할	장학의 초점	배경이론
장학 초창기 (1865~1910)	감독장학	학교, 학생, 교육과정의 관리 및 행정	비전문가에 의한 감시, 교육과정과 수업의 감독	
학습과 조직운영에 과학적 방법 적용 전문화·관료화 시기 (1910~1935)	과학적 관리장학	전문가나 과학적관리자에 의한 효율성 증진	표준화의 적용 및 교육과정, 수업의 통제	과학적 관리론
	관료장학	교육전문가로서의 관료	교사학생의 발전을 지도, 감독	관료제론
인간의 협동강조와 진보주의 발전의 시기 (1935~1955)	인간관계장학 (협동장학)	조성자, 상담자역할	교수향상을 위해 직접 도움을 제공, 심리 사회적 욕구 존중, 민주적 원리와 만족을 중시	인간관계론
교육과정 개발의 시기 (1915~1970)	교육과정 장학	교육과정 개발, 교과 전문가	교사의 교육과정 개발을 돕고 수업개선의 정착을 도와줌	
임상장학과 책무성의 시기 (1970~1980)	임상장학	임상자 관찰자 분석자	수업과정의 분석으로 교사가 효과성과 책무성을 높이도록 조력함	행동과학론
기업의 영향과 개혁의 시기 (1980~1995)	경영장학 신과학적장학 인간자원장학 지도성 장학	인적, 물적자원 효율적 경영자, 과학적관리자, 합리적 행정가, 조성자, 지원자, 수업지도자	효과적 학교 및 경영의 책무성 강조 성과중심과 자질, 목표달성에 대한 책임 학교조직을 변화시키고 교사에게 효과적 수업을 코치함	일반경영이론 과학적관리론 인간자원론 지도성이론

자료: 김정한(2003). 장학론－이론·연구·실제－. 학지사. 재구성.

외국에서의 장학 중 미국에서의 장학의 발달과정을 강영삼 외(1995)의 장학론을 참고로 하여 표로 제시하면 <표 7-17>과 같이 제시할 수 있다.

표 7-17 미국 장학의 발달과정

장학 구분	장학 내용	교육행정이론과의 관련
시학과 강제적 장학 (1975~1910)	• 비전문인에 의해 이루어졌으며, 학교운영의 전반에 대해 시학하는 형태(장학의 역사시작) • 20세기 초 권위적 계선에서 참모적 전문능력가로 옮겨가는 시기	과학적관리운동 시대
과학적 장학 (1910~1920)	• 미국교육이 과학적 관리운동의 영향을 받게 되어 교육에서도 능률과 생산을 강조	
관료적 장학 (1920~1930)	• 교육의 목적과 목표를 명세화·구체화 • 능률지향성, 경제지향성 때문에 장학도 분업화	
협동적 장학 (1930~1955)	• 학교에서 개성화·인간화·아동중심 강조 • 학교행정가의 책임이 증대, 경영기술 요구 • 협동적 집단 노력 극대화, 민주적 상호작용 실천	인간관계론시대
교육과정개발장학 (1955~1965)	• 소련의 인공위성 스푸트니크 1호 발사로 전환기 • 장학사는 전문교과담당자, 교육프로그램 제작 • 목표도달 계약제, 행동목표제시, 책무성 프로그램, 졸업제로 학교교육 발전, 신과학적 관리운동시대	행동과학, 체제론시대
임상장학 (1965~1970)	• 장학의 비디오테이프 사용, 교사·학생 사이의 상호작용평가, 현장연구 기법의 사용 • Anderson, Goldhammer, Cogan은 8단계 과정을 거치면서 임상장학 모형 개발	
경영으로서의 장학 (1970~1980)	• 교육계에 대한 경제적·정치적 압박으로 교실에서의 수업개선에 대한 연구와 노력 감소, 경영적 역할로 관심 이동	상황적응론시대
인간자원장학 (1970년 후반)	• 교사의 자아실현을 도와주어 행복하게 해주자는 인간자원 장학론이 대두	인간자원론시대
지도성으로서의 장학 (1980년 이후)	• 미국교육의 위기(A Nation at Rist)라는 보고서가 나오고, '우수성 추구'에 대한 열기 고조 • 교육의 질적 향상을 위한 교육지도성, 수업지도성, 장학지도성 강조	

자료: 강영삼 외(1995). 장학론. 도서출판하우, 재구성.

특히, 이찬교(1994)는 서구에서의 장학의 발달과정을 장학의 기본성격의 변화, 장학의 방법과 기술의 변화, 장학의 관심 범위 및 대상 영역의 변화, 장학 담당자에 관한 변화 등 <표 7-18>과 같이 네 가지 영역으로 나누고 있다.

표 7-18 서구 장학의 영역별 발달과정

영역	장학의 발달 과정
장학의 기본 성격의 변화	시학으로서 장학 → 교사훈련으로서 장학 → 교사를 돕는 의미로서 장학 → 과학적 장학 → 협동적 교육지도자로서 장학
장학의 방법과 기술의 변화	학교 방문 또는 학사 시찰 → 관할 학교 필기시험 → 연구 수업방법 → 학습효과 검사·측정 → 학교방문, 연구수업, 연구협의회, 현직연수
장학의 관심 범위 및 대상 영역의 변화	교사의 근무실태 평정 → 교육과정 내용 → 연구활동, 시청각교재 활용, 특별활동, 생활지도 → 학생지도, 학교환경, 연구조사, 교육교재, 현직연수, 관리행정 개선
장학담당자의 변화	시의회 의원, 교육위원회 위원 등 비전문가 → 장학사, 교장, 교감 → 교과 담당 장학사, 시청각교육, 연구활동 장학사 등 전문가

자료: 김동일(1999). 교내 수업장학에 관한 초등교사의 지각과 기대에 대한 연구. 석사학위논문. 인천교육대학교 교육대학원, 재구성.

나. 국내 장학의 발달과정

우리나라의 장학의 발달과정도 외국의 장학 발달과정과 마찬가지로 그 발달과정을 명확히 구분하기는 어렵다. 대표적인 국내 학자들의 장학 발달과정의 구분은 <표 7-19>와 같이 다르게 제시하고 있다.

표 7-19 국내 학자들의 장학 발달과정 구분

연구자	시대	장학의 발달과정 구분
조병효 (1991)	6.25 이후	재건기
	1960년대	개혁기
	1970년대 이후	성장기
	1980년대	발전기

연구자	시대	장학의 발달과정 구분
정범태 (2002)	1960년대 이전	전통적인 통제중심 장학
	1960년대 중반~1970년 말경	조건정비적 지원중심 장학
	1980년대 이후	민주적인 경영중심 장학
김형관 외 (2000)	삼국, 고려, 조선시대	권학적 장학
	일제시대	시학적 장학
	미군정시대	민주적 장학
	정부수립 후~1980년대	중앙집권적 장학, 권위주의적 장학
	1990년대 이후	지방분권적 장학, 자율장학

특히, 우리나라 장학의 역사는 근대학교가 시작된 일제시대부터 시작된 것으로 보고, 장학의 발달을 살펴보면 <표 7-20>과 같다(김동일, 1999).

표 7-20 우리나라 장학의 발달과정

구분	장학 지침 및 활동 내용
일제 강점기	시학관 배치, 학사에 관한 시찰 및 감독, 시학의 업무 사항
미 군정기	복선형→단선형, 교육자체제 태동
제1공화국	촉탁장학, 민주장학 개념 도입
제2공화국	교육자치제 강화, 학원 분규 수습
제3공화국	교육의 질적 향상, 향토학교 건설, 경제성장에 기여하는 교육, 교원연수와 교육자 자질의 향상, 국민교육헌장의 선포와 이념구현을 위한 교육, 안보교육의 강화
제4공화국	국적 있는 교육 신장, 교육유신 심화, 새마을운동 심화, 충효교육 고무 및 과학기술교육 진흥
제5공화국	민주적·참여적인 지도·조언, 종합장학지도, 교과별 장학지도, 개별장학지도, 요청장학지도
제6공화국	교직의 전문성 신장, 사도의 확립, 평생교육, 건전한 학풍 조성, 교육의 자율성 신장
문민 정부	교내 자율장학 활성화, 교내 및 교사 자율연수 강조, 지역적 특수성을 고려한 장학

자료: 김동일(1999). 교내 수업장학에 대한 초등교사의 지각과 기대에 대한 연구. 석사학위논문. 인천교육대학교 교육대학원, 재구성.

그러므로, <표 7-20>을 바탕으로 김재범(1987)은 국내 장학의 발달과정을 영역별로 <표 7-21>과 같이 요약하였다.

표 7-21 국내 장학의 영역별 발달과정

영역	발달 과정
기본성격	전제주의적 장학 → 민주주의적 장학
기술방법	방법, 시찰, 검사 → 수업 관찰, 연구수업 참관
관심대상	근무실태 평정 → 수업개선
담당자	비전문가(행정요원) → 전문 장학진

이와 같은 것을 시대순으로 간략하게 그림으로 제시하면 <그림 7-4>와 같다(박덕순, 2001).

그림 7-4 한국 장학의 발달

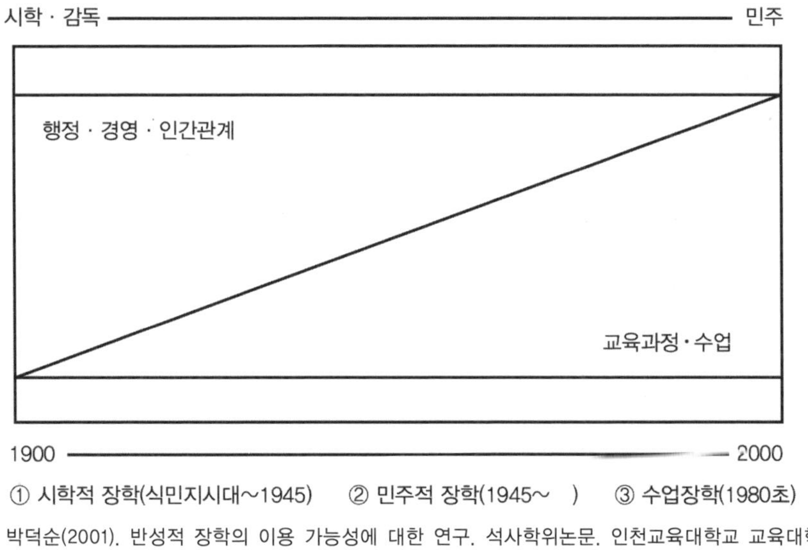

자료: 박덕순(2001). 반성적 장학의 이용 가능성에 대한 연구. 석사학위논문. 인천교육대학교 교육대학원.

다. 종합적인 국내·외 장학 발전과정

이상으로 국내·외 장학의 발전과정을 살펴보면서 다음과 같은 사실로 몇가지 종합할 수 있다(주삼환, 2003).

첫째, 장학의 주기성 또는 어떤 흐름을 발견할 수 있다. 시학과 강제적 장학, 과학적 장학, 관료적 장학이 모두 전통적 장학으로 맥을 같이하다가 협동·보조·교육과정개발·임상·수업장학으로 또 하나의 커다란 맥을 이루었고, 다시 1970년대부터 경영적이며 1980년대의 지도성 강조로 돌아오는 주기성을 볼 수 있다. 즉 "행정 → 수업(교육과정) → 행정(경영)"으로서 외국에서는 수업과 교육과정에 초점을 맞췄던 때가 있었는데 우리나라의 실정은 장학이 행정 일변도였다가 최근에 수업에 대한 관심이 나타나기 시작하고 있다.

둘째, 장학의 개별화와 인간화에 대한 노력을 고려할 필요가 있다. 임상장학, 마이크로티칭 등으로 교사의 개별수준에 맞추려고 하며 특히 장학에 있어서 교사의 인간적 측면에 대한 고려가 있어야겠다.

셋째, 장학에 있어서 지도성의 강조와 장학의 독립적 기능과 독립적 학문영역을 개척하려는 최근의 경향을 지적하고자 한다. 이에 맞춰 우리도 장학담당자의 전문성 신장과 자질과 능력의 보장에 노력해야겠고, 이 방면의 교수·학습자들도 장학이론의 확립과 방법의 개발에 협동적 노력을 경주해야 할 것으로 본다.

4 학교컨설팅

학교컨설팅은 원래 의사가 환자의 질병진단, 진료, 처방에 관해 필요할 때는 언제든지 자발적으로 다른 의사에게 도움을 요청해서 문제와 과제를 해결하는 의료컨설팅에서 유래하였다. 이러한 학교컨설팅의 개념을 <표 7-22>와 같이 많은 학자들이 정의하였다.

표 7-22 학교컨설팅의 개념

구분	개념
박효정 외(2009)	• 전문직으로서의 교원들 간에 자발적으로 이루어지는 전문적 지도 및 조언 활동
진동섭 외(2008)	• 학교의 자생적 활력 함양과 학교교육의 질 향상을 위하여, 단위학교와 학교체제 구성원들의 요청에 따라, 전문성을 갖춘 교육체제 내외의 전문가들이 문제와 과제의 해결을 도와주는 활동
김정원 외(2001)	• 학교의 요청으로 특별한 훈련을 통해 전문적 자격을 갖춘 사람들이 학교운영 책임자와의 계약에 따라 독립적이고 객관적인 태도로 학교의 교육활동과 교육지원 활동 상황을 진단하여 강점과 문제점을 확인, 분석하고, 문제에 대한 해결안을 추천해 주며, 해결안의 실행에 대한 도움이 요청될 때 도움을 제공하는 활동
최상근 외(2000)	• 학교의 문제들을 진단하는 것을 도와주고, 학교가 그 목적을 달성할 수 있는 방향에서 문제를 해결할 수 있도록 최적의 대안을 제안해 주며, 학교가 그 해결책의 실행에 대해 도움을 요청할 때 도와주는 전문적인 조언 활동
Erchul & Martens (1997)	• 학생들(고객)의 학습과 적응을 증진시키기 위해서 전문가(학교컨설턴트)가 교직원(의뢰인)에게 협력적인 방식으로 제공하는 심리적, 교육적 서비스

특히, 학교컨설팅, 컨설팅장학, 자율장학과 비교하면 <표 7-23>과 같다(진동섭·김도기, 2005).

표 7-23 학교컨설팅, 컨설팅장학, 자율장학의 특징 비교

구분	학교컨설팅	컨설팅장학	자율장학
교사관	활동 주체, 자발적 참여자	활동 주체, 자발적 참여자	자율적 존재
주체	의뢰인	교사	교장, 교감, 장학담당자
책임소재	의뢰인	교사(의뢰인)	학교장
참여관계	수평적, 독립적 관계	수평적 관계	수평적, 수직적 관계 혼재
장학요원	교내외 전문가	주로 동료교사	교장, 교감, 동료교사
대상영역	학교교육 및 경영 전반	교실수업개선(전문성)	전문성, 개인, 조직의 3영역
원리	자발성, 전문성, 자문성, 독립성, 한시성, 학습성	자발성, 전문성, 자문성, 독립성, 일시성, 교육성	학교중심성, 자율성, 협력성, 다양성, 계속성
방법	컨설팅	컨설팅	수업, 협의, 코치 등 다양

한편, 학교컨설팅 장학의 구성요소는 장학 목표, 의뢰인, 학교컨설턴트, 학교컨설팅 관리자, 과업과 영역 등 <표 7-24>와 같이 정리할 수 있다.

표 7-24 학교컨설팅 장학의 구성요소

구분	특징
학교컨설팅 장학 목표	• 학교와 학교구성원의 문제 해결, 학교의 내적 교육역량 강화, 전문적 학습공동체 형성, 사회 변화에 능동적인 학교 구축
의뢰인	• 일선학교와 학교구성원으로서 단위학교 교원, 교사 소집단, 행정직원, 사립학교 재단 관련자, 단위학교 전체 등 개인수준, 팀 수준, 혹은 학교조직 수준, 교육지원청 및 시·도 교육청, 교육과학기술부, 교육연수 및 연구기관에서 의뢰
학교 컨설턴트	• 학교현장의 우수한 교원들, 학교에 실질적인 도움을 줄 수 있는 교육전문직과 교육행정가들, 그 외 학교의 다양한 문제 해결에 도움을 줄 수 있는 교육 이외 분야의 전문가 등 학교와 학교구성원들의 문제를 해결하는 데 필요한 지식이나 기술 또는 경험을 갖춘 전문가
학교컨설팅 관리자	• 학교컨설팅 관리자의 역할로는 학교컨설팅 환경 조성, 의뢰인과 학교컨설턴트의 연결, 의뢰인과 학교컨설턴트에 대한 지원
과업	• 문제의 진단, 대안 수립, 해결 방안 실행, 교육·훈련, 문제해결에 필요한 자원의 발굴·확보와 지원체제 구축
영역	• 학생지도에 직접 관련되는 영역을 말함. 수업컨설팅, 교육과정 운영 컨설팅, 학교 및 학급경영 컨설팅, 생활지도 컨설팅

| 토론문제 |

1. 장학과 학교컨설팅의 특징을 비교하여 보시오.
2. 최근의 학교 현장의 특성을 고려하여 적용할 수 있는 장학의 원리를 제시해 보시오.

CHAPTER

08

학교단위 수업장학

08 CHAPTER

학교단위 수업장학

학습목표

- 장학의 특징과 개념을 이해한다.
- 여러 가지 장학의 유형과 방법을 파악한다.
- 수업장학의 필요성과 참여 방법을 이해한다.

KEY WORD 장학 방법, 장학 행정 체제, 지구자율장학, 요청장학, 교내장학, 수업장학

교육행정의 주요 이념이 형식교육의 효율성과 효과성 증진이고 장학의 근본 이념이 교육의 질 향상에 있으므로 교육행정의 핵심 영역이 장학이라고 할 수 있다. 최근 교육의 질 향상을 추구하는 전 세계적인 경향으로 우리나라도 국제 경쟁력에 뒤떨어지지 않는 교육의 경쟁력 제고 측면에서 장학이 더욱 중요한 시기에 있는 것이다. 과거 한국의 장학은 행정적 업무에 시달려 장학활동이 제대로 이루어지지 않는 교육청 장학사들에게만 전적으로 의존하여 형식적이고 비효율적이었다. 최근 단위학교 중심의 교내자율장학 체제로 변화하는 과정에 있다고 볼 수 있다.

본 장에서는 장학의 개념과 발달과정, 한국의 중앙·지방·학교 수준에서의 장학, 그리고 최근 강조되고 있는 장학의 핵심인 학교단위 수업장학에 대해 살펴보고자 한다.

1 장학의 기초

가. 장학의 개념

1) 장학의 어원

일제시대 우리나라에서 시학으로 불리던 것이 해방 이후 미국에서 사용하고 있던 supervision을 번역하면서 '장학'이라는 용어를 사용하게 되었다. 이는 super와 vision을 합성한 것으로 어원적으로는 '우수한 사람(super)이 위에서 감시한다(vision)'는 의미를 가지고 있다. 영국을 포함한 유럽에서는 Inspection 이라는 용어를 많이 쓰는데 이는 '안으로(in) 자세히 들여다 본다(spect)'라는 뜻으로 시학이라는 말로 옮겨진 것이다. 한자로는 奬學으로 '학문을 장려한다'는 의미로 풀이될 수 있다. 이렇게 볼 때 그 어원적으로 초기 장학의 특징인 감시·감독적 장학형태로 현직 교사들이 받아들인 것이 여전히 장학활동에 대해 부정적인 태도를 가지게 된 것이다.

2) 장학의 정의

먼저 미국 학자들의 장학에 관한 정의를 살펴보면, Burton과 Brueckener[1]는 장학은 "첫째, 학생 성장의 증진과 그 결과로 사회발전을 가져오려는 것이며, 둘째, 장기적인 교육계획을 지속적이고 효과적으로 추진하기 위해 지도성을 발휘케 하고, 셋째, 상호협력을 통해 바람직한 교수-학습의 장을 개선하는 것이다"라고 하였다.

Ben Harris[2]는 장학이란 "학교 교직원들이 아동의 학습을 증진시키기 위하여 행하는 교수과정에 직접 영향을 미치는 학교운영을 유지하거나 개선하기 위해 수행하는 제반 활동"이라 정의했다.

---

1 William H. Burton & Leo J. Bruenkener(1955). Supervision: A Social Process, 3rd. N.Y.: Appleton-Century-Croft, 1955. pp.85-86.

2 Ben Harris(1975), Supervision Behavior in English, 2nd ed. English Cliff, N. J.: Prentice-Hall. p.10.

Wiles와 Lovell[3]은 장학을 '교수활동 개선을 위해 조직이 공식적으로 제공하는 교수행위와 직접적으로 상호작용하는 체제'로 보았다.

Wiles와 Bondi[4]는 장학의 개념을 정의하는 관점으로 ① 교육행정의 일부 혹은 연장으로 보는 입장, ② 교육과정 개발의 측면에 강조를 두는 입장, ③ 수업에 초점을 두는 입장, ④ 교사와 장학 담당자의 인간관계에 초점을 맞추어 정의하는 입장, ⑤ 경영의 한 형태로 정의하는 입장, ⑥ 지도성의 측면에서 정의하는 입장 등으로 구분하여 그 개념적 차이를 설명하면서 이러한 차이는 접근방법의 차이이고 그 궁극적 목적은 수업개선에 있다고 밝히고 있다. 다시 말해, 행정을 통해 수업의 개선을 도모하느냐 교육과정 개발 혹은 수업, 인간관계, 경영, 지도성을 통해 수업개선을 도모하느냐의 차이일 뿐이며 그 모든 정의들의 궁극적 목적이 교사를 통한 수업 개선에 있다는 것이다.

국내학자들의 정의를 살펴보면, 우리나라 최초의 장학론을 저술한 백현기[5]는 장학의 본질은 '교사들에 대한 지도·조언을 통한 수업의 개선'으로 보았다.

김종철[6]은 장학의 개념을 장학의 이념과 현실적 고려를 종합하여 설명하려고 노력하면서 법규면, 기능면, 이념면으로 세 가지 접근 방법으로 설명하고 있다.

첫째, 법규면에서의 접근 방법은 현행 교육부 직제에 의한 교육정책실의 업무에 관련된 활동을 뜻한다. 즉 장학행정이란 교육부를 중심으로 하여 전국적으로 행하는 활동으로서, ① 교육활동 전반에 관한 장학행정의 수립 ② 교과과정과 생활지도의 운영감독, ③ 교육공무원, 학생의 지도 ④ 교육연구에 관한 사항 등을 포함하는 것으로 보고 있다. 이는 장학을 교육전반에 걸친 기획, 조사, 연구, 지도, 감독하는 일을 포함한다.

기능면에서의 접근 방법은 현실적인 장학의 기능을 설명하려고 하면서 ① 교사로 하여금 건전한 교육철학의 수립, ② 교육운영과 기획과 평가를 돕는 제반

3 Kimball Wiles & Jone T. Lovell(1983). Supervision for Better Schools, 5th ed. Englewood Cliffs, N. J.: Prentice-Hall. p.14.

4 John Wiles & Joseph Bondi(1980). Supervision: A Guide to Practice. Columbus, Ohio: Charles E. Mell Publishing Co., pp.8-11.

5 백현기(1961). 장학론. 을서문화사. p.36.

6 김종철(1975). 교육행정의 이론 및 실제. pp.235-238.

활동과, ③ 학습환경을 개선하는 일을 포함하고 있다.

이념면에서의 접근은 선진국의 장학의 이념을 설명하려고 하였다. 이 방법에 의한 장학의 개념은 Harris나 Wiles의 정의에서처럼 장학을 '교수－학습지도의 개선을 위하여 제공되는 지도·조언'으로 보았다. 우리나라의 법규나 현실적 장학활동 기능의 분석보다도 선진국의 교육이론 및 이념을 토대로 하여 새로운 장학개념을 도입하려는 노력이다.

강영삼[7]은 김종철의 장학 정의가 장학의 본질을 바로 나타내지 못한다고 지적하면서 장학을 조직수준별로 문교장학, 학무장학, 학교장학, 임상장학 등으로 설명하고 있다.

주삼환은 Wiles와 Bondi의 장학의 6가지 접근을 인용하면서 수업 개선을 핵심으로 한 6가지의 방법적 측면으로 접근을 받아들이면서[8] '장학은 교사의 교수행위에 영향을 주고 교육과정을 개발, 수정, 보완하고 교육자료와 학습환경의 개선으로 학생의 학업 성취를 촉진해 수업 개선을 가져오는 것'으로 정의하고 있다.[9]

이상의 국내외 학자들의 장학에 대한 정의를 종합적으로 보면 장학은 첫째, 수업의 질 향상을 목적으로 한다는 점이고 둘째, 교사의 전문적 성장을 통한 수업의 질 개선을 추구하므로 교사를 대상으로 한다는 것이다. 그래서 장학은 '수업 질 향상을 위하여 교사의 전문적 성장을 돕도록 제공되는 장학담당자의 모든 노력'이라고 볼 수 있다.

나. 장학의 발달

미국이나 우리나라의 장학은 초창기보다 더욱 발전된 형태를 보이고 있으며 이러한 발전되어온 과정과 최근 미국 학자들이 말하고자하는 장학의 새로운 패러다임으로서 변화하는 시대의 개혁 담당자로서의 기능이 강조되고 있다.

---

7 강영삼(1997). 장학론. 세영사. pp.14 - 17.
8 주삼환(1997). 변화하는 시대의 장학. 원미사. pp.247 - 248.
9 주삼환 외(1995). 장학론. 한국교육행정학회. p.10.

1) 장학의 발전과정

미국을 중심으로 한 장학의 발달 과정을 시기별로 장학의 방법을 교육행정이론과 관련지어 보면 관리장학, 협동장학, 수업장학, 발달장학으로 구분할 수 있고 다음 <표 8－1>과 같이 제시할 수 있다.[10]

표 8－1 미국의 장학의 발전과정

장학형태	시기	장학 방법	교육행정 관련이론
관리장학	1750～1910 1910～1920 1920～1930	시학과 강제 과학적 장학 관료적 장학	과학적 관리론
협동장학	1930～1955	협동적 장학	인간관계론
수업장학	1955～1965 1965～1970	교육과정개발 임상장학	행동과학론
발달장학	1970～1980 1980～현재	경영으로서의 장학 인간자원으로서의 장학 지도성으로서의 장학 선택적 장학	일반체제론 인간자원론 공공선택론

(1) 관리장학시대(1750～1930)

초창기의 장학은 비전문가가 학교교육 전반의 운영상황에 대해 감독하는 형태를 띠고 있다. 19세기 후반에는 공교육제도가 정착되면서 별도의 시학관을 임명하여 학교의 인원과 시설 및 재정 등을 점검하고 검열하도록 하였다. 이 시학관은 교육감의 위임을 받아 학교를 감찰하는 기능을 수행하였기 때문에 계선상의 위계적 권위를 바탕으로 대단히 권위주의적이고 강제적인 시학활동을 수행하였다.

20세기 초반부터는 과학적 관리론의 영향으로 능률과 생산성을 강화하는 방

10 윤정일 외(1999). 교육행정학원론. 학지사. pp.236 - 240를 요약하여 정리.
학자에 따라 장학의 발달과정을 다양하게 분류하고 있으며 Sergiovanni와 Starratt(2판)는 과학적 관리장학, 인간관계장학, 신과학적 관리장학(수정주의 장학), 인간자원 장학 등으로 구분하여 설명하고 있다(주삼환 역(1996). 장학론. pp.24 - 30).

향에서의 과학적 관리장학이 강조되었다. 과학적 관리장학은 교사를 관리의 부속물 또는 관리의 대상인 고용인으로 보고 상하관계 속에서 일의 능률만을 추구하였으며 통제, 책무성·효율성을 장학활동의 핵심으로 삼았다.

(2) 협동장학 시대(1930~1955)

1930년대 본격적으로 과학적 관리론이 퇴조되고 인간관계론이 부상되면서 장학의 개념도 강제적이고 통제적인 장학으로부터 인간적이고 민주적인 장학으로 변화되었다. 미국의 경우 1930년대는 진보주의 운동의 시기로 학교교육에서 아동중심의 교육이 대단히 강조되었다. 이는 교육의 핵심이 교사에서 학생으로 전환되었음을 의미하는 것이다. 이에 따라 장학 활동의 핵심도 장학담당자로부터 교사에게로 전환되었으며 최소한의 장학이 최선의 장학으로 간주되었다.

협동적 장학은 오늘날까지도 널리 받아들여지고 있으며 민주적 장학이 표본으로 실천되고 있다. 민주장학은 실제에 있어서 별 효과를 보지 못한 자유방임 장학이었다. 그러나 오늘날에는 널리 받아들여지고 실천되고 있다.

(3) 수업장학(1955~1970)

1957년 스퓨트닉 충격은 미국교육의 형식과 내용을 크게 변화시키고 소위 학문 중심 교육이라는 새로운 방향으로 선회케 하는 계기를 마련하였다. 이에 따라 인간관계 중심의 장학기조도 교육과정 개발과 수업효과 증진이라는 본연의 목표에 대한 강조로 나타났다. 교육활동의 중심이 새로운 교육계획과 프로그램 설계로 모아졌고 장학담당자는 교육과정 개발자가 되었다. 교육내용을 선정조직하고 교사들과 함께 교육프로그램을 제작·보급하는 것을 주요 업무로 삼았다.

장학 담당자들은 교수-학습에 대한 분석과 임상적 활동에 관심을 기울였으며 시청각 기자재를 활용한 수업개선, 새로운 교수법의 개발 등에 노력을 집중하였다. 특히 이 시기에는 교실에서의 교수활동에 초점을 맞춰 장학담당자와 교사가 협력하여 교사의 전문성 신장을 도모하는 임상장학과 마이크로티칭 기법 등이 활성화되었다.

(4) 발달장학 시대(1970~현재)

수업장학과는 별도로 인간관계장학에 대한 새로운 대안이 모색되었다. 이는 과학적 관리론의 조직생산성 강조와 인간관계론의 참여를 통한 직무만족이라는 장점을 절충하는 방향에서 이루어졌다. 그래서 새로운 관리장학의 형태를 띠기도 하고 발전된 협동장학의 형태를 띠기도 한다. 이 시기의 특히 주목되는 경향은 신과학적관리론에 바탕을 둔 수정주의장학(revision supervision)과 인간자원장학[11]이다. 수정주의 장학은 인간관계론 시기의 협동장학에 대한 반발로 나타난 것이다. 그래서 이는 인간관계론보다는 과학적 관리의 통제와 효용 등을 보다 강조하는 특징을 가지고 있다. 인간관계론 시기의 협동 장학은 참여를 통해 교사들의 직무만족을 높이고 그 결과로서 학교효과성의 증대를 목표로 하는 반면 인간자원장학은 참여를 통해 학교효과성을 증대시키고 그 결과로서 교사의 직무만족을 목표로 한다는 특징을 가지고 있다. 특히 오늘날에는 다양성과 자율성을 특징으로 하는 선택적 장학이 강조되고 있다.

우리나라에서는 장학의 개념이 해방 이후 미국의 영향을 받아 시학에서 장학으로 새롭게 형성되기는 했지만 해방 이전 일제 시대의 시학 개념이 불식되지 못하고 학교현장에서는 장학의 기존의 개념대로 인식하고 있는 상황이다. 미국의 장학의 다양한 패러다임에 비해 한국의 상황은 그렇게 급변하지는 않았다. 한국의 장학은 크게 2대분 할 수 있다. 장학의 발전방향은 크게 시학에 의한 권

---

11 인간관계론과 인간자원론의 비교해 보면 다음과 같다.(Sergiovanni와 Starratta, 2판번역서, 주삼환 외(1996). 장학론. pp.27 - 29

인간관계장학: 인간관계장학에서는 교사의 "직무만족"을 학교운영의 원활과 보다 효과적인 학교를 만들기 위한 수단으로 본다. 또한 교사의 직무만족을 위해 그들을 의사결정에 참여시킨다는 것이다.

위해 그래서

인간관계장학: 의사결정에의 참여 채택 → 교사의 직무만족의 증가 → 학교의 효과성 증대

인간자원장학: 인간자원장학이란 교사의 직무만족을 교사가 일하게 되는 바람직한 목적을 보는 것이다. 이 관점에 의하면 교사의 의사결정에의 참여를 통해 학교효과성을 증가시켜 결국 이를 통해 교사의 직무만족을 증대시킨다는 것이다.

위해 그래서

인간자원장학: 의사결정에의 참여 채택 → 학교의 효과성 증가 → 교사의 직무만족 증대

위주의적 통제방식에서 지원 중심의 민주적인 방향으로, 방법면에서 학사시찰 방식에서 협동적·자율적 방식으로 발전해왔으며 장학의 내용도 초기에는 교사들의 근무실태 평정위주에서 점차적으로 교과지도나 생활지도 등과 같은 학교학습에 관한 것으로 확대되었으며 장학담당자도 초기의 비전문가 집단에서 교육행정 전문가 집단으로 변화되어 왔다.

우리나라의 장학의 발달은 다음 <표 8-2>와 같이 제시할 수 있다.

표 8-2 한국에서의 장학 변화

기준	1990년대 이전	1990년대 이후
방법	행정적인 감시, 관리	협동적 장학
학교 장학담당자	장학사	장학사+교장, 교감, 부장교사들까지의 참여 속의 교내자율 장학으로
실천 수준	교육청단위	교내자율장학체제
장학과 평가의 관계	장학	장학+평가
피장학자의 변화	강제 감독	자율, 참여

2) 장학의 새로운 패러다임

1990년대 미국의 장학개념이 개혁적 장학이라고 불린다. 주요활동으로 교육개혁사업의 성공적인 수행에 관심을 두고 미래교육 전략 수립 및 실천으로 보고 1990년대에 미국교육의 위기나 미래교육에 대한 실천적 전략을 실천하기 위한 교육개혁프로그램에 초점을 둘 것으로 예상하였다.[12]

Sergiovanni와 Starrata, Harris도 장학의 새로운 패러다임을 제시하고 있다.

먼저 Sergiovanni와 Starrata[13]는 기존의 여러 장학의 정의에 나타나지 않은 것으로서 학교의 변화와 재창조를 위한 기능을 포함해야 한다고 보면서 장학은 학교의 복잡하고 계속적인 역동 내에서 분리된 기능으로 간주하지 않고 '장학은 학교의 복잡하고 계속적인 역동 내에서 재창조하는 본질적인 과정'으로 재정의

12 강영삼(1997). 장학론. 세영사. pp.10-11.

13 Sergovanni & Starratta(1993). 5ed.

하고 있다.

Harris[14]는 장학의 새로운 패러다임을 제시하고 있다. 그는 최근의 장학은 외부 실재를 변화시키는 데 반응하고 새롭고 개선된 혁신적인 실천을 증진하는 것이다. 체제적 변화를 위한 기획으로서의 장학은 비교적 새로운 패러다임 변화이다. 학교프로그램의 재구조화를 증진하기 위해 현재의 노력은 체제변화를 위한 기획으로서 장학을 강조한다.

변화에 대한 전략적 체제적 기획은 개선된 교수-학습을 위한 장학 실천의 형태이다. 이러한 새로운 강조는 수업 변화에 초점을 둘 때 본질적으로 장학적이 된다. 교육의 모든 변화 노력이 장학담당자들과 연관되어 있다. 1980년대와 1990년대에 미래학교를 위한 제안이 나타났고 변화를 위한 이러한 새로운 압력은 수업담당자에 대해 요구되어지는 역할 이상의 것이다. 수업지도성의 도전은 그들이 학생들에게 최선으로 제공되는 변화를 촉진시키는 것과 같은 전문적인 기회라는 장점을 가진 것이다. 장학분야도 급진적이고 근본적인 교육의 재구조화에서 맥락을 같이한다.

우리나라는 다가오는 21세기를 대비하여 1990년대에 매우 급격한 교육개혁을 시행하고 있다. 교육정책에서부터 단위학교까지 교육개혁은 과거와는 매우 다르게 진행되고 있다. 7차 수준별 교육과정준비, 학교단위 자율장학, 학교단위 책임경영제, 학교운영위원회, 학교평가, 학습자 중심의 열린교육, 수행평가, 학교공동체 형성, 학교에서의 특기·적성 교육, 무시험 고등학교 진학, 앞으로의 대학 무시험 등 이 모두가 1990년대에 개혁이며 이는 장학 담당자들의 개혁적 책무성의 정도에 그 성과가 달려있다고 할 수 있다.

다. 장학의 영역과 역할 및 기술

1) 영역

Ben Harris[15]는 장학의 기본 개념을 수업장학에 두고 다음과 같은 10개의 과

14 F. Pajak & R. Firth(1998). Handbook of Research on School Supervision, ed.
15 Ben. N. Harris(1975). Supervisory Behavior in Education, 2nd ed. Englewood Cliffs,

업 영역을 들고 있다. 이들을 준비적 과업과 운용적 과업, 발전적 과업으로 나누어 설명하고 있다.

표 8-3 장학의 10대 과업

	영역	설명
준비적 과업	1. 교육과정 개발	누가, 언제, 어디서, 어떻게 가르칠 것인가를 설계하거나 재설계하는 것, 예컨대 교육과정 지침개발, 기준설정, 단원계획, 새로운 교육과정설정 등
	2. 교원의 확보	교사를 적절한 수만큼 확보하는 것. 교사채용, 보직 및 전임 발령
	3. 시설구비	수업을 위한 시설설계 및 구비. 예컨대, 대지 확보, 설비 확보
운용적 과업	4. 교육재료 구비	적절한 자료를 선정하고 구비하는 것. 예컨대 재료용구, 시청각 자료의 사전 평가
	5. 수업을 위한 조직	학생, 교사, 자료를 시간과 수업목적에 관련되게 준비하는 것. 예컨대 학급편성, 시간작성, 교실배정, 수업시간배정, 일정작업, 업무계획, 교사배정
	6. 교원의 오리엔테이션	직무수행에 필요한 기본 자료를 마련하는 것. 예컨대 직원, 지역, 사회에 익숙하게 하는 일
	7. 특수아에 대한 배려	특수아를 위한 교수과정에 최대로 지원하는 것. 예컨대 정책, 우선순위, 관계개선 등
	8. 대민 간 관계 개선	보다 나은 수업을 위해 지역사회인사를 참여케 하고 필요한 정보를 제공하거나 제공받는 것
발전적 과업	9. 현직교육 준비	교원의 자질 향상을 위해 계획하는 것. 예컨대 워크숍, 대학원 및 연수원 교육
	10. 수업평가	수업 개선을 위해 자료 수집, 분석, 해석, 의사결정 등을 기획, 조직, 실천하는 것

Wiles와 Lovell[16]은 수업장학의 기능으로 목표 개발, 프로그램 개발, 조정, 동기부여, 문제해결, 교사의 전문성 개발, 교육성과 평가 등 7개를 들었다.

N. J.: Prentice-Hall. p.10.

16 Kimball Wiles & Jone T. Lovell(1983). Supervision for Better Schools, 5th ed. Englewood Cliffs, N. J.: Prentice-Hall. p.9.

2) 역할

장학은 다양한 역할을 수행해 나가는 하나의 과정으로 볼 수 있다.

Sergiovanni와 Starratta[17]는 장학 담당자의 역할은 ① 교육프로그램의 수립자 및 관리자로서의 전문성에 그 성패가 좌우되며 ② 어떤 면에서 대립적이라고 볼 수 있는 행정관리기능과 장학기능을 동시에 수행해야 하기 때문에 역할 수행에 난점이 많으며 ③ 행정관리와 같은 계선 기능이 아니라 참모기능에 가깝기 때문에 그들의 권한에서 제약될 수밖에 없는 특징을 가지고 있다는 점을 지적하면서, 장학담당자들이 구체적인 관심을 가져야 할 영역을 다음과 같이 제시하고 있다.

- 교육과정 및 교수목표
- 대안과 그 선택
- 지식의 구조화
- 학습단원의 계획
- 교사의 유형에 따른 학습 효과
- 교수법과 수업진행 절차
- 교사와 학생 및 프로그램의 평가
- 교육프로그램의 내용과 범위 그리고 조정
- 교육과정과 교수의 혁신
- 학습집단의 조직과 시간 계획
- 학습자료의 선정과 평가
- 교육적 경험의 개발과 평가
- 교실의 학습 풍토

Dull[18]도 그들과 유사한 영역을 제시하고 있다. 그가 제시하고 있는 장학담당자의 역할 영역은 ① 교육과정의 내용과 범위 ② 교육과정개발 ③ 직원향상 ④ 교수방법과 전략 및 기술 ⑤ 교육내용의 선정과 활용 ⑥ 학생지도 ⑦ 단원계획 ⑧ 학생의 조직과 시간 계획 ⑨ 학급경영과 ⑩ 교사와 학생 및 프로그램 평가 등이다.

3) 기술

장학담당자의 기술로서 Wiles는 지도성의 기술, 집단의 융화단결, 의사소통,

17 Sergiovanni & Starratta(1993). Supervision: human perspectives New York: McGraw-Hill. 5ed.

18 L. W. Dull(1981). Supervision: School Leadership Handbook. Columbus, Ohio: Charles E. Merrill Pulishing Co.. p.5.

의사결정에의 참여 등 4가지 기술을 들고 있다.[19]

첫째, 지도성의 기술로, 장학담당자가 권위에서 발생하는 권위주의적 지도가 아니라 집단 내부에서 자연히 발생하는 집단 중심의 지도성이며, 이는 민주주의적 협동을 본질로 하는 지도성이어야 한다.

둘째, 집단의 융화와 단결의 기술로, 장학지도자는 집단의 융화와 단결을 강조하고 사기를 앙양하는 데 노력해야 하며, 그것은 공동의 목표의식과 가치관을 발전시킴으로써 가능하다. 집단의 융화와 단결을 공고히 하는 데 있어서 유용한 방법은 집단 연수와 토의를 통한 방법이다.

셋째, 의사소통의 기술로서, 장학지도자가 효율적으로 장학업무를 수행하기 위해서는 의사소통의 기술이 필요하다. 집단 내의 의사소통을 원활히 하기 위해서는 장학담당자는 스스로 토의나 협의를 진행하는 데 능숙하여야 할 뿐 아니라 자유로운 의사소통의 통로를 마련하여야 한다.

넷째, 의사결정에의 참여로서, 집단구성원으로 하여금 교육의 개선을 위한 대책이나 방침수립에 민주적 참여의 기회를 제공해 주는 일이다.

또한 Katz[20]는 성공적인 학교조직을 수행하기 위하여 장학담당자에게 요구되는 기술로서 사무적 기술, 인화적 기술, 통합적 기술 등 3가지를 들고 있다.

첫째, 사무적 기술은 특수한 업무수행을 위하여 지식을 사용하고 방법을 사용하고 방법을 적용하며, 기술을 활용하는 능력을 말한다. 즉 교육의 방법, 과정, 절차, 기법 등에 관한 이해와 능숙함을 말한다. 이 사무적 기술은 학교 내의 직위에 있어서 낮은 계층의 행정적 및 장학의 역할에 더 중요한 기술이다.

둘째, 인화적 기술은 타인과 효율적으로 일할 수 있는 능력을 말한다. 이 기술은 타인에 대한 배려와 자신이 스스로 남이 되어 감정을 이해해보려는 감정이입뿐만 아니라 자신의 이해와 수용도 요구한다. 그리고 이와 같은 지식의 기반은 성인의 동기유발 태도의 형성과 발달, 집단 역학, 인간의 욕구, 사기 등에 관한 재능으로 되어 있다.

19 Kimball Wiles(1960). "Supervision," in Encyclopedia of Educational Research. edited by Walter S. Monroe. McMillan Co. pp.1442 - 1445.

20 Robert L. Katz(1955). "Skills of an Effective Administration", Harvard Business Review, Vol.33, No.1. pp.33 - 42.

그림 8-1 계층별 행정 및 장학기술수준

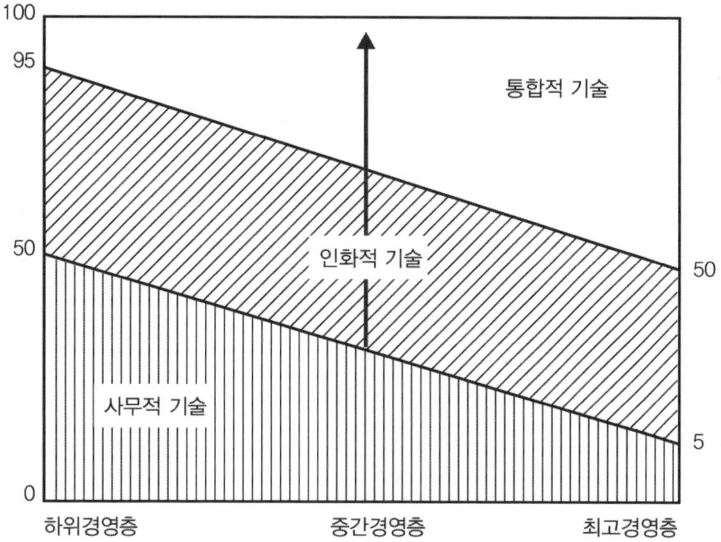

셋째, 통합적 기술은 전체 파악적 기술이라고도 한다. 행정가나 장학담당자에게도 제일 중요한 기술인 동시에 획득하기 어려운 기술이다. 이 기술은 학교를 하나의 조직으로서 각 구성원 간의 상호의존성을 파악하고 교육프로그램을 하나의 수업체제로 보며, 인간 조직 기능을 전체적으로 파악하는 능력을 말한다. 이 통합적 기술의 형성과 발달은 행정이론의 균형적 강조, 조직 및 인간행동에 관한 등에 크게 영향을 받았으며 이는 조직계층상 상위직일수록 더욱 중요한 기술이다.

장학담당자는 3가지 기술을 모두 갖추어야 하는데 낮은 수준의 장학사에게는 사무적 기술이 더 요구되고 높은 수준의 행정가에게는 통합적 기술이 더 요구되며 인간적 기술은 모든 수준에서 고루 필요하다고 할 수 있다.

2 장학행정체제

장학의 유형은 학자들에 따라 다양하게 분류하고 있으나 장학행위의 주체에 따라 중앙장학(교육부), 지방장학(교육청), 교내장학(단위학교) 등으로 구분할 수 있다. 중앙장학은 교육부에서의 장학의 방향설정을, 지방장학은 시·도 및 지역교육청에서 이루어지는 구체적 장학 계획과 활동을, 교내장학은 단위학교에서 주체가 되어서 실시하는 장학 활동을 말한다. 지방 장학은 중간 수준에서 다시 학교를 대상으로 종합장학, 확인장학, 개별장학, 요청장학, 특별장학 등의 활동을 한다. 교내장학은 장학의 다양한 영역으로 분류할 수 있다. 특히 최근에 교내자율장학화를 추구하면서 교육청이나 외부의 간섭 없이 학교 내에서 자율적으로 장학이 이루어질 것을 요구하고 있다.

본 절에서는 장학 수준별 업무 및 방법을 설명하고자 한다.

가. 중앙장학

중앙장학은 중앙교육기관인 교육부 내에서 이루어지는 모든 장학활동을 말한다. 이는 교육활동의 전반적인 기획, 조사, 연구, 지도, 감독을 통해 중앙의 교육행정 업무를 보좌하는 참모활동을 주축으로 하고 있다. 교육부의 장학행정은 주로 초·중등 교육실을 중심으로 이루어지고 있으며 지방 교육행정국의 일부 과에서도 장학 관련 업무를 수행하고 있다. 담당 업무는 다음과 같다.

표 8-4 교육부 초·중등교육실의 장학업무

담당직	장학업무	보임직
초등장학관	• 초등학교의 교육정책에 관한 종합계획 수립 • 의무교육정책의 수립 • 초등학교 교육제도의 개선 • 초등학교 장학기획 및 교육과정 운영에 관한 사항 • 초등학교의 학사행정에 관한 사항 • 교실수업방식의 혁신계획 수립	장학관

담당직	장학업무	보임직
초등장학관	• 재능교육, 통일교육, 도의교육, 민주시민교육, 인성교육, 경제교육, 환경교육 및 교통안전 등에 관한 사항 • 기타 초등교육 및 의무교육에 관한 사항	
중등장학관	• 중·고등학교의 교육정책에 관한 종합계획 수립 • 중·고등학교 교육제도에 관한 사항 • 중·고등학교의 장학기획 및 교육과정 운영에 관한 사항 • 중·고등학교의 학사행정에 관한 사항 • 중·고등학교의 학력경시대회에 관한 사항 • 학교생활기록부에 관한 사항 • 불법과외 예방 • 지도에 관한 사항 • 특수목적 고등학교에 관한 사항 • 학생생활지도에 관한 종합계획의 수립 • 학교폭력 추방대책 수립 • 학생참여 행사의 지도 • 학생수련 기관의 운영지원 • 학생진로지도 및 취업정보에 관한 사항 • 기타 중·고등학교의 교육에 관한 사항	장학관
교육과정 심의관	초·중·고등학교의 교육과정, 교육평가, 편수 관리 업무 1. 교육과정 담당관 • 초·중·고등학교의 교육과정 개선 • 교과서개발 기본계획의 수립 • 초·중·고등학교의 교육과정 연구학교 운영지원 • 교과용 도서 검정 기준에 관한 사항 2. 교육평가 담당관 • 초·중·고등학교 학생의 학업성취도 평가에 관한 기본 계획의 수립 • 초·중·고등학교 학교 평가에 관한 사항 • 한국교육개발원의 운영 지원 • 교육과정 평가 운영에 관한 사항 • 교육연구기관의 운영 지원 • 기타 교육평가에 관한 사항 3. 편수관리담당관 • 교과용도서의 가격사정·발행·공급 및 활용 관리에 관한 사항 • 교과용도서 및 학습 참고서에 관련된 단체의 지도 • 국사편찬 위원회의 운영지원 • 기타 편수 관리에 관한 사항	장학관 부이사관·서기관

담당직	장학업무	보임직
교육정책 심의관	교원의 임용·양성·연수 및 복지 정책 1. 교원정책담당관 • 교원 정책에 관한 기본 계획 수립 • 고등학교 이하의 국·공·사립학교 교원의 임용 및 자격제도에 관한 사항 • 시·도교육청 소속 교원의 정원 관리 • 교육공무원 명예퇴직제도의 운영에 관한 사항 • 교원단체의 설립·해산 및 운영 지원 2. 교원양성 담당관 • 교원수급 계획의 수립 시행 • 교원 양성 및 연수 제도의 개선 • 교육대학·교육대학원 및 사범대학(대학의 교육과 포함) 학과의 설치·폐지 및 학생정원에 관한 사항 • 한국교원대학교에 관한 사항 • 교직과정 및 교직학과의 설치·폐지 및 운영 지원 • 교원자격의 검정에 관한 사항 • 교원의 연수에 관한 종합계획의 수립 • 교원연수기관의 설치·폐지 및 운영지원 • 교원자격의 검정에 관한 사항 • 교원연수에 관한 종합계획 수립 • 교원연수기관의 설치·폐지 및 운영 지원 • 교원의 상급 자격증 취득을 위한 무시험 검증 • 교육행정연수 관련 기관의 운영 지원 3. 교원복지담당관 • 교육공무원의 복지후생에 관한 종합계획의 수립 • 교육공무원의 보수제도에 관한 사항 • 교원지위향상을 위한 정책의 개발 연구 • 교원의 업무량 조정 계획의 수립 시행 • 대한 교원공제회·사립학교 교원연금 관리공단의 운영 지원 • 기타 교원의 복지 후생에 관한 사항	부이사관·서기관
유아교육 담당관	• 유아교육진흥 기본계획의 수립 • 유아교육 장학기획 및 교육과정 운영에 관한 사항 • 유아교육을 위한 자료의 개발·보급에 관한 사항 • 시범유치원의 운영에 관한 사항 • 기타 유아교육에 관한 사항	장학관

담당직	장학업무	보임직
특수교육 담당관	• 특수교육진흥 기본 계획의 수립 • 특수교육 장학기획에 관한 사항 • 각급 특수학교 및 특수학급의 운영지도 • 장애종별·학교급별 교육과정 편성기준의 설정 지원 • 특수학교 교원연수 및 학습지도의 지원 • 특수교육용 시설·설비의 확충·지원 • 특수학교 직업 교육 및 치료교육에 관한 사항 • 국립 특수교육원의 운영지원 • 기타 특수교육에 관한 사항	장학관

자료: 윤정일 외(1999). 교육행정학 원론. 학지사.

표 8-5 교육부 지방행정국의 장학업무

담당직	장학업무	보임직
지방교육 지원과장	• 지방교육자치에 관한 제도의 연구·개발 • 지방교육행정기관의 운영지원 • 고등학교 이하 각급 학교(유치원 및 특수학교를 제외한다)와 이에 준하는 각급 학교의 학생수용계획 관리 및 운영지도 • 제3호의 규정에 의한 학교를 설치·운영하는 학교법인 등의 운영지원 • 시·도 교육청소속 지방공무원의 인사제도 • 시·도교육청소속(교원이 아닌 교육공무원에 한한다)의 정원 및 인사관리 • 고등학교 평준화 계획의 수립 및 추진 • 고입·고졸 검정고시 업무 지원 • 기타 국내 다른 과의 주관에 속하지 아니하는 사항	부이사관·서기관
과학기술 과장	• 과학기술교육의 진흥계획 수립·조정 • 기초과학 교육정책의 수립·지원 • 과학기술 인력 양성에 관한 기본 계획의 수립·지원 • 과학기술교육 및 실험실습 실시의 지원 • 과학교육기금의 조성 및 운용 • 과학교육 관련단체의 육성·지원 • 과학교육심의회의 운영 지원 • 기타 과학교육에 관한 사항	서기관·장학관

담당직	장학업무	보임직
학교보건 체육과장	• 학교 보건에 관한 종합계획의 수립 • 학교환경 위생 정화구역의 관리에 관한 사항 • 학교보건 담당 직원의 연수에 관한 사항 • 학교급식에 관한 계획 수립 및 지원 • 학교체육의 육성·지원 • 학생 체육활동 및 학생 체력검사에 관한 사항 • 학교체육시설의 운영 지원 • 기타 학교보건 및 학교체육에 관한 사항	부이사관· 보건부이사관· 서기관· 보건이사관

자료: 윤정일 외(1999). 교육행정학 원론. 학지사.

나. 지방장학

지방장학은 지방교육행정기관인 시·도교육청과 지역교육청에서 이루어지는 장학행정을 말한다. 이는 교육활동을 위한 장학지도, 교원인사관리, 학생의 생활지도, 교육기관의 감독을 통해 지방의 교육행정 업무를 관할하는 행정활동으로 규정할 수 있다.

1) 지방장학행정 업무

지방장학행정은 주로 시·도교육청의 초등교육국과 중등교육국, 그리고 시·군·구 교육청의 학무국 또는 학무과를 중심으로 이루어지지만 인접 부서에서도 그 고유업무와 관련되어 장학활동을 수행하고 있다. 지방장학업무는 상기 부서와 인접 부서의 장학관, 교육연구관, 장학사, 교육연구사들이 담당하고 있는데, 지방장학이 본산인 초등교육국과 중등교육국의 업무를 살펴보면 <표 8-6>과 같다.

2) 단위학교에 대한 지방장학 방법

지방장학은 실제 종합장학, 확인장학, 개별장학, 특별장학 등의 방법을 통해 시행된다. 종합장학은 국가 시책, 교육청 시책을 비롯하여 중점업무 추진상황, 교수-학습지도, 생활지도 등 학교운영 전반에 관해 종합적으로 지도·조언하는 장학활동이다. 확인장학은 종합장학의 결과 시정할 점과 계획상으로 시간이 소요되는 사항의 이행여부를 확인·점검하는 절차이며 기타 학교운영의 애로를 발견하여 지도하는 활동이다. 개별장학은 각급 학교에 따라 학교현장의 현안문제를 중심으로 확인하고 지도조언하는 활동이며 요청장학은 개별학교의 요청에 의하여 해당 분야의 전문장학담당자를 파견하여 지도조언에 임하는 장학활동이다. 특별장학은 현안문제해결을 위해 필요하다고 판단되는 경우 실시되는 장학의 형태로 학교담당장학사를 포함한 현안문제에 전문적 식견을 갖춘 장학요원으로 구성하여 현안문제가 해결될 때까지 그 학교에서 장학활동을 수행한다.

표 8-6 시·도 교육청의 장학 업무

담당직	장학업무	보임직
초등 교육 국장	1. 초등장학과 • 교육과정의 운영지도 • 장학지도·학예행사 및 학생의 교외 생활지도 • 시청각교육·공작 및 학급문고 관리의 지도 • 유치원 및 특수교육의 지도·감독 • 기타 의무교육에 관한 사항	장학관
	2. 초등교직과 • 유치원·초등학교 및 특수학교 교원의 자격, 인사, 교육, 후생복지 및 기타 학사에 관한 사항	장학관
	3. 학교보건과(부산, 대구, 경기, 충남, 전남·북, 경남·북) • 학교보건 및 학교급식에 관한 계획의 수립 및 지도 • 학교보건 교육의 지도 및 보건 요원의 연수 • 학교환경 위생정화구역의 관리 및 지도 • 학생 및 교직원 신체 검사의 관리 • 양호교사의 인사관리	지방보건 서기관
중등 교육 국장	1. 중등장학과 • 교육과정의 유영지도 • 장학지도·학예행사 및 학생의 교외생활지도 • 시청각교육에 관한 사항 • 장학생선발·장학금 관리 및 국외유학에 관한 사항 • 대학수학능력시험의 관리 • 기타중등교육에 관한 사항	장학관

담당직	장학업무	보임직
중등 교육 국장	2. 중등교직과 중등학교 교원의 자격·인사·교육·후생복지 및 기타 학사에 관한 사항	장학관
	3. 과학기술과 • 과학 및 산업교육에 관한 교육과정 운영의 지도·감독 • 과학 및 산업교육에 관한 학사 및 장학지도 • 과학 및 실업계학교의 장학금 관리 • 산학협동 및 현장실습과 졸업생 취업지도 • 기타 과학 및 산업교육에 관한 사항	장학관
	4. 사회교육체육과 • 공민학교와 고등공민학교 지도·감독 • 사회교육시설과 학원운영 지도·감독 • 소속 도서관에 관한 지원 및 육성 • 육영·교화를 목적으로 하는 법인 설립·해산 및 그 운영의 지도·감독 • 사회단체 및 청소년 단체에 대한 지도·감독 • 체육교육에 관한 교육과정 운영지도 • 체육교과에 관한 학사·장학지도 및 체육학교 운영의 지도·감독 • 학교체육·시민체육 및 체육행사에 관한 사항 • 인천, 광주, 대전, 강원, 충북, 제주 교육청은 다음 업무 추가 –학교보건 및 학교급식에 관한 계획의 수립 및 지도 –학교보건교육의 지도 및 보건요원의 연수 –학교환경 위생 정화 구역의 관리 및 지도 –학생 및 교직원 신체검사의 관리 –양호교사의 인사관리	사무관 (부산은 서기관)· 장학관

* 서울특별시의 경우, 사회교육체육국을 별도로 설치하여 산하에 사회교육과·학교체육과 및 학교보건과를 두고 있음. 국장은 장학관 또는 지방 부이사관으로, 사회교육과장은 서기관으로, 학교체육과장은 장학관으로, 학교보건과장은 지방서기관 또는 지방 보건 서기관으로 보함.

(1) 지구자율장학

지구자율장학이란 지구별 장학협력회 간사학교가 중심이 되어 지구 내 학교 간·교원 간의 협의를 통해 독창성 있는 사업을 자율적으로 선정, 운영함으로써 교원의 자질과 교육의 질적 향상을 도모하고 학교 간, 교원 간 유대를 강화하고 수업공개를 통한 학교 특색의 일반화와 교수–학습방법을 개선하고자 하는 장학활동을 말한다. 지구자율장학은 한 교육청 내에서 약 10개 정도의 학교를 지구로 편성한다. 이는 지구 내에서 학교나 교사들에 의해 자율적으로 이루어지는 장학을 의미한다. 지구자율장학의 구체적인 내용은 다음과 같다.

- 학교 간 방문장학
- 지구별 자율장학반 편성(반장: 교장, 반원: 교감과 주임교사)
- 교육활동의 상호참관과 정보교환
- 순회교사제 운영
- 자율학습, 보충수업, 학사일정 등 현안 문제 협의
- 교육연구활동
- 교수－학습 방법 및 평가의 개선 연구와 보급
- 연구발표회 및 합동 강연회
- 생활지도 활동(학생 선도)
- 교외생활 지도반 운영을 통한 학생 선도
- 유관기관 및 지역사회와의 협조체제 구축

(2) 요청장학

일선학교나 교사가 장학의 필요성을 느껴 장학사를 초청함으로써 이루어지는 것으로 장학의 내용이나 방법의 분류가 아니고 장학이 이루어지는 원인과 형식에 의한 분류이다. 여기에서 기관수준과 개인수준이 있다. 이러한 요청장학은 장학의 이상형으로 교사주도, 학교주도의 성격을 갖는다. 요청장학이 성공하기 위해서는 장학담당자의 질을 높여야 한다. 요청장학은 학교에 필요에 의한 장학을 할 수 있으며, 필요한 교과와 필요한 영역의 장학전문가로 장학반을 구성하여 사전준비를 철저히 해서 질 높은 장학을 할 수 있다.

(3) 담임장학과 종합장학

지역교육청이나 시·도교육청에서 학교를 대상으로 하는 장학의 주된 방법 2가지는 담임장학과 종합장학이고 주안점 및 조직운영을 비교하면 다음 <표 8－7>과 같다.

표 8-7 담임장학과 종합장학의 비교

	담임장학	종합장학
주안점	1. 창의적이고 자율적인 학교교육계획 수립·추진 지원 2. 교내 자율장학 활동 조장 3. 교육시책의 효율적 구현 방안 협의 4. 학교현안 문제의 해결 지원	1. 교육개혁 과제의 학교현장 정착 2. 서울 교육시책의 효율적 구현 3. 공정한 학업성취 평가·관리 4. 교수학습 방법의 개선
조직 및 운영	1. 학교별로 담당장학사 배정 2. 분기 1회 이상('93~'96년: 월 1회 정도) 방문 장학 3. 수시 개별 방문, 전화, 문서로 협의 4. 담당학교 교감, 관련 부장회의를 통한 공동 협의, 지원	1. 장학반 구성·운영 - 반장: 1명(장학관), 장학요원: 2~3명(장학사) - 고등학교는 현장 장학위원 3~4명 동참 2. 학교별 2년 주기로 실시(교육청 실정에 따라 매년 1회 실시 가능) 3. 필요시 현장교원, 교육행정직, 외부 교육전문가를 장학요원으로 위촉
운영의 실제	1. 학교별 담임장학 협의록 누가 기록 2. 학교 및 지구자율장학 활동 참여, 지원 3. 새로운 교육정보와 우수·특색 사례 제공 4. 우수 사례발굴, 부진 사항 협의 조언 5. 관련 부서의 협조 하에 건의 사항 및 현안 과제 해결 지원	1. 1일 1교 원칙으로 하되 필요한 경우 연장 실시 2. 장학주제 및 방법을 학교와 협의 조정 3. 분야·주제별로 장학요원 1인과 관련 교원으로 소규모 협의체 구성·협의 4. 토론과 협의를 통해 교육개혁 및 교육시책에 관한 공감대 형성 5. 스스로 효율적인 추진 방안을 찾아 학교가 변화되도록 유도·지원 6. 특색 및 우수 사례 발굴, 일반화하고 우수교원 격려, 포상 7. 학교의 애로 및 건의 사항은 관련 부서와 협의, 해결되도록 지원

다. 교내장학

교내장학은 학교에서의 교육활동을 성공적으로 수행할 수 있도록 교사를 지도하고 교사에게 조언을 하는 장학활동이다. 이는 교사의 수업활동을 개선시킴으로써 교육의 질을 향상시키기 위해 학교 내의 장학 담당자가 교사들을 이끌고 도와주는 지도 조언활동으로 규정할 수 있다. 교내장학은 주로 교장, 교감, 주임

교사에 의해 이루어지며 경우에 따라서는 교육청의 장학사에 의해 이루어지기도 한다. 장학과 관련된 교장, 교감, 주임교사의 업무를 열거하면 <표 8-8>과 같다.

표 8-8 학교 내의 장학업무

직위	장학업무
교장	• 교내장학활동의 총괄 • 학교교육 기획 • 교수-학습의 향상을 위한 환경 및 분위기 조성 • 현직교육에 의한 교수-학습활동의 개선 • 교수·학습계획을 위시한 학교 전반의 경영계획 평가 • 인사, 시설, 재정, 사무의 총괄적 관리 • 국가시책 및 장학방침의 현장 구현 • 자원인사의 활용 및 지역사회와의 관계유지
교감	• 장학활동을 위한 교장 보좌 • 교사들의 교수활동 지도·조언 • 교무업무의 총괄·조정
주임교사	• 교장·교감의 보좌 • 협의 및 지도·조언 • 교수-학습활동 개선을 위한 건의 및 조정 • 위임사무의 수행 • 교수학습활동의 개선

자료: 정태범(1996). 장학론. 교육과학사.

최근 교내장학은 기존의 장학지도 위주에서 학교 내 학교장 중심의 자율적인 장학체제로 정착되어 가고 있다. 교내 자율장학이란 학교가 주체적으로 계획하에서 교사의 교수기술 향상과 전문적 성장을 위하여 학교 자체로 또는 교육청과의 협동적 노력으로 학교수준에서 실시하는 장학이다.

3 수업장학

가. 수업장학의 개념

수업장학이란 학생들이 학습기회를 향상시키기 위하여 교사의 교수행위에 직접적으로 영향을 주는 학교 내에서의 제반 지도활동을 말한다.

Wiles와 Lovells는 체제모형을 이용하여 수업장학의 개념을 [그림 8−2]와 같이 설명하고 있다. 학교조직의 핵심적 요소는 학생의 행동과 교사들의 교수행동이다. 학생행동은 학습활동을 조장하며, 교수행동은 교사들에 의해 이루어진다. 따라서 학생과 교사의 상호작용에 의하여 이루어지는 교수−학습활동은 학교 및 그 사회의 교육목표로 지향한다. 이러한 교수−학습과정은 수업장학의 행동이다.[21]

수업장학 행동의 기능으로 ① 목표전개 ② 프로그램 개발 ③ 직접적 교사지원 ④ 인사고과 ⑤ 현직교육 ⑥ 교육성과 평가 등을 제시하고 있다. 수업장학 행동은 교수−학습활동 중에서도 교수활동을 직접적으로 지원한다. 이와 같은 지원을 통해 궁극적으로는 학생의 학습활동을 잘 할 수 있도록 ① 기획하고 ② 실천하고 ③ 기술하고 ④ 분석하고 ⑤ 일반화한다. 이러한 일련의 활동은 학급 내에서도 이루어진다. 수업장학은 교육감, 장학사, 교장, 교사에 의하여 실천되기 때문에 이들은 수업장학 담당자가 된다.

한편 Harris는 [그림 8−3]과 같이 학교운영의 주요 기능으로 장학기능, 교수기능, 관리기능, 학생을 위한 특별봉사 기능 등 4가지를 제시하면서 장학은 수업과 직접적 관련이 있으며 관리기능의 도움을 받아 교수 기능을 지원해 주는 것으로 설명한다. 학생을 가르치는 일, 즉 교수기능을 지원해 주고 촉진시켜 주는 것이 바로 장학 기능이다 라는 의미로 수업장학을 설명하고 있다.

21 Wiles & Lovell(1983). Supervision for Better School, 5th Ed. Englewood Cliffs, N.J.: Pretice - Hall Inc.. pp.6 - 8.

그림 8-2 수업장학 개념 모형

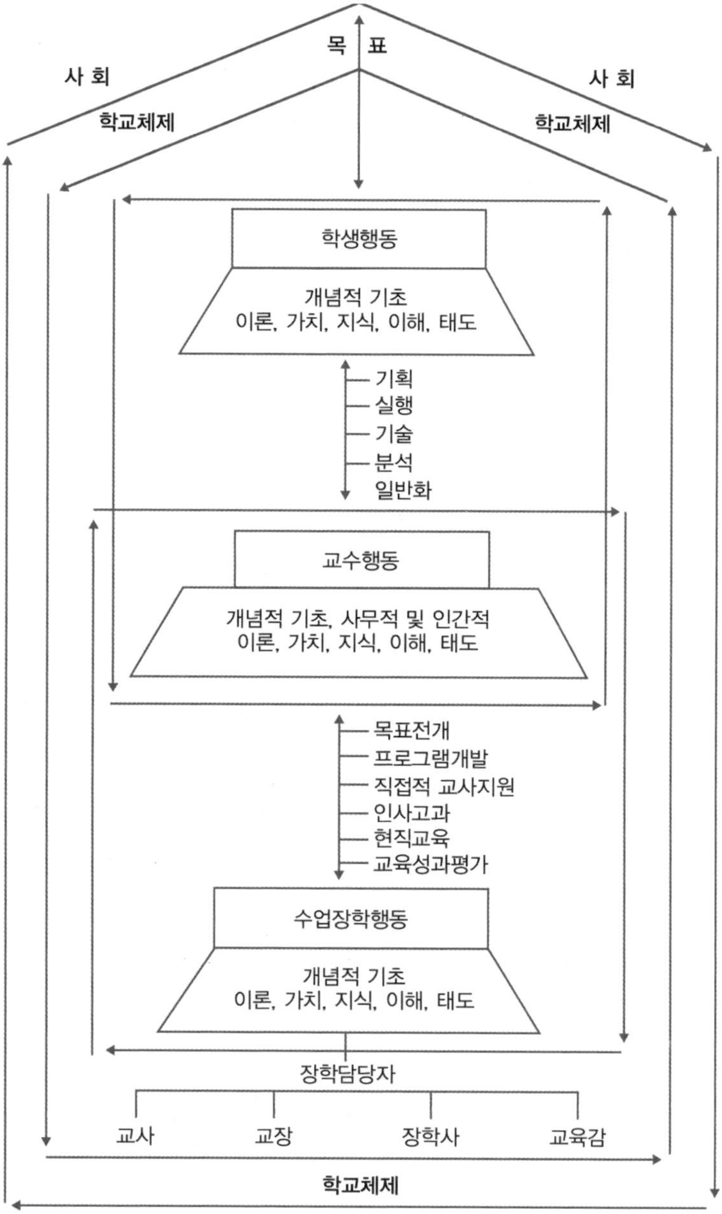

그림 8-3 학교운영의 주요기능으로서의 장학 기능

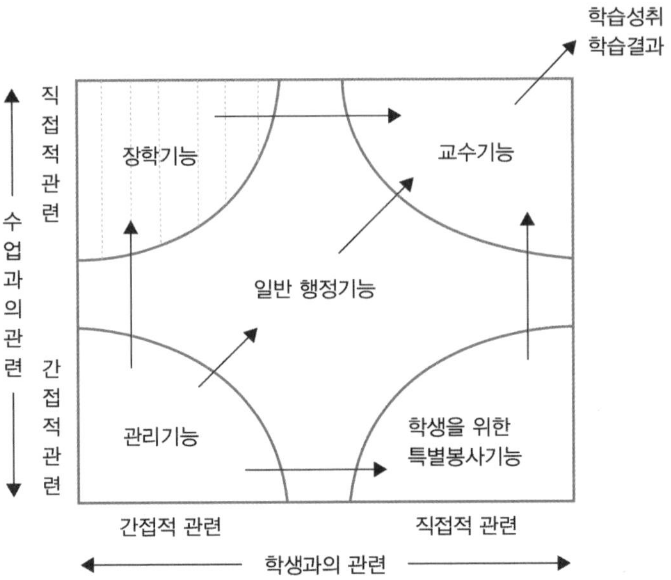

나. 수업장학의 기법

1) 임상장학

임상장학은 미국 하버드대학이 개발한 직전교육프로그램에서 임상장학(clinical supervision)이라는 용어가 사용되기 시작한 이후 임상장학은 현직교사의 수업기술 향상을 위한 교사의 전문적 성장과 교실수업의 개선에 근본적인 목적을 둔 장학의 중요한 방법으로 발전되어 오고 있다.

대체로 임상이라는 용어는 교실 내에서 교사의 실제 수업행동에 초점을 두는 것과 교사와 장학담당자 간의 대면적 관계가 중요함을 의미하고 교사의 수업행동에 대한 자세한 관찰, 관찰결과 얻어진 세밀한 자료, 교사와 장학담당자 간의 대면적 상호작용, 그리고 교사와 장학담당자를 친밀하고 전문적 관계로 결속하는데 강조점을 두는 것이 임상이라는 용어가 함축하는 내용이다.

임상장학의 과정을 다음과 같은 단계로 나누어 설명하고 있다.

표 8-9 임상장학의 과정

Cogan	Reavis와 Goldhammer	Acheson과 Gall
1. 교사와 장학담당자와의 관계 수립 2. 교사와 협의를 통한 수업계획 작성 3. 수업 관찰 전략과 수립	1. 관찰 전 협의회	1. 계획협의회
4. 수업 관찰	2. 수업 관찰	2. 수업 관찰
5. 교수-학습과정의 분석 6. 교사와의 협의회 전략수립 7. 교사와의 협의회 8. 새로운 계획의 수립	3. 분석과 전략 4. 장학협의회 5. 장학협의회 분석	3. 피드백 협의회

이윤식은 계획 수립, 수업 관찰, 환류 협의의 단계로 요약하여 다음 모형을 제시하고 있다.

그림 8-4 임상장학의 모형

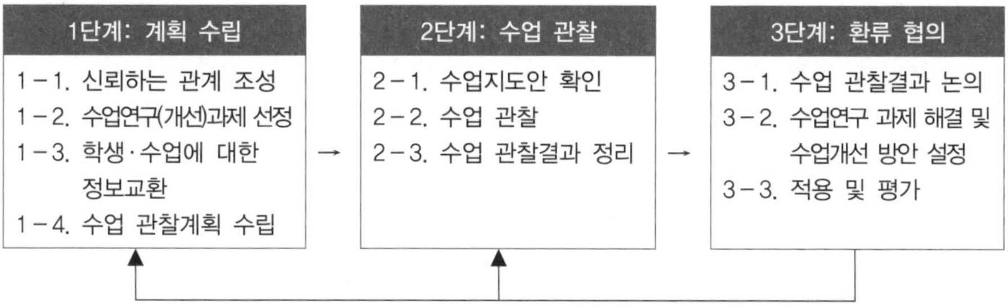

한편 임상장학보다 규모가 작으나 유사하게 운영될 수 있는 장학으로 마이크로티칭을 들 수 있다. 이것은 1963년 미국 스텐포드대학의 Allen 교수에 의해 소개된 것으로 교생이 실제로 학급에서 사용될 기법들을 5~10분의 축소된 수업장면에서 실습할 수 있도록 한 것이다. 마이크로란 실제 수업상황을 교실의 크기, 대상 학생수, 학습분량, 수업시간 면에서 축소시킨 수업체제이다. 초임교사나 교육실습생에게 있어 수업기술을 향상시키는 중요한 수단임을 알 수 있다. 마이크로티칭은 준비 단계, 강의 단계, 수업 단계, 평가 단계, 재실시 단계, 재평가 단계 등의 과정에 따라 실시된다.[22]

22 강영삼(1997). 장학론. 세영사. pp.146-150.

(1) 준비 단계

첫째, 수업을 녹화하고 또 모니터를 통해 검토할 수 있는 공간, 즉 교실이나 세미나실이나 스튜디오가 준비되어야 한다.

둘째, 녹화할 수 있는 TV카메라를 포함한 비디오 시스템이 준비되어야 한다. 셋째, 마이크로티칭 실습조를 편성하고, 넷째 비디오 시스템과 카메라를 조작하는 기술을 익힌다.

다섯째, 교수안·평가표·관찰록 등을 준비하고 마지막으로 오리엔테이션을 통해 심리적 준비를 끝낸다.

(2) 강의 단계

지도교수는 수업기술에 관한 강의를 하여야 한다. 여기서 제시되는 강의 기술은 수업 때 발휘될 수 있어야 한다.

(3) 수업 단계

편성된 조별로 각자 수업을 실시하고, 수업을 관찰하고, 수업을 카메라에 녹화하는 역할을 교대로 실시하여야 한다.

(4) 평가 단계

녹화된 조별 수업 장면을 화면을 통해 관찰하면서 서로 평가하여 부족한 점을 지적한다.

(5) 재실시 단계

평가회에서 지적된 점을 염두에 두고 수정하는 수업을 다시 하게 된다. 이때 처음 수업에서 지적된 수업기술을 충분히 교정해야 한다.

(6) 재평가 단계

마지막 단계에서는 재수업의 결과를 녹화된 필름을 통해 관찰하면서 수업기술의 부족함을 토론하게 된다.

2) 동료장학

동료장학은 수업의 개선을 위해 교사들이 서로 협조하는 장학의 형태이다. 이는 교사들 간의 서로의 경험을 공유함으로써 교수능력의 향상을 도모할 수 있을 뿐만 아니라 협동적 인간관계의 수립을 통해 동료 간의 유대와 공동성취감 등을 향상시킬 수 있다는 점에서 최근 그 중요성이 부각되고 있다. 동료교사들은 대상교사 및 대상학생들의 장단점을 잘 알고 실제적 경험을 바탕으로 지도 조언할 수 있다는 점에서 그 효과를 배가시킬 수 있는 있다는 장점을 가능성을 가지고 있다.

동료장학의 모형은 다음과 같다.

그림 8-5 동료장학의 모형

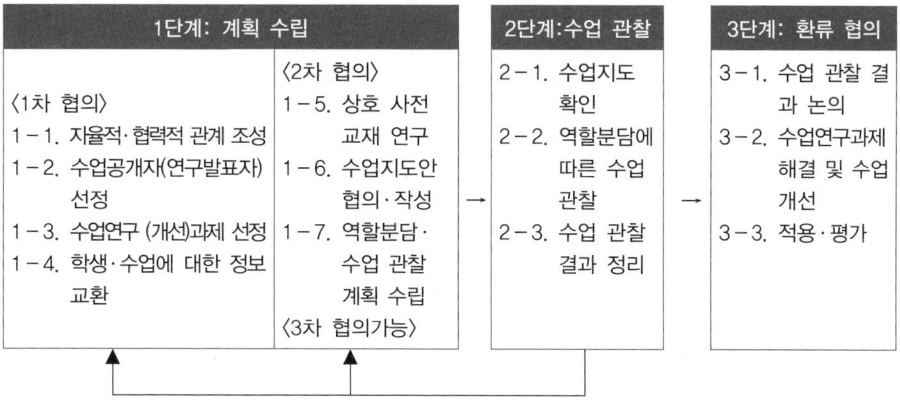

자료: 이윤식(1999). 장학론. 교육과학사.

3) 약식장학

약식장학은 단위학교의 교장이나 교감이 간헐적으로 짧은 시간동안 학급순시나 수업참관을 통하여 교사들의 수업 및 학급경영활동을 관찰하고 이에 대해 교사들에게 지도조언을 제공하는 과정을 말한다. 약식장학은 단위학교에서 일상적으로 빈번하게 수행되기 때문에 일상장학이라고 부른다.

약식장학의 모형은 다음과 같다.

그림 8-6 약식장학의 모형

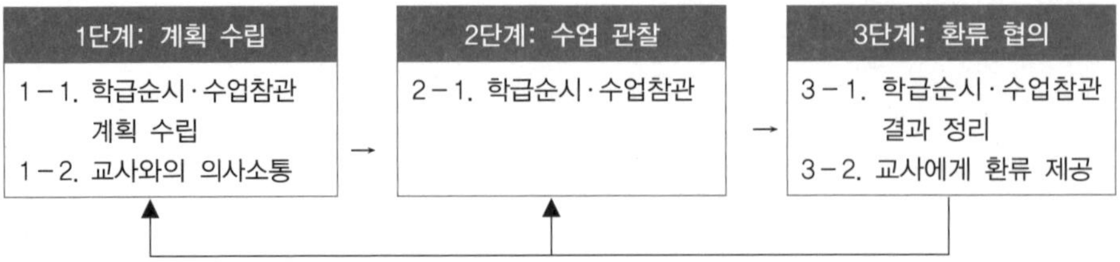

자료: 이윤식(1999). 장학론. 교육과학사.

4) 자기장학

자기장학은 외부의 강요나 지도에 의해서가 아니라 교사 스스로가 자신의 전문성 신장을 위해 스스로 계획을 수립하고 실천해 나가는 것을 말한다. 자신의 수업녹화 비디오테이프, 학생들의 교수평가, 전문서적이나 컴퓨터의 정보, 대학원과정이나 워크숍 참여, 관련된 전문인사의 자문과 조언 등을 선별적으로 활용할 수 있을 것이다. 자기장학의 모형은 다음과 같다.

그림 8-7 자기장학의 모형

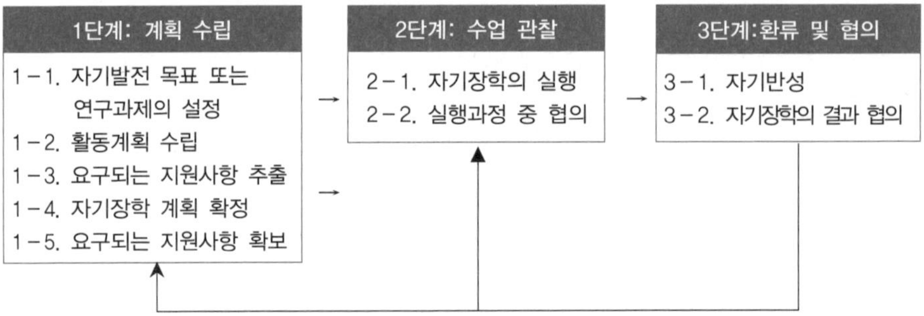

자료: 이윤식(1999). 장학론. 교육과학사.

다. 장학의 유형

1) 선택적 장학

선택적 장학은 기본 형태인 임상장학, 약식장학, 자기장학, 동료장학 중에서 교사의 선택과 수준에 맞게 적절한 장학방법을 이용하게 하는 방법이다. 장학의 궁극적 목적은 교사의 교수행위에 영향을 주고, 교육과정을 개발·수정·보완하여 교육자료와 학습환경의 개선으로 학생의 학습성취를 촉진하여 수업개선을 가져오기 위한 것이므로 장학의 수혜자인 교사들의 요구와 특성에 맞게 장학의 형태와 방법이 개별화되어야 한다. 이러한 목적으로 교사들의 요구와 특성에 맞는 장학을 선택할 수 있는 방법이 선택적 장학인 것이다.

임상장학은 교사들의 전문적 성장을 촉진하기 위한 체계적이고 계획적인 장학프로그램, 동료장학은 소수의 교사들이 모임을 이루어 그들의 전문성 향상을 위하여 공동적으로 노력하는 과정, 자기장학은 각 교사가 자신의 전문성 신장을 위하여 스스로 체계적인 계획을 세워 이를 실천해 나가는 과정, 약식장학은 행정가가 간헐적으로 교사들의 교수활동을 관찰하고 그에 대해 교사들에게 피드백을 제공하는 비공식적 과정을 의미한다. 이용가능한 선택적 장학체제는 다음 <표 8-10>과 같이 요약될 수 있다.

표 8-10 선택적 장학체제

기본 형태	개념	주 장학담당자	형태
임상 장학	교사들의 수업기술 향상을 위한 개별적 체계적 과정	전문가	• 수업연구 • 마이크로티칭
동료 장학	동료교사들 간에 그들의 교육활동의 개선을 위하여 공동으로 노력하는 과정	동료교사	• 동학년, 동교과, 동부서 협의회 • 동료 간 수업 연구 • 동료 간 상호작용
자기 장학	교사 개인이 자신의 전문적 발달을 위하여 스스로 체계적인 계획을 세우고 이를 실천하는 과정	교사 개인	• 자기수업 반성 • 1인 1과제 연구 • 대학원수강 • 문헌연구 • 전문가와 상담 • 방문, 견학
약식 장학	교장, 교감이 간헐적으로 짧은 시간 동안의 수업참관을 통하여 교사들의 수업 및 학급경영 활동을 관찰하고 이에 대해 교사들에게 지도 조언을 제공하는 과정	교장, 교감	• 학교순시 • 수업참관

표 8-11 선택적 장학의 대상선정

선택적 장학의 대안	비율(%)	대상 교사(희망에 따르지만 적절한 대상 선정)
임상장학	10	초임교사(생존기) (첫 3년 계속, 그 후 3년마다) 경력교사(갱신기) 3년마다
동료장학	20	높은 동료 의식을 가지고 있는 경험과 능력 있는 교사(정착기)
자기장학	10	혼자 일하기를 좋아하는 경험 있고 유능한 교사(성숙기)
약식장학	60	모든 교사 또는 1, 2, 3을 택하지 않는 교사(모든 단계의 교사)

그림 8-8 선택적 장학의 대상선정 사이클

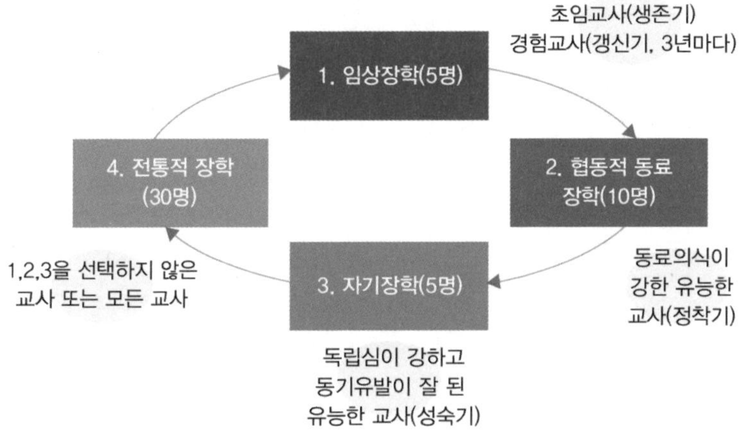

주심환은 한 학교 내에서의 선택적 장학의 대상선정은 <표 8-11>과 같이, 그 순서는 [그림 8-8]과 같이 적용할 수 있다고 제시하고 있다.[23]

2) 발달장학: 교사발달 단계별 효과적 장학 이론

Glickman(1981)은 교사의 발전정도에 맞게 장학방법에 적절히 한다는 발달장학(developmental supervision)을 제시하였다. 그는 교사의 발달 단계를 교사의 추상적 사고능력과 헌신도에 기초하여 4가지로 구분하였다. 그리고 교사발달 정도에 따라 교사 탈락자는 지시적 접근, 분망한 행동가나 분석적 관찰자는 상호

23 김영식·주삼환(1990). 장학론. 한국방송통신대학. pp.145 - 146.

협동적 접근, 전문가는 비지시적 접근 등이 효과적이라고 주장하고 있다.[24]

그림 8-9 Glickman의 교사유형 분류 모형

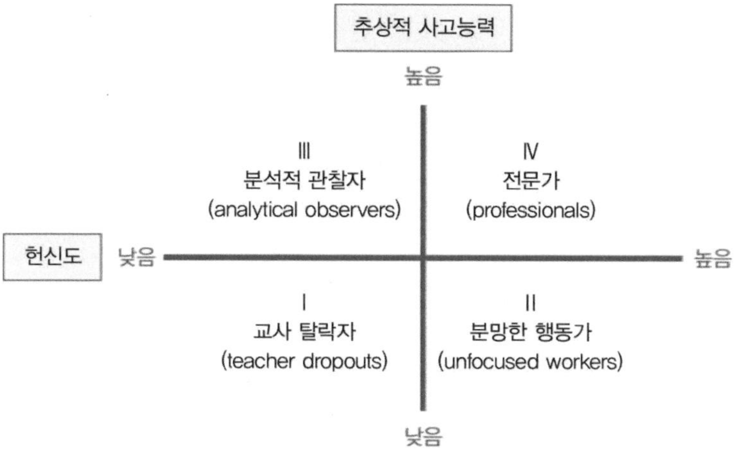

자료: Carl D. Glickman(1981). Developmental supervision. Alexandria, VA: ASCD.

그림 8-10 교사 유형의 변화에 따른 장학담당자의 행동 특성

장학행동	보강 표준화	시범 절충	문제해결 제시	격려 명료화 경청
장학지도의 책임	교사 – 적음 장학담당자 – 많음			교사 – 많음 장학담당자 – 적음
장학지도의 특징변화	지시적 →	상호협력적 →	비지시적 →	
교사 유형	교사 탈락자	분석적 관찰자	분망한 행동가	전문가
교시의 특징	낮은 추상적 능력 낮은 헌신도	높은 추상적 능력 낮은 헌신도	낮은 추상적 능력 높은 헌신도	높은 추상적 능력 높은 헌신도

자료: Carl D. Glickman(1981). Developmental supervision. Alexandria, VA: ASCD.

24 이윤식(1999). 장학론. 교육과학사. pp.56-57.

Burden은 교사발달 단계를 3단계로 나누어 단계별로 효과적 장학지도를 다음과 같이 제시하였다.

표 8-12 교사발달 단계별 효과적 장학지도[25]

구분	생존 단계 (1차 연도)	조정 단계 (2, 3, 4차 연도)	성숙 단계 (5차 연도 이후)
장학지도의 특징	지시적	상호협동적	비지시적
장학담당자의 행동	제시, 지시, 시범, 표준화, 보강	제시, 명료화, 경청, 문제해결, 절충	경청, 격려, 명료화, 제시, 문제 해결
장학지도의 기본방법	장학담당자가 표준을 제시함	장학담당자와 교사 간의 상호협의	교사가 자기평가를 함
장학지도에 있어 장학담당자의 책임	많다	보통이다	적다
장학지도에 있어서 교사의 책임	적다	보통이다	많다

자료: Paul R. Burden(1983). Implications of teacher career development: New roles for teachers, administrators, and professor. Action in teacher Education. 4(4).

3) 과학적 장학

과학적 장학의 주창자들의 주장은 과학적 연구에 의해서 지지된 것으로, 이 과학적 장학은 교사의 행위에 초점을 둔 임상장학이며 Hunter에 의해 개발된 교수모형은 다음과 같다.

① **진단:** 일반목표를 확인하고 그 목표와 관련된 학생들의 현재의 성취도를 평가한다.
② **구체적 목표:** 진단에 근거하여 당일 수업의 구체적 목표를 설정한다.
③ **예상:** 주의를 집중하고, 선행학습 상태를 검토하며, 학습에 대한 준비성을 개발한다.

25 이윤식. 상게서. p.246.

④ **목표인지**: 학생을 위한 학습목표를 명료화하고 그 목표의 중요성을 설명하며 그 목표와 선행학습을 관련지어 준다.

⑤ **학습기회**: 학습자가 학습목표를 달성하는 데 도움이 되는 학습기회를 선택한다.

⑥ **모형제시**: 학습되어야 할 목표의 언어적 예와 시각적 예의 양 측면을 제공해준다.

⑦ **이해도 확인**: 학생들이 성공적으로 수행하는지를 확인하면서 학생들의 학습을 지도한다.

⑧ **교사의 지도활동**: 학생들 스스로 새로운 기술을 연습할 수 있는 기회를 학생들에게 제공한다.

⑨ **학생의 개인적 활동**: 학생들 스스로 새로운 기술을 연습할 수 있는 기회를 학생들에게 제공해 준다.

과학적 장학의 교수모형이 호응을 얻는 이유는 교사 중심의 모형이기 때문에, 연구에 기반을 둔 것이기 때문에, 과학적 모형의 단순성 때문이다. 비판을 받는 이유는 ① 과학적 모형을 지시하는 수업연구가 교사들에게 충분한 주의와 관심을 얻지 못하고 있다. ② 지시적 수업을 지지하는 연구가 설득력을 갖지 못하고 있다. ③ 하나의 교수모형만을 제공하고 있다는 점 등이다.

4) 책임장학

책임장학은 교사가 무엇을 하느냐에 관심을 갖는 것이 아니라 학생이 무엇을 배우느냐에 관심을 갖는다. McNeil이 말하고 있는 것처럼 "책임적 접근을 사용하는 장학사는 주어진 학습에서 어떤 학습목표를 강조할 것인가"를 교사가 결정하도록 도와줌으로써 장학을 시작한다.

특징은 다음과 같다.

① 장학사와 교사는 학습을 어떻게 평가할 것인가에 대하여 계획협의회에서 합의 결정한다. 그런 다음 장학사가 교실을 방문할 때 장학사는 주로 학생이 의도한 목적을 달성하였는지 알아보기 위한 관찰을 한다.

② 교수방법의 문제는 학생의 성취도와 관련시켜 고려한다. 만일 특정 방법이 학생집단으로 하여금 담당교사와 함께 학습하도록 도와주는 것처럼 보인다면 싫증이나 교과목에 대한 부정적 태도와 같은 바람직하지 못한 부작용이 없는 한 그 교수 방법은 칭찬 받을 수 없는한 그 교수방법은 칭찬 받을 만한 방법이 되는 것이다.

5) 예술적 장학

Einer는 예술적 장학이란 교실 안에서 일어나는 중요한 미묘한 장면들을 감상하는 하나의 방법으로써 장학사의 지식과 예민성, 지각에 의존하는 장학의 한 접근, 또는 학교에서 진행되고 관찰할 것을 결정하는 교사나 다른 사람들에게 전달하고자 하는 표현적이고, 시적이며 흔히 은유적 언어의 가능성을 이용하는 장학의 한 접근이라고 하였다.

그 특징으로는 다음과 같다.

① 예술적 장학은 Eisner가 개발한 장학적 접근으로, Eisner는 장학사를 교수수행의 전반적인 질적 성격과 특징적 성격 양면을 감상하려고 하는 일종의 교수감식가로 보고 있다. 그리고 장학사는 수업에서 지각한 것을 '교육비평'이란 언어로 보고한다.

② 예술적 장학은 여러 가지 다른 형태의 장학을 대체하는 것으로 생각되기보다는 과학적 장학과 책임장학의 접근을 보완해주는 것이라고 할 수 있다. 이 예술적 장학의 주요 가치는 Sergiovanni가 지적한 것처럼 지식에 이르는 이론적-규범적 통로를 제공하는 데 있다.

라. 수업 관찰과 분석

1) 수업 분석의 목적

수업 관찰과 분석은 교사들의 보다 나은 수업활동을 전개하기 위해 과학적 방법을 동원하여 수업에 관한 자료를 수집하고 이 자료를 분석하여 신뢰할 수 있는 보다 나은 수업방법의 전개에 기여하고자 하는 데 그 의의가 있다.

수업의 참관, 관찰, 분석은 장학활동의 본질이며 장학의 핵심은 수업방법의 개선이다. 수업 분석의 목적은 첫째, 교사의 교수행위 변화를 위하여 계획적, 공식적으로 지도하고 도와주고 둘째, 교사와 학생 사이에서 상호작용하는 교육과정을 잘 마련하도록 도와주며, 셋째, 교육자료와 학습환경을 개선하도록 하는 데 있다. 즉 수업 분석의 목적은 한마디로 수업방법을 개선하여 학생들의 학습효과를 극대화하는 데 있다.

2) 수업 분석 방법

주삼환[26]은 수업 분석의 방법은 계량적 방법과 질적 방법으로 나눌 수 있다고 하였다. 김종서[27]는 수업내용에 중점을 둔 질적분석과 학습방법상의 분석에 중점을 둔 형태적 분석 방법으로 나누고 형태적 분석은 다시 교사와 학생의 언어적 상호작용 분석, 비언어적 상호작용 분석 등으로 세분할 수 있다고 진술하고 있다.

여기서는 주삼환의 수업 분석 분류기준으로 그 구체적인 내용을 고찰하면 다음과 같다.

(1) 계량적 접근 방법

우선 계량적 접근방법에서 사용하는 평정척을 살펴보면 관찰 결과를 평정에 단계를 점수로 표시하는 숫자평정척과 문장으로 표시하는 기술평정척, 이 두가지를 합해서 표시하는 기술도표척을 들 수 있다. 계량적 평정척도의 기법은 Flanders의 언어상호작용 분석법, Exter의 행동관리 분석법 등으로 나눌 수 있다.

① **언어상호작용 분석법:** 교사와 학생 간의 언어상호작용을 분석하여 수업내용을 분석하는 기법으로 이를 개요하면 <표 8－13>과 같다.

---

26 주삼환 외(1998). 수업 관찰과 분석. 원미사. p.13.
27 김종서·김영찬(1983). 수업형태 분석. 교육과학사. p.12.

표 8-13 언어상호작용 분석표

교사의 말	반응	1. 감정의 수용: 학생의 감정을 수용하는 것 2. 칭찬이나 격려: 학생의 행동을 칭찬하거나 격려함 3. 학생의 생각을 수용하거나 사용하기: 학생들의 의견이나 생각을 제시하게 함. 4. 질문하기: 학생들에게 교사가 질문하기
	주도	5. 강의: 학습내용에 대한 강의, 교사 생각 제시하기 6. 지시: 학생에 대한 지시, 지휘, 명령하기 7. 비평 또는 권위의 정당화 하기: 학생들의 행동의 의도적 꾸중, 교사 행위에 대한 진술
학생의 말	반응	8. 학생의 언어적 반응: 교사에 대한 학생의 언어적 반응, 학생의 진술 요구함
	주도	9. 학생의 언어적 주도: 학생이 주도적으로 발표함
침묵		10. 침묵 또는 혼란: 관찰자가 의사소통을 이해할 수 없는 잠깐 동안의 혼란이나 침묵

(2) Exter의 행동관리 분석표

영국의 Exter 대학교에서 초등학교를 대상으로 교사가 학생들의 행동을 어떻게 관리하는가를 관찰한 분석표로서 이는 두 부분으로 이루어져 있다. 첫 번째는 학생들의 일탈행동과 교사의 반응, 두 번째는 학생 개인에 대한 연구로서 학생들이 교사에 대해 어떻게 생각하고 있고, 실제로 학생들의 일탈행동을 했는가를 파악하는 것이다. 이를 개요하면 다음 <표 8-14>와 같다.

표 8-14 Exter의 행동관리분석표

구분	반응내용	행동의 구체적 내용	
학생의 일탈 행동과 교사의 반응	학생의 일탈행동	• 잡담 또는 소곤거림 • 학습자료의 부적절한 사용 • 허락 없이 물건을 가져가는 것 • 교사에 대한 반항적 태도	• 불필요한 움직임 • 학습자료나 도구 파손 • 이동 거부 • 다른 학생에 대한 물리적 공격
	교사의 반응	• 중단하라는 지시 • 질책 • 학생들의 학습활동에의 참여 • 칭찬이나 격려	• 학생 지명 • 근접성 • 유머
학생 개인에 대한 연구	학생 개인의 행동을 20초 동안 관찰하여 학생의 수업참여수준이 어떤지를 저·중·고 등으로 구분하여 기록함.		

(3) 질적 접근방법

질적 접근방법은 중요한 사태접근법, 비언어적 접근법, 일화기록법 등이 있다. 이를 개요하면 다음과 같다.

표 8-15 질적 접근방법 비교

구분	관찰내용
중요한 사태파악접근법	• 수업사태를 주된 것 • 수업 중에 발생한 사태 • 그 결과는 무엇인가? • 참여자(교사, 학생)들과의 면담
비언어적 접근	• 자세 • 제스처 • 얼굴 표정
일화기록법	• 수업 중에 일어나는 사건을 노트에 간단하게 기록하는 방법

수업을 분석할 때는 다음과 같은 점에 유의해야 한다.

① 수업 분석은 사전에 철저하게 계획하고 합리적으로 이루어져야 한다.
② 객관적이고 사실적인 태도로 관찰하고 분석해야 한다.
③ 수업 관찰자가 수업분위기에 영향을 주어서는 안 된다.
④ 관찰자는 냉정한 자세로 관찰해야 하며 수업자나 학습자의 입장이 되어 수업상황에 몰입해서는 안 된다.
⑤ 정확한 분석을 위해서 가급적 다수가 역할 분담을 통해서 관찰해야 한다.

| **토론문제** |

1. 효율적인 수업장학의 유형을 들고 바람직인 방법을 토의해 봅시다.
2. 바람직한 장학담당자의 역할을 제시해 보시오.

CHAPTER

09

수업컨설팅

1. 수업장학과 수업컨설팅은 무엇인가?
2. 수업컨설팅의 개념 및 목적은 무엇인가?
3. 수업컨설팅은 어떤 원리로 하는가?
4. 수업컨설팅은 어떤 방법으로 하는가?
5. 수업컨설팅은 어떤 단계로 하는가?
6. 수업컨설팅 자가진단은 어떻게 하는가?

09

CHAPTER

수업컨설팅

학습목표

- 수업컨설팅의 개념, 목적, 원리를 설명할 수 있다.
- 수업컨설팅의 방법 및 단계를 설명할 수 있다.

KEY WORD 수업장학, 수업컨설팅, 수업컨설턴트

1 수업장학과 수업컨설팅은 무엇인가?

수업컨설팅은 교사의 수업 활동에 초점을 맞춘 학교컨설팅(진동섭, 2003)으로서, 수업컨설팅은 수업 능력이 이미 검증된 교사들이 동료 교사들의 수업을 개선하도록 도와주는 것이라 할 수 있다.

기존의 위에서 아래로 상부하달 방식의 수업장학과 달리, 수업컨설팅은 '지도'보다는 '상담'에 중점을 두고 있기 때문에, <표 9-1>과 같이 구분할 수 있다.

표 9-1 수업장학과 수업컨설팅의 차이

수업장학	수업컨설팅
• 교수학습 관련 모든 영역	• 의뢰인이 요청한 수업 관련 영역
• 장학담당자와 장학대상자의 상하관계	• 의뢰인과 수업컨설턴트의 수평적 관계
• 문제진단, 대안수립, 해결과정 지원	• 문제진단, 대안수립, 교육훈련, 해결과정 지원, 자원발굴 및 조직, 네트워킹
• 장학담당자가 사전계획 수립 또는 장학담당자와 장학대상자의 협의를 통한 과업 결정	• 의뢰인과 수업컨설턴트가 협의하여 과업 결정
• 장학담당자의 지위와 역할 중심의 형식적 전문성	• 의뢰인의 문제해결을 도와줄 수 있는 실질적 전문성

2 수업컨설팅의 개념 및 목적은 무엇인가?

수업컨설팅은 컨설턴트가 수업 전문성 기준과 수업 관찰, 면담, 자료 등에 기초하여 문제점을 진단하고 적절한 조언과 처방을 내리는 지원을 함으로써, 수업에 대한 지속적인 정보를 제공하고, 교사의 수업력 개선에 대한 열의와 욕망을 만족시켜 줄 대안을 제시하는 데 의의가 있다. 즉, 수업컨설팅은 교사가 적극적으로 자신이 당면한 어려움이나 문제점을 컨설턴트에게 알리고, 그 문제를 해결하는 데 그 목적이 있다.

특히, 수업컨설팅의 목적을 구체적으로 살펴보면 다음과 같다.

첫째, 수업컨설팅을 통한 교과 수업기술 및 교실수업의 질을 향상시킬 수 있다.

둘째, 교실 수업의 질 향상을 통하여 학생들의 학력 신장을 도모할 수 있다.

셋째, 창의·인성 교수·학습 방법 및 전략을 통한 창의적 인재를 육성할 수 있다.

넷째, 교과별·주제별·학년별 교수·학습전략 지원을 통한 교사의 수업 전문성을 신장할 수 있다.

다섯째, 시범수업 공개, 수업컨설팅을 통한 우수 수업을 확산시킬 수 있다.

여섯째, 교사들의 수업 개선 의지를 고취시킬 수 있다.

한편, 수업컨설팅을 실시할 경우에는 다음과 같은 점을 고려해야 한다. 먼저, 수업에 요구되는 지식과 전략, 경험은 교실 상황에 따라 달라지므로 새로운 방법 모색이 필요하다. 또한, 최신의 수업 이론과 수업 기법에 대한 연구와 훈련이 필요하다. 이 외에도 학습 동기 유발과 학습 부진아 지도 방법 연구가 지속적으로 이루어져야 하고 교수 학습자료의 제작과 교단 선진화 기자재 활용 방법에 대한 연수가 요구된다.

3 수업컨설팅은 어떤 원리로 하는가?

수업컨설팅의 원리는 자발성, 전문성, 독립성, 자문성, 한시성, 학습성 등으로 구분할 수 있다(<표 9-2> 참조).

표 9-2 수업컨설팅의 원리

구분	특징
자발성	• 의뢰인의 자발적 요청에 의해 수업컨설팅 시작
전문성	• 수업 관련 전문적 지식과 교과 내용 및 방법 전문성을 구비한 수업컨설턴트 보유
독립성	• 의뢰인과 컨설턴트는 상하관계가 아닌 컨설턴트의 전문성에 기초하여 객관적으로 지도 및 조언
자문성	• 의뢰인 과제를 대신 해결하는 것이 아니라, 스스로 해결할 수 있도록 자문 및 조언
한시성	• 컨설팅 기간을 정한 후 과제 해결에 대한 컨설턴트의 책무성과 의뢰인의 노력 극대화 추구
학습성	• 의뢰인이 컨설팅 과정에서 학습한 후 차후에 의뢰인 컨설턴트로서 활동

4 수업컨설팅은 어떤 방법으로 하는가?

가. 개인 단위(1:1)

개인 단위로 수업컨설팅을 신청하는 단계는 <표 9−3>과 같이 정리할 수 있다.

표 9−3 개인 단위 신청 수업컨설팅 방법

단계	순서	내용
준비	수업컨설팅 신청	■ 컨설팅 개인 신청자(교사)가 컨설턴트 인력풀에서 팩스, 전화, e−mail 등을 통해 개별 신청
준비	수업 컨설팅 방향설정	■ 교사 개인이 당면한 문제나 해결할 과제에 필요한 자료 수집 및 분석하기 ■ 자료 분석 후 향후 수업컨설팅 방향 설정하기
실행	수업컨설팅 실시	■ 컨설턴트와 컨설팅 신청자의 사전 협의를 통한 해결 방안 모색 ■ 과제 중심의 수업 전·중·후 단계별 수업컨설팅 실시 ■ 컨설팅 결과 분석 및 환류: 필요시 추가 컨설팅 실시
성찰	컨설팅 결과 보고	■ 컨설팅 결과 보고서 작성 및 제출
성찰	피드백	■ 컨설팅 종료 및 환류(추가 컨설팅 실시) ■ 우수 사례 일반화

나. 팀 단위(1:팀)

팀 단위(1:팀)로 수업컨설팅을 신청하는 단계는 <표 9−4>와 같이 정리할 수 있다.

표 9−4 팀 단위(1:팀) 신청 수업컨설팅 단계

단계	순서	내용
준비	수업컨설팅 신청	▪ 교과별·주제별·학년별 팀을 구성하여 컨설팅 신청자(팀)가 컨설턴트 인력풀에서 팩스, 전화, e−mail 등을 통해 개별 신청
준비	수업 컨설팅 방향설정	▪ 수업컨설팅 신청팀이 당면한 문제나 해결할 과제에 필요한 자료 수집 및 분석하기 ▪ 자료 분석 후 향후 수업컨설팅 방향 설정하기
실행	수업컨설팅 실시	▪ 컨설턴트와 컨설팅 신청자의 사전 협의를 통한 해결 방안 모색 ▪ 동교과·동주제·동학년 수업 전·중·후 단계별 수업컨설팅 실시 ▪ 컨설팅 결과 분석 및 환류: 필요시 추가 컨설팅 실시
성찰	컨설팅 결과 보고	▪ 컨설팅 결과 보고서 작성 및 제출
성찰	피드백	▪ 컨설팅 종료 및 환류(추가 컨설팅 실시) ▪ 우수 사례 일반화

다. 팀 단위(팀:팀)

팀 단위(팀:팀)로 수업컨설팅을 신청하는 단계는 <표 9−5>와 같이 정리할 수 있다.

표 9−5 팀 단위(팀:팀) 신청 수업컨설팅 단계

	순서	내용
준비	수업 컨설팅 신청	■ 학교컨설팅 장학 요청서 서식에 의거 전자문서로 신청 −과제에 따른 컨설턴트 일정 배수 선택(순위 지정) 신청 ■ 교과별·주제별·학년별 팀을 구성하여 컨설팅 신청자(팀)가 컨설턴트 팀 구성 요청
준비	수업 컨설턴트 연결 및 방향설정	■ 담당 장학사가 과제에 적합한 컨설턴트 팀(2~5명) 선정 ■ 담당 장학사가 컨설팅 신청팀에게 수락 알림 ■ 수업컨설팅 신청 팀이 당면한 문제나 해결할 과제에 필요한 자료 수집 및 분석하기
실행	수업 컨설팅 실시	■ 컨설턴트와 컨설팅 신청자의 사전 협의를 통한 해결 방안 모색(담당 장학사 협조) ■ 동교과·동주제·동학년 수업 전·중·후 단계별 수업컨설팅 실시 ■ 컨설팅 결과 분석 및 환류: 필요시 추가 컨설팅 실시
성찰	컨설팅 결과 보고	■ 컨설팅 결과 보고서 작성 및 제출
성찰	피드백	■ 컨설팅 종료 및 환류(추가 컨설팅 실시) ■ 우수 사례 일반화

라. 학교 단위

학교 단위로 수업컨설팅을 신청하는 단계는 <표 9−6>과 같이 정리할 수 있다.

표 9−6 학교 단위 신청 수업컨설팅 단계

단계	순서	내용
준비	수업컨설팅 신청	▪ 학교컨설팅 장학 요청서 서식에 의거 전자문서로 신청 • 과제에 따른 컨설턴트 일정 배수 선택(순위 지정) 신청 ▪ 연구학교·시범학교 등 학교 단위로 팀을 구성하여 수업컨설팅 신청
준비	수업 컨설턴트 연결 및 방향설정	▪ 담당 장학사가 과제에 적합한 컨설턴트 1명 또는 팀(2−5명) 선정 ▪ 담당 장학사가 컨설팅 신청 학교에게 수락 알림 ▪ 수업컨설팅 신청 학교가 당면한 문제나 해결할 과제에 필요한 자료 수집 및 분석하기
실행	수업컨설팅 실시	▪ 컨설턴트와 컨설팅 신청자의 사전 협의를 통한 해결 방안 모색(담당 장학사 협조) ▪ 연구학교·시범학교 공개 전·중·후 단계별 수업컨설팅 실시 ▪ 컨설팅 결과 분석 및 환류: 필요시 추가 컨설팅 실시
성찰	컨설팅 결과 보고	▪ 컨설팅 결과 보고서 작성 및 제출
성찰	피드백	▪ 컨설팅 종료 및 환류(추가 컨설팅 실시) ▪ 우수 사례 일반화

5 수업컨설팅은 어떤 단계로 하는가?

가. 준비 단계

1) 수업컨설팅 장학 신청

① 수업컨설팅 장학 요청서 서식(개인단위 요청서)을 작성함
② e-mail로 컨설턴트 인력풀에서 컨설턴트에게 수업컨설팅을 개별 요청함
➜ B교사는 수업컨설팅을 컨설턴트 인력풀에서 개별 신청하기로 했다.
➜ 학교의 일정과 B교사의 개인 일정을 고려하여 컨설팅 장학 요청서를 작성하였다.
➜ e-mail로 컨설팅 영역 및 항목 체크리스트와 수업컨설팅 장학 요청서를 발송하였다.

수업컨설팅 신청서(예시)

학교명	대구○○초등학교			교장명	김○○	교감명	박○○
학급수	23	교원수	30	학생수	600	전화번호	
신청일자	1순위: 2011년 4월 ○ 일 수요일 14:00 2순위: 2011년 4월 ◇ 일 금요일 15:00						
주제 영역	국어 문학 수업지도안 작성과 수업방법(국어)						
주제	국어 문학 수업지도안 작성과 수업방법 -국어 교수·학습안 작성 방법-교사의 국어 수업 능력 향상						
주제 설정의 이유	-수업 공개에 대한 부담감 해소, 수업 공개에 대한 자신감 회복 필요 -세안 작성의 어려움, 수업에 대한 정보 공유의 어려움 -문학수업에 적합한 수업모형 설정, 교수·학습안 작성, 수업방법 모색 필요						
주제 관련 현황	-수업하기 위해 작성한 교수·학습안 -학급문고와 학급 독서 실태						
컨설팅 주제별 참여 교원수	교과(영역)		참여 교원수		교과(영역)		참여 교원수
	국어(문학)		1				
컨설팅 요구 횟수	3 회	업 무 담당자	○○○	담당자 연락처	■ 학교☎ : ■ H.P :		
요청 컨설턴트	교과(영역)		1순위		2순위		3순위
	국어(문학)		이◇◇		신◇◇		김◇◇
	독서교육		박◇◇		이◇◇		·

위와 같이 컨설팅장학을 신청합니다.

2011. ○. ○.

대구○○초등학교장

2) 수업컨설턴트 연결

① 요청받은 수업 컨설턴트가 수업컨설팅 요청을 접수함
② 요청받은 컨설턴트가 신청한 교사에게 수업컨설팅 수락을 알림
③ 신청 교사가 학교에 수업컨설팅 신청 결과를 알림
④ 신청 교사가 컨설팅이 필요한 영역과 부분에 대한 자료 수집 및 분석
⑤ 컨설턴트는 의뢰 내용에 대해 신청 교사와 구체적으로 의논함
⑥ 컨설팅 방문일자 확정

- ➜ 컨설턴트는 e-mail로 접수된 수업컨설팅 요청을 받았다.
- ➜ 컨설턴트는 수업컨설팅 요청서를 확인하고 수업컨설팅 요청을 수락하였다.
- ➜ B교사는 컨설팅 수락을 연락받고 학교에 컨설팅 요청 결과를 알렸다.
- ➜ 컨설턴트가 신청 교사와 컨설팅 의뢰 내용에 대하여 구체적으로 의논하였다.
- ➜ 컨설턴트가 신청 교사에게 e-mail로 과제 중심의 수업 전·중·후 협의를 위한 방문일자와 준비할 자료를 확정하여 알려주었다.

나. 실행 단계

1) 수업컨설팅 실시

① 컨설턴트와 신청 교사의 사전 협의
② 수업 전·중·후 단계별 수업컨설팅 실시
③ 컨설팅 결과 분석 및 환류

- ➜ 컨설턴트는 e-mail로 제공 받은 자료를 바탕으로 신청 교사의 당면 문제점과 컨설팅 요청 주제를 파악하였다. 컨설턴트는 신청 교사와의 1:1 면대면 컨설팅으로 조금 더 구체적인 내용을 확인하고 간단한 사전 협의를 가졌다.
- ➜ 컨설턴트는 수업컨설팅을 위해 학교에 방문을 하고 신청 교사의 의견을 듣고 최종적으로 교수·학습안 작성과 관련하여 지원과 조언을 해 주었다.
- ➜ 컨설팅 결과, 교수·학습안을 작성할 때는 교육과정에 제시된 교과 교육목적 이해, 수업모형의 선택, 단원의 개관, 학생 실태 등 학급과 학생의 실태를 고려하여 수업을 하는 교사의 관점에서 재구성하기로 하였다.

2) 수업컨설팅 관점

① 교수·학습과정안에 대한 분석 관점
→ 구체적인 수업목표가 진술되어야 한다.
→ 학습자의 흥미와 능력을 고려해야 한다.
→ 수업전개의 요령과 유의사항을 명시해야 한다.
→ 전시간의 수업과 관련성을 가져야 한다.
→ 학습자의 출발점 행동을 조사하여 명시하여야 한다.
→ 수업의 계열을 논리적으로 조정해야 한다.
→ 수업 내용에 대한 수업활동 모형을 선택해야 한다.
→ 학습자의 개인차와 흥미를 고려하여야 한다.
→ 효율적인 발문을 구상하여야 한다.
→ 학습내용을 요약 정리하는 판서계획이 마련되어야 한다.
→ 수업내용에 대한 평가계획이 있어야 한다.

② 효과적인 수업을 위한 교수 기법
→ 교사의 발문: 발문방법, 발문유형
→ 학습단계와 학년성에 맞는 발문, 효과적인 응답처리 요령 등
→ 판서(학습내용 정리): 판서의 원리, 유형 및 시기, 판서 내용, 판서 방법
→ 교수-학습매체 활용: 매체의 기능과 의의, 매체 선정기준
→ 과제제시(차시예고): 제시방법 및 유형, 활용방법 및 해결방안 등

다. 성찰 단계

1) 수업컨설팅 결과 보고

① 컨설팅 결과 보고서 작성(신청교사 및 컨설턴트)
② 컨설팅 결과 보고서를 연구부장과 담당장학사에게 제출
→ B교사가 수업컨설팅을 실시한 결과를 보고서 양식에 맞추어 작성했다.
→ B교사는 수업컨설팅 결과 보고서를 연구부장에게 제출했다.
→ 컨설턴트가 수업컨설팅을 실시한 결과를 보고서 양식에 맞추어 작성했다.
→ 컨설턴트가 전자문서로 수업컨설팅 결과 보고서를 담당 장학사에게 발송했다.

수업컨설팅 보고서(예시)

<table>
<tr><th>학교컨설팅
장학영역</th><th colspan="5">수업컨설팅</th></tr>
<tr><td>의뢰인유형</td><td colspan="5">개인 단위, 팀 단위(1:팀), 팀 단위(팀:팀), 학교 단위</td></tr>
<tr><td>주제</td><td colspan="5">국어 문학 수업지도안 작성과 수업방법
-국어 교수·학습안 작성 방법-교사의 국어 수업 능력 향상</td></tr>
<tr><td>일시</td><td>○월 ○일 14:00</td><td>장소</td><td>대구○○초등학교</td><td>장학
형태</td><td>수업컨설팅</td></tr>
<tr><td rowspan="2">참석자</td><td>컨설턴트</td><td colspan="4">김◇◇</td></tr>
<tr><td>학교참석자</td><td colspan="4">이○○</td></tr>
<tr><td>컨설팅
장학
내용</td><td colspan="5">1. 국어 교수·학습안 작성 방법
-현재: 단원의 개관은 교사용 지도서에 있는 내용을 그대로 옮기는 경우가 많고 학습과제 분석과 학생 실태 분석이 형식적으로 이루어짐
-문제점: 세안 작성 방법과 고려해야 할 점을 어려워함
-컨설팅 장학 내용: 국어과 세안에 꼭 들어가야 할 내용을 정확하게 인지하고 지도안을 작성하여 나만의 세안 작성 방법을 터득함
2. 국어 수업 능력 향상 방법
• 현재: 수업 공개에 대한 부담이 크고 교실 문을 닫고 혼자 수업함
• 문제점: ① 수업 공개 경험이 부족하고 자신감이 부족함
② 수업 활동의 영역별 평가 척도를 모름
-컨설팅 장학 내용: 교수·학습안 작성과 수업기술 및 학생 학습훈련 방법에 대한 수업컨설팅을 3회에 걸쳐 지속적으로 실시함</td></tr>
<tr><td>협의결과</td><td colspan="5">□ 국어 교수·학습안 작성 시 교육과정에 제시된 교과 교육목적 이해, 수업모형의 선택, 단원의 개관, 학생 실태 등 학급과 학생의 실태를 고려하여 수업을 하는 교사의 관점에서 재구성하기로 함
□ 수업기술 및 학생 학습훈련방법과 신청교사의 수업 분석으로 수업기술이 향상됨</td></tr>
</table>

2) 수업컨설팅 피드백

① 컨설팅 종료 및 환류
② 수업컨설팅 우수사례 제출

➜ 수업컨설팅이 종료되었다. B교사는 컨설턴트와 3번의 수업컨설팅을 통하여 국어 교수·학습안 작성과 수업 기술 익히기로 국어 수업능력이 향상되었다.

➜ 수업 개선에 대한 열망이 있고 교실문을 자발적으로 개방한다 하더라도 동료 교사들로부터 의미 있는 조언을 듣기가 쉽지 않다고들 말한다. 수업컨설팅을 통하여 수업에 대한 진지한 고민과 대화가 이루어지고 컨설턴트로부터 적절한 조언을 들을 수 있었다. 수업컨설팅은 교사의 고민과 문제를 해결해주어 수업 전문성을 향상시켜 주고 교실 수업에 소통하는 문화가 정착되어 가도록 도움을 주었음을 우수사례로 작성하여 제출하였다.

6 수업컨설팅 자가진단은 어떻게 하는가?

수업컨설팅을 의뢰한 신청자가 자기 평가 후, 컨설팅 희망 항목을 표시하여 컨설턴트에게 제출할 수 있다(<표 9-7> 참조).

표 9-7 수업컨설팅 체크리스트

영역	항목	컨설팅 체크리스트	컨설팅 희망 여부 (○, ×)
수업 설계	교육과정에 대한 분석	• 국가수준 교과 교육과정 목표와 연관성이 있는가?	
	수업목표와 학습내용의 일치	• 수업목표가 명확하게 제시되고 학습내용과 일관성이 있는가?	
	학습자의 특성 고려	• 학생들의 발달단계, 학습능력, 흥미를 고려하여 적절히 재구성하였는가?	
	수업모형 적용의 적절성	• 수업목표달성에 적합한 교수·학습모형을 채택하였는가?	
	단계별 시간배정의 적절성	• 수업내용 및 방법을 고려한 시간 배정이 적절하여 40분에 다 할 수 있는 내용인가?	

영역	항목	컨설팅 체크리스트	컨설팅 희망 여부 (○, ×)
수업 실행	수업목표의 명확성, 도달 여부	• 수업목표가 분명하고 성취 결과와 일치하는가?	
	학습주제에 맞는 교수 학습자료 활용	• 학습주제에 맞는 최적의 학습자료를 적시에 적절하게 사용하는가?	
	교사의 발문과 태도	• 중요한 교과 내용을 강조하고 요점을 제시하며 학생들의 사고력을 촉진하는 발문인가?	
	교사의 시선처리, 용어사용, 동선	• 시선처리가 안정되고 용어 사용이 적절하며 학생들의 학습을 점검하고 학습부진아를 배려하는 동선인가?	
수업 실행	교사와 학생, 학생과 학생의 상호작용	• 언어적 비언어적 의사소통 기술이 조화롭게 활용되어 상호작용이 활발한가?	
	학생들의 수업참여도, 흥미도	• 학생들의 성실한 수업 참여, 수업에의 자신감이 있는가?	
	학생 능력과 수준에 맞는 평가도구 활용	• 학습성취에 대한 합리적 기준을 설정하고 수업내용과 평가내용이 일관성이 있는가?	
	평가결과 활용과 환류의 적절성	• 학습자 능력 수준을 고려하고 구체적이며 명확한 피드백이 즉각적으로 이루어지는가?	
수업 평가	시범수업	• 시범 수업을 통하여 수업을 평가할 자료를 얻을 것인가?	
	일상수업	• 일상 수업을 통하여 수업을 평가할 자료를 얻을 것인가?	
	수업녹화테이프	• 수업녹화테이프를 통하여 수업을 평가할 자료를 얻을 것인가?	
	학생의 학업성취도 분석	• 학생의 학업성취도를 분석하여 수업을 평가할 자료를 얻을 것인가?	
	교사 포트폴리오 분석	• 교사의 포트폴리오를 분석하여 수업을 평가할 자료를 얻을 것인가?	

| 토론문제 |

- 수업컨설팅이 오늘날 현장에 있는 초등교사에게 주는 시사점을 설명하시오.
- 각자에게 맞는 수업컨설팅을 절차에 맞게 신청하는 방법을 설명하시오.

CHAPTER

10

수업 관찰 및 분석

10
CHAPTER
수업 관찰 및 분석

학습목표
- 수업 관찰의 방법 및 과정에 대해 설명할 수 있다.
- Flanders의 언어적 상호작용 분석과 질의응답 분석 방법에 대해 설명할 수 있다.

KEY WORD 수업 관찰, 수업 분석

1 수업 관찰

가. 수업 관찰의 개념

학교의 가장 중요한 활동은 수업이다. 좋은 수업을 하기 위해서는 자신의 수업뿐만 아니라, 다른 교사의 수업을 세밀하게 관찰하고 기록함으로써 체계적인 분석 능력을 길러야 한다. 특히, 수업 관찰은 수업에 관해 관찰자의 눈으로 보고 이에 대해 기술, 해석, 비평을 통해 이야기하는 방법이다. 이러한 수업 관찰을 통해서 얻어진 정보나 데이터는 수업자의 수업 개선과 관련하여 제기된 문제점에 대해 구체적인 해결책을 제시하는 데 도움을 제공한다.

한편, 수업 관찰의 주요 내용으로 학생들의 발언, 교사의 발문, 교실의 분위기, 교사의 판서, 교사의 위치 등 <표 10-1>과 같이 정리할 수 있다(천호성, 2008).

표 10-1 수업 관찰의 내용

학자	수업 관찰 내용
시게마츠	• 학생들의 발언, 교사의 발문, 학생들의 동작, 교사의 판서, 교사의 위치와 교실 순회, 교사의 지명, 교실의 분위기, 교실 전체의 움직임
마토바	• 교사의 성격, 학생들의 수와 특징, 지역의 특성 등을 종합화하여 수업의 전체적인 성격 파악
Spradley	• 공간, 행위자, 활동, 행위, 사건, 시간, 목적, 느낌

나. 수업 관찰의 방법

수업 관찰의 방법은 자료 수집 방식의 체계성에 따라 체계적 관찰법과 비체계적 관찰법으로 구분할 수 있고, 관찰자의 위치 또는 이동 여부에 따라 고정식 관찰법과 이동식 관찰법으로 구분할 수 있다. 이러한 수업 관찰 방법을 좀 더 구체적으로 소개하면 <표 10-2>와 같이 요약할 수 있다. <표 10-2> 중에서 교사의 발문과 관련된 수업 관찰 방법은 관찰된 내용을 부분적으로 기록하는 교사의 발문과 학생에 대한 피드백 등이 있고, 교사와 학생의 언어흐름 기록법과 Flanders의 상호작용 분석법인 언어적 상호작용 형태 등이 있다(변영계·김경현, 2005).

표 10-2 수업 관찰의 방법

구분		수업 관찰 내용
관찰된 내용을 서술식으로 기록하는 방법	전체적인 기록	• 교사와 학생의 모든 언어 기록
	부분적인 기록	• 특정한 형태의 언어만 기록 • 교사의 발문, 학생에 대한 피드백, 교사의 지시, 교사의 구조적인 진술
관찰된 사항을 약어나 부호를 사용하여 빈도를 기록하는 방법	학생들의 과업집중도 기록법	• 학생들의 과업 집중 형태 기록
	교사와 학생의 언어흐름 기록법	• 교사와 학생들 간의 언어적 상호작용 형태 기록
	교사와 학생의 이동기록법	• 교사와 학생들의 수업 중 이동양식 기록
	Flanders의 상호작용 분석법	• 교사와 학생들의 언어적 상호작용 형태 기록, 분석

구분		수업 관찰 내용
녹음기와 녹화기를 사용하는 방법	전체 녹음, 녹화	• 전 수업과정 녹음, 녹화
	부분 녹음, 녹화	• 관찰 중점 또는 수업 개선 자료로서 가치 있는 부분 녹음, 녹화
관찰된 사항을 체크리스트를 사용하여 기록하는 방법		• 학교 또는 개인별로 자체 개발한 다양한 체크리스트를 사용하여 수업 관찰 결과 기록

다. 수업 관찰의 과정

수업 관찰의 과정은 크게 수업 관찰을 위한 준비하기, 수업 관찰하기 두 단계로 구분되는데 좀 더 구체적으로 살펴보면 <표 10−3>과 같다.

표 10−3 수업 관찰의 과정

단계		수업 관찰 내용
관찰을 위한 준비하기	수업 관찰 주제 정하기	• 수업 관찰의 초점을 어디에 두어야 할지, 무엇을 핵심적으로 관찰할 것인지 정하는 단계 • 교사의 효과적인 수업 전략, 교사의 효과적인 학습 자료와 매체 사용 전략, 교사의 동기유발 전략, 교사의 적절한 유머, 교사의 학생 통제 방식, 교사의 발문 전략, 학생의 실태 파악 중에서 선택
	주제에 적합한 관찰 대상 정하기	• 주제에 적합한 교사 또는 학급을 선정하는 단계 • 관찰자와 친분이 있는 교사의 수업, 주제와 관련하여 관심이 있는 학급 담임의 수업, 동일 과목이나 교과의 교사에 대한 수업
	관찰 대상 교사와 학생들에게 동의 구하기	• 관찰자는 교사와 학생들에게 수업 관찰에 대한 동의를 구하는 단계
	수업 관찰 날짜와 시간 정하기	• 수업 관찰 날짜와 시간을 사전에 수업을 공개할 교사와 협의하여 선정하는 단계
	관찰 시에 필요한 준비물 확인하기	• 관찰에 필요한 준비물(캠코더, 삼각대, 필기구, 디지털 카메라, 메모지 등)을 준비하는 단계
	수업 지도 계획에 대해 사전 숙지하기	• 관찰할 수업에 관한 수업지도안을 사전에 검토하는 단계

단계		수업 관찰 내용
수업 관찰 하기	수업 관찰하기	• 교사의 발언이 많은 수업과 학생의 발언이 많은 수업을 사전에 예상한 후 녹음기나 녹화기를 설치하는 단계
	관찰 내용 기록하기	• 수업 진행 시간, 교사활동 관련 관찰 내용, 학생활동 관련 관찰 내용, 교사와 학생의 상호작용 등 시간의 흐름을 체크하면서 관찰 기록하는 단계
	교사와 학생의 상호작용에 주의하기	• 교사와 학생의 상호작용이 어떻게 이루어지고 있는지 주의 깊게 파악하는 단계
	수업에 대한 관찰자의 느낌과 조언 기록하기	• 수업 관찰 내용을 기록하면서 관찰자의 느낌과 관찰자가 보는 문제점 또는 개선할 점, 감동적인 점 등을 순간순간 직관적으로 느끼면서 눈, 귀, 마음을 통해 들어오는 것을 기록하는 단계
	학생 활동 지속적으로 관찰 및 기록하기	• 공부 시간뿐만 아니라, 쉬는 시간에도 수업과 관련하여 학생들의 견해, 태도 등을 관찰 기록하는 단계
	쉬는 시간에 학생과 간단한 인터뷰하기	• 학생들에게 수업을 통해 배운 점, 다른 수업과 다른 점, 수업을 통해 느낀 점 등을 인터뷰하는 단계
	수업의 종합 기록 만들기	• 구체적이고 세밀한 수업 분석을 위해 관찰 내용이 첨가되거나 수정되어 체계적이고 세밀한 종합 기록을 작성하는 단계

라. 수업 관찰의 적용

2009년 9월 A고등학교 사회과 수업을 관찰한 결과 중에서 교사의 발문과 관련된 수업 관찰 내용을 보면 <표 10－4>, <표 10－5>와 같다. 교사의 발문과 관련된 수업을 관찰할 경우, 양적 수업 관찰 방법의 결과는 <표 10－4>와 같이 제시할 수 있다.

표 10-4 양적 수업 관찰 결과(발문)

교사의 발문 행동	교사의 발문 평가				
	① 전혀 그렇지 않다	② 비교적 그렇지 않다	③ 보통이다	④ 비교적 그렇다	⑤ 매우 그렇다
1. 수업 시작 시에 교사가 학생 참여를 끌어내는 발문을 했는가?					V
2. 교사가 분명한 말로 발문했는가?				V	
3. 학생이 이해하지 못했는데도 반복 발문을 회피했는가?				V	
4. 교사는 발문 후 적당한 대기시간을 가졌는가?			V		
5. 교사가 많은 발문을 했는가?					V
6. 교사가 모든 학생들에게 답할 기회를 보장했는가?					V
7. 교사가 고도의 인식을 요구하는 발문을 하였는가?					V
8. 교사가 학생의 반응에 적합한 후속 조치를 하였는가?					V
9. 교사의 발문이 학습자들이 수업목표에 도달하는 것을 직접적으로 도왔는가?					V
총점	41				
개선 할 점	교사는 학생의 참여를 유도하고 높은 사고력을 요구하는 발문을 하였지만, 발문 후 학생들이 응답할 대기시간을 가지지 않은 것이 문제점이다.				

특히, 질적 수업 관찰 방법은 한 차시 수업을 집중적으로 관찰할 수 있는 장점이 있다.

표 10-5 질적 수업 관찰 결과(발문)

수업의 도입 부분에서 학습목표와 학습활동 순서를 제시하는 설명이 매우 적절하였고, 전반적으로 교사의 발언이 학생의 발언보다 적었다. 또한, 교사의 목소리가 너무 작아 학생들을 집중시키는 데 매우 어려움이 많았지만, 학생의 다양한 응답을 모두 수용한다는 점에서 매우 긍정적이었다. 수업의 정리 부분에서 학습내용을 요약하여 학생들에게 제시해 줌으로써 학생들이 학습 내용을 정확하게 알 수 있게 하였다. 특히, 수업 중 학생의 응답은 모둠 중심으로 이루어져 모둠별 토론과 협의가 매우 활발하였다.

2 수업 분석

가. 수업 분석의 단계

수업 분석은 수업의 질 개선, 수업목표의 달성정도 파악, 수업효과 탐색, 교육과정 및 교육과정 자료 개선, 교원 인사행정에 필요한 자료 수집, 학생지도, 교육연구 등을 목적으로 한다. 이러한 수업 분석의 과정은 준비 및 설계, 판단 근거 수집, 판단 및 정리, 결과 보고 및 활용 등 네 가지 단계를 거친다(<표 10-6> 참조).

표 10-6 수업 분석의 단계

단계	개념	특징
준비 및 설계	수업 분석을 누가, 어떤 필요에 의해서, 어떤 목적으로 실시하고자 하는가를 확인하는 단계	• 수업을 분석하기 위해서는 먼저 '왜 하는가' 파악 • 수업 분석의 목적 확인 • 수업 분석 시 강조해야 할 점과 초점으로 삼아야 할 점 명료화 • 수업 분석 활동의 설계로 분석자가 어떤 관점 및 분석모형을 선정할 것인가를 고려하는 동시에 어떤 일정에 의거하여 누구를 대상으로 언제, 어떤 도구를 이용하여 누가 분석 자료를 수집할 것인가 고려
판단 근거 수집	구체적으로 수업의 어떤 점을 분석해야 할 것인가를 확인하는 단계	• 수업 분석준거 설정 • 분석준거는 수업활동의 여러 측면과 특성, 그로 인하여 추구하고 성취하고자 하는 목적과 산출 결과 등 의미

단계	개념	특징
판단 근거 수집		• 수업을 통하여 달성하고자 하는 것, 학생들로 하여금 성취하도록 의도하는 것, 수업을 통하여 산출되어야 할 것, 수업활동의 주요 특성, 수업의 주요 기능, 수업의 주요 영역, 범위, 내용 등 수업 분석의 준거
판단 및 정리	수업 분석을 준비하고 설계해서 자료를 수집하고, 실제 수업을 분석한 후 그 결과를 판단하고 정리하는 단계	• 분석에 의한 판단을 해야 하는데 분석준거와 수집된 분석자료, 그리고 분석기준을 분석근거로 삼아 총괄적인 판단 • 분석대상인 수업의 가치를 확인하고 발견하는 일, 전반적인 성취와 달성 면에서의 추세나 패턴을 파악하고 발견하는 일, 기준에 비추어 결과로서의 자료를 비교하는 일
결과 보고 및 활용	분석결과를 분석요구자에 보고하는 단계	• 보고할 시기, 보고방법 및 형태 등을 결정하여 보고 내용을 체계적이고 효율적으로 보고

나. 수업 분석의 유형

수업 관찰 분석은 수업의 특징과 문제점을 분석하는 것은 물론, 수업자의 특징적인 수업 형태나 수업 행동을 정확하게 파악할 수 있다는 장점을 가지고 있다. 그중에서도 수업을 관찰하여 분석하는 데 가장 많이 사용되는 도구가 바로 언어인데, 수업 시간에 교사와 학습자의 상호작용적인 언어가 가장 중요한 매체로 사용되기 때문에, 교사와 학습자의 언어를 분석하면 교사의 수업을 분석할 수 있는 중요한 도구가 될 수 있다.

특히, 수업 분석은 질적인 분석과 양적인 분석으로 <표 10-7>과 같이 구분되는데(천호성, 2008), 우리나라에서는 주로 양적인 분석보다는 질적인 분석이 많이 사용되어 왔다. 그 이유는 별도의 부가적인 노력 없이 교사 자신의 경험에 근거한 분석 정보를 손쉽게 제공할 수 있다는 점, 실문시 형태에 기반하여 편리하게 수업을 분석할 수 있다는 점, 양적인 분석을 할 수 있는 구체적인 도구가 개발되지 않았다는 점을 들 수 있다.

표 10-7 수업 분석의 유형

구분	수업 분석의 유형
질적 분석	• 내용적인 분석 방법 • 교과 전문가에 의해 수행 • 전개된 수업 활동이 교과나 단원의 목적에 비추어 타당성을 검증하는 분석 방법 • 교과 본질상의 문제 확인
양적 분석	• 형태적인 분석 방법 • 일정한 분류 체계나 분석 방법 • 수업 중 도출되는 의미 있는 수치나 도표를 사용하여 양적으로 나타내는 분석 방법 • 수업 중 교사와 학생의 발언 비율, 교사의 자리이동 패턴, 학생의 과업 집중 비율에 관한 정보 등을 백분율(%) 지수나 그래픽을 통해 제시

3 Flanders 언어적 상호작용 분석

가. 분류 항목

Flanders의 언어 상호작용 분석법은 수업 형태 분석법으로 시작하여 교사의 수업 기술 향상과 관련된 연구의 도구로 활발하게 사용해온 수업 분석 방법으로서, 언어의 특성에 따라 10개의 영역으로 구분하여 교사는 학습자의 활동을 제한하는 지시적 방법을 사용할 것인지 또는 학습자의 반응을 최대한 보장하는 방법을 사용할 것인지를 선택할 수 있다(<표 10-8> 참조).

표 10-8 Flanders 언어 상호작용 분석의 분류 항목

구분			내용
교사의 발언	비지시적 발언	① 감정의 수용	• 비위협적인 방법으로 학생의 감정적 색조나 태도를 수용하거나 명료화하기 • 긍정적이거나 부정적인 감정, 감정을 예측하고 회상하기
		② 칭찬이나 격려	• 학생을 칭찬이나 격려하기 • 긴장을 완화하는 농담(으흠, 그렇지) • 학생을 무시하는 발언은 아님
		③ 학습자의 아이디어 수용 또는 사용	• 학생의 말 인정하기 • 학생의 아이디어에 기반을 두어 질문을 명료화, 형성하며 묻기
		④ 질문	• 학습자가 대답할 것을 기대하는 의도로 교사의 아이디어에 기반을 두고 내용 또는 절차에 대해 질문하기
	지시적 발언	⑤ 강의	• 교사 자신의 아이디어를 표현하고 내용 설명하기 • 내용이나 절차에 대해 사실이나 의견 제시하기
		⑥ 지시	• 학습자에게 주의집중이나 벌을 줄 의도로 특정 행동 요구하기
		⑦ 학습자 비평 또는 교사 권위의 정당화	• 좋지 못한 학습자의 행동을 좋은 행동으로 바꾸기 위한 교사의 말로 꾸짖기나 교사의 극단적인 자기 자랑하기
학생의 발언	⑧ 학습자의 말-반응		• 교사의 단순한 질문에 대한 학습자의 단순한 답변하기
	⑨ 학습자의 말-주도		• 학습자가 자발적으로 또는 교사의 발문에 의해 반응하기 • 학생 자진 발문, 자진해서 아이디어 발표
기타	⑩ 침묵이나 혼란		• 실험, 실습, 토론, 책읽기, 머뭇거리기, 잠시 동안의 침묵 및 혼동의 과정 포함

나. 기본 원칙

Flanders의 언어 상호작용 분석법은 10가지 분류 항목에 따라 교실에서 이루어지는 교사와 학생의 언어를 분류하게 되는데, 보통 3초 단위로 표시한다. 특히, Flanders의 언어 상호작용 분류의 기본 원칙을 살펴보면 <표 10-9>와 같이 정리할 수 있다(서경범, 2007).

표 10-9 Flanders 언어 상호작용 분류의 기본 원칙

구분	Flanders의 언어 상호작용 분류 방법
제1원칙	• 교사나 학생의 언어가 둘 이상 분류 항목 중 어느 것으로 하면 좋을지 확실하지 않고 망설여질 경우 제5항목으로부터 멀리 떨어진 항목 선택하기
제2원칙	• 만일 기본적인 교사 행동의 어조가 계속적으로 지시적이거나 계속적으로 비지시적이면 교사의 명백한 전환을 확인함이 없이는 반대 분류로 옮기는 것은 삼가기
제3원칙	• 관찰자는 자신의 편견이나 교사의 의향에 좌우되지 않기
제4원칙	• 만일 교사와 학생의 언어가 3초 동안에 하나의 분류 항목 이상이 나타나면 나타난 모든 분류 항목 기록하기
제5원칙	• 3초 이내에 두 가지 이상의 분류 항목이 나타나는 경우, 그 다음 3초는 다르게 나타난 분류 항목을 기준으로 하여 생각하기
제6원칙	• 제7항목의 지시는 그 지시가 결과적으로 학생들의 어떤 행동을 유발하는 것을 관찰할 수 있거나 예견될 수 있는 교사의 말이어야 함
제7원칙	• 어떤 질문을 하고 이 질문에 답변할 학생을 지명하면 대부분 제4항목으로 분류하기
제8원칙	• 교사가 책을 읽어가면서 설명하면 이는 강의의 일부로 보고 교사의 책 읽는 행동까지도 합쳐서 5를 기록하지만, 교사가 범독을 하면 작업의 시범과 마찬가지로 취급하여 0을 기록하기
제9원칙	• 만일 3초 이상에 걸쳐서 침묵이 계속되거나, 웃거나 혼동된 상태 하에 교사와 학생의 언어적 상호작용이 분명하지 않으면 각 3초마다 0을 기록하기
제10원칙	• 판서를 오래 계속하거나 토론, 실험, 작업 등이 오래 계속되어 0을 계속적으로 기록해야 할 경우에는 관찰 기록부 비고란에 문장으로 기록해 두기
제11원칙	• 교사가 학생의 맞은 답변을 반복하면 이것은 하나의 칭찬으로 보고 제2항목으로 분류하기
제12원칙	• 교사가 학생이 말한 것을 반복하되, 반복에 그치는 것이 아니라, 강의를 계속하거나 토론에 이용된다면 이러한 반복 부분은 제3항목으로 분류하기

구분	Flanders의 언어 상호작용 분류 방법
제13원칙	• 만일 한 학생이 이야기하고 이어서 다른 학생이 이야기하면 9와 9, 8과 9 또는 8과 8 사이에 0을 기록하기
제14원칙	• 제9항목이 3초 이상 계속되는 동안 교사가 '으흥', '으흠', '그래서?' 등과 같은 말을 하면 9와 9 사이에 2를 기록하기
제15원칙	• 학생에게 창피를 주거나 비꼬는 것이 아닌 교사의 농담은 제2항목으로 분류하기
제16원칙	• 수시적인 질문은 진짜 질문이 아니라, 강의하는 기술의 하나이기 때문에, 제5항목으로 분류하기
제17원칙	• 교사의 좁은 질문은 그 다음에 8을 기록하는 전조
제18원칙	• 교사의 질문에 대해 여러 학생이 한꺼번에 답변을 하면 제8항목으로 분류하기

다. Flanders의 지수 산출법

Flanders의 지수 산출법을 살펴보면 <표 10-10>과 같이 요약할 수 있다(김용하, 2008).

표 10-10 Flanders의 지수 산출법

지수	Flanders의 지수 산출법
비지시비	• 교사가 어느 정도의 비지시적인 수업을 하였는지를 나타내는 지수 • 50% 이상인 경우 비지시적인 수업으로 간주
수정 비지시비	• 비지시비의 계산 과정에서 4번(질문)과 5번(강의)을 중립적인 것으로 간주하고 제외한 수치로 산출한 지수 • 50% 이상인 경우 비지시적인 수업으로 간주
8행 및 9행의 비지시비	• 학습자의 발언에 대해 교사가 어떻게 반응하였는지를 보여 주는 지수 • 온정적, 비평적, 허용적 반응인지 지시적, 비평적 반응인지 보여 주는 지수 • 50% 이상인 경우 비지시적인 수업으로 간주
학습자의 발언비	• 15% 이상인 경우 적절한 수업으로 간주
교사의 질문비	• 수업에서 질문을 하여 학습자의 이해 정도를 항상 체크하는 지수 • 20% 이상인 경우 적절한 수업으로 간주
학생 질문 및 넓은 답변비	• 학습자의 전체 발언 중에서 고등 정신과정을 요구하는 발언을 보는 지수 • 30% 이상인 경우 적절한 수업으로 간주
악순환비	• 교사의 지시적 발언이 계속해서 반복되는 비율을 나타내는 지수 • 야단침의 과정이 반복되는 경우도 포함 • 지수가 낮을수록 좋으며 적절한 지수에 대한 기준은 없음

4 질의응답 분석

가. 질의응답 분석 과정

수업 중 질의응답을 분석하기 위해서는 전체 수업 시간을 모두 관찰할 필요는 없고 수업 중 무엇을 중심으로 관찰 할 것인지에 따라 15~20분 정도 관찰할 수 있다. 구체적인 수업 중 질의응답 분석의 과정은 <표 10－11>과 같다.

표 10－11 질의응답 분석의 과정

구분	분석 내용
수업 중 질의응답 유형 알기 (1단계)	• 네 가지 수업 중 질의응답 유형과 예를 주의 깊게 읽고 이해하기
관찰시간 계획 세우기 (2단계)	• 교사와 함께 관찰시간 계획을 세우기 • 최소한 15분 정도의 참관계획을 세우기 • 수업의 특징을 가장 잘 반영한 교수－학습 활동 표집하기
수업 관찰하기 (3단계)	• 네 가지 질의응답 유형을 염두에 두고 상호활동의 일반적인 진행사항을 유념하여 기록하기 • 네 가지 질의응답 유형의 빈도를 생각하며 기록하기 • 네 가지 질의응답 유형이 나타나는 대로 양식의 적절한 란에 체크하기
완성된 기록물 검토하기 (4단계)	• 완성된 기록물로 누가 어떠한 행동을 했는지 검토하기 －누가 구조화의 역할을 하는가? －요청하는 사람은 누구인가? －누가 응답하는가? －누가 주로 반응하는가? －일반적으로 교사의 역할은 무엇인가? －일반적으로 학생의 역할은 무엇인가?
상호작용 유형 찾기 (5단계)	• 상호작용 중에서 자주 등장하는 유형 찾기 • 가장 흔히 나타나는 여섯 가지 상호작용 유형 제시하기
의견 기록하기 (6단계)	• 관찰한 것과 교실 교육활동에서 진행되고 있는 것에 대한 의견 기록하기

나. 질의응답 분석 방법

수업 중 질의응답 분석은 네 가지 질의응답 유형을 중심으로 제시된 질의응답 분석지에 해당 항목을 체크하면 된다. 수업 중 질의응답 분석지는 <표 10－12>와 같다.

표 10－12 수업 중 질의응답 분석지

번호	교사				학생				번호	교사				학생			
	응답	구조화	반응	요청	응답	구조화	반응	요청		응답	구조화	반응	요청	응답	구조화	반응	요청
1									6								
2									7								
3									8								
4									9								
5									10								
									합계								

특히, 교사가 행한 구조화 행동과 요청 행동, 학생이 행한 요청 행동, 교사가 행한 반응 행동, 학생이 행한 반응 행동의 비를 계산하는 방법은 <표 9－13>과 같다(변영계·김경현, 2005).

한편, 질의응답 분석은 수업 전체에 대해 '좋다/좋지 않다'라는 평가를 내리는 것이 아니라, 수업 중 주고 받은 언어를 분석하고 진행한 질의응답 유형에 대해 '적합하다/적합하지 않다'라고 판정하는 것이다. 또한, 일반적으로 수업이 추구하는 목표에 따라서 수업유형이 달라지지만, 학습자의 참여가 활발하고 상호작용이 원활한 수업이 되어야 좋은 수업이라 할 수 있다. 즉, 학생들이 수업을 구조화해 나가고 교사에게 요청하는 횟수가 많고, 학생들의 요청에 따라 교사가 응답하며 또 다른 여러 가지 반응이 오는 수업이 바로 학습자의 참여가 잘 이루어지는 수업이라 할 수 있다.

표 10-13 교사 발문 행동의 비 계산 방법

구분	교사 발문 행동의 비 계산 방법
교사가 행한 구조화 행동의 비	$\frac{\text{교사의 구조화 언어 총량}}{\text{구조화 언어 총량}} \times 100$
교사가 행한 요청 행동의 비	$\frac{\text{교사의 요청 언어 총량}}{\text{요청 언어 총량}} \times 100$
학생이 행한 요청 행동의 비	$\frac{\text{학생의 요청 언어 총량}}{\text{응답 언어 총량}} \times 100$
교사가 행한 반응 행동의 비	$\frac{\text{교사의 반응 언어 총량}}{\text{반응 언어 총량}} \times 100$
학생이 행한 반응 행동의 비	$\frac{\text{학생의 반응 언어 총량}}{\text{반응 언어 총량}} \times 100$

| 토론문제 |

- 양적 수업 관찰과 질적 수업 관찰을 학교 현장에 적용 시 장단점을 제시하시오.
- Flanders의 언어적 상호작용 분석과 질의응답 분석을 학교 현장에 적용 시 문제점 및 해결방안을 제시하시오.

CHAPTER

11

교과별 수업컨설팅의 실제

1. 국어교과(개인 단위)
2. 국어교과(학교 단위)
3. 사회교과(개인 단위)
4. 과학교과(개인 단위)
5. 영어교과(학교 단위)
6. 미술교과(학교 단위)
7. 통합교과(학교 단위)
8. 기타(팀 단위)

11
CHAPTER
교과별 수업컨설팅의 실제

학습목표

- 교과별 수업컨설팅 사례를 살펴보고 적용할 수 있다.
- 학교 전체를 대상으로 하는 수업컨설팅으로 학교에서 해결하기 어려운 과제를 극복하는 사례를 알아보고 학교현장에 적용할 수 있다.

KEY WORD 수업컨설팅, 교과, 문제해결 전략, 장학, 의뢰

1 국어교과(개인 단위)

국어교과의 수업컨설팅 결과 보고서 예시로서 '국어과의 효율적인 지도방안'에 대한 수업컨설팅 사례를 여러 차례에 걸쳐서 실시함으로써 수업 개선에 기여한 결과를 다음과 같이 제시하고 있다.

□ 의뢰인

의뢰인	○○○	소속학교 및 학반	초등학교 학년 반
전화번호		메일주소	

□ 컨설팅장학 지원단

구분	성명	소속	직위	전화번호	비고
컨설턴트	○ ○ ○	○ ○중학교	교감		
컨설턴트	○ ○ ○	○ ○중학교	교사		
컨설턴트	○ ○ ○	○ ○중학교	교사		
컨설팅관리자	○ ○ ○	교육지원청	장학사		

□ 컨설팅장학 일시

○1회: 20○○년 5월 18일(금) 오후 15:30~18:00

○2회: 20○○년 5월 29일(화) 오후 16:00~18:00

□ 의뢰 영역 및 의뢰 과제

의뢰 영역	국어과의 효율적인 지도방안
의뢰 과제	국어과 수업모형과 지도안 작성법

□ 추진 경과표

구분	일정	추진 업무		비고
		컨설팅장학팀	의뢰 학교	
사전 협의	4월 27일~ 5월 2일	• 의뢰학교와의 컨설팅 인식 공유 • 컨설팅 의뢰내용 파악	• 컨설팅 세부추진계획 안내 • 의뢰자의 의뢰 내용 조율 • 컨설턴트와의 연락 안내	의뢰자와 연락하여 라포형성 및 의뢰자 진단
착수 단계	5월 3일~ 5월 13일	• 의뢰 내용 영역 분석 • PCK수업을 위한 효과적인 지도안 작성법 조언	• PCK수업을 위한 교수학습 지도안 작성 제출 독려	온라인 PCK수업을 위한 1차지도안 작성
진단 단계	5월 14일~ 5월 17일	• PCK지도안 작성 컨설팅 • 효과적인 교수학습 전략 제안	• 지도안 작성 보완 • 체계적인 수업설계 • 효과적인 교수학습전략 수립	온라인 PCK수업을 위한 2차지도안 작성
대안 수립 단계	5월 18일	• 문제 해결을 위한 기본적 전략 조언 • 수업의 전체적 흐름 분석	• PCK 지도안 완성 • 효과적인 교수학습전략 수립	학교방문(신○○, 이○○)
실행 지원 단계	5월 29일	• 수업 분석 • 수업컨설팅	• 교수학습 작성에 따른 분위기 마련 • 수업 실현 및 녹화	학교방문 (신○○)
평가 및 결과 보고 단계	6월 5일	• 의뢰학교의 주제에 대한 컨설팅장학의 실효성 평가 및 제언	• 컨설팅장학의 효율성 및 평가 결과 정리 • 컨설팅장학 추진 과정에 대한 평가 및 반성	결과보고 제출

□ 세부 추진 내용

1. 사전 협의 및 착수 … 5월 1일, 의뢰자와 전화

가. 컨설팅 의뢰 문제 구체화

- 국어과 수업모형 탐색 및 수업 운영에 필요한 노하우 요구
- 읽기 영역에 적절한 수업모형을 적용한 1학년 국어과 읽기 6단원 수업설계
- 연구학교 과제 추진에 따른 팀별 공개수업을 위한 수업 지원 요구

나. 컨설팅 희망 일정과 방법 협의

- 의뢰자 교실 2회 방문일 확정(5월 18일, 5월 29일)
- 의뢰자가 첫 만남까지 개괄적 수업 흐름 생각
- 첫 방문 시(5월 18일) 의뢰자와의 심층 면담을 통해 구체적 계획 수립 예정

다. 컨설팅 세부 계획 수립

- 컨설팅 세부 추진 계획서 작성(의뢰 영역, 의뢰 주제, 단계별 추진 계획 수립)

2. 진단 및 대안 수립 … 5월 18일, ○○중 방문, 의뢰자 심층 면담

가. 의뢰자 문제 분석 및 문제 해결 전략 수립

의뢰자 문제	문제 해결 전략
국어과 수업모형	■ 본 차시에 적합한 국어과 수업모형 탐색하기
공개수업 단원 선정 및 수업설계	■ 공개수업 단원: 중1학년 국어 읽기 6단원 3/6차시로 선정 ■ 다음 컨설팅까지 의뢰자와 컨설턴트 모두 개괄적 수업 흐름 잡기
국어과 지도안 작성	■ 세안 지도안 작성 ■ PCK 중심 수업설계를 위한 국어과 PCK 이해하기

3. 실행 지원 … 5월 18일~6월 15일, ○○중 2회 방문, 온라인 3회

가. 1차 컨설팅 … 5월 18일(15:30~18:00), ○○중 방문

◈ 공개수업 개요 짜기

- 공개수업의 접근 관점
  - 자료를 최대한 줄이고, 교사의 수업 기술을 향상시킬 수 있도록 수업설계, 실행
- 공개수업 단원
  - 1학년 국어(읽기) 6. 깊이 있는 생각(4/6)
  - 수업목표: 광고의 표현 특성을 알 수 있다.
- 의뢰자의 수업 개요를 바탕으로 수정된 공개수업 흐름
  - 학습 목표: 광고의 특성을 알 수 있다→ 광고의 표현 특성을 알 수 있다.
  - 수업모형: 창의성계발 모형 → 직접교수학습모형
  - 동기유발: 여러 가지 광고 영상을 통해 전시학습 상기 및 광고의 성격 파악하기
  - 활동1: 광고 비교하기 → 광고 살펴보기
    - 교사가 다른 자료를 준비하기보다는 교과서를 충분히 다루자.
    - 활동 1 마지막 부분에는 광고의 표현 특성을 명확하게 정리하고, 판서하자.
  - 활동2: 모둠광고 만들기
    - 파악한 광고의 표현 특성을 바탕으로 모둠별로 광고 만들기(스캠퍼기법 활용, 모둠협의 훈련)
  - 활동3: 모둠광고 발표하기(모둠발표 훈련, 포스트잇을 활용한 모둠발표 평가하기)
  - 본시 평가 계획: 평가내용, 평가시기, 평가방법, 평가 관점 수정 및 추가

◈ 다음 컨설팅까지 준비사항

- 논의된 수업개요를 바탕으로 보다 자세한 수업 과정안 작성
- 컨설턴트가 제공하는 양식에 맞춰 2차 교수학습 과정안 작성
- 메일로 발문에 대한 컨설팅이 끝나면 개인 수업기술 연마 노력 - 학생 훈련, 내 목소리 녹음해보기, 평소 수업에서 공부할 문제와 학습 순서를 찾는 방법 훈련 등

나. 2차 컨설팅 … 5월 29일(16:00~18:00), ○○중 방문

◈ 2차 수업지도안 협의 및 수정

- 교수·학습과정안 세안 작성 요령
  - 3단계〈본 수업의 개관 – 본시 수업의 전략 – 본시 교수·학습 과정안〉
  - 교사용 지도서를 참고하여 수업모형 및 본 수업의 학년 및 내용 계열과 본 단원의 내용 조직, 지도 시 유의사항 등을 정확히 파악하여 작성
  - 본시 교수학습 과정안 속에 교사활동과 학생활동을 나누어 교사의 활동과 학생의 예상 반응 등을 자세히 기록
- 학습단계 직접 교수모형에 맞게 세분화하기
  - 설명하기 → 시범보이기 → 질문하기 → 활동하기
- 학습 흐름 수정
  - 활동 3개를 활동 2개(교과서 안 광고 표현 방법 찾기, 교과서 밖 광고 표현 방법 찾기)로 줄여 수업의 밀도를 높임
- 동기유발: 여러 가지 광고를 제시하기보다는 광고의 표현 특성이 잘 드러나는 광고와 그렇지 않은 광고를 제시, 비교하기
- 발문: 직접교수모형이다 보니 자칫하면 교사 중심으로 흘러갈 수 있으니, 학생들의 사고력을 이끌 수 있는 깊이 있는 발문 연구하기

◈ 다음 컨설팅까지 준비사항

- 논의된 수업개요를 바탕으로 보다 자세한 수업 과정안 작성
- 컨설턴트가 제공하는 양식에 맞춰 발문 계획 작성하여 메일로 보내기
- 메일로 발문에 대한 컨설팅이 끝나면 개인 수업기술 연마 노력 – 학생 훈련, 내 목소리 녹음해보기, 평소 수업에서 공부할 문제와 학습 순서를 찾는 방법 훈련 등
- 마이크로티칭 방법으로 수업, 교사의 동선 및 수업 기술을 점검할 예정이므로 다음 컨설팅 전에 과정안과 시나리오를 마무리하여 전화로 추가 컨설팅 예정

라. 3차 컨설팅 … 6월 2일(13:00~14:30), 전화통화

◈ 교수·학습 과정안 수정

- 본시의 교수·학습 내용: 지도서 내용을 그대로 옮겨 적지 말고, 지도서에 소개된 본 단원의 학습 내용과 본시 전략을 포함하는 본시 학습 내용의 2부분으로 나누어 재구조화 작업 필요
- 지도 시 유의점: 본시 수업 운영에서 교사가 유목적적으로 지도하거나, 학생의 수준을 고려하여 특별히 관심 있게 지도하는 내용 포함
- 본시 수업 전략의 표현을 좀 더 명확히 수정
- 교수·학습 과정안 전체 구조 생각하여 편집
- 학습지 내용 수정 및 분량 조정: 학습지를 제공했을 때 학생의 예상 답안 및 오류 내용 등을 생각하여 최대한 오류를 줄일 수 있도록 만들기

◈ 교수·학습 시나리오 수정

- 전체적으로 교사 발문 내용이 많고 정선되어 있지 못함: 매번 교사가 학습 내용을 요약하고 정리하기보다는 학생이 스스로 할 수 있도록, 학생 활동이 주가 되도록 해야 하며, 시나리오에 없더라도 교사는 수업 중 학생의 오개념과 난개념을 적시에 지도할 수 있는 유연성 발휘
- 공부할 문제와 학습 순서는 일방적으로 교사가 제시하기보다는 학생이 스스로 학습 계획을 세워보게 하거나, 저학년의 경우는 학생과 교사가 함께 찾아나가도록 하면 수업의 목표에 대한 접근성이 높음
- 활동 단계가 넘어가거나, 새로운 학습내용에 접근하기 전 이전 학습내용과 다음 학습내용이 연계되도록 자연스러운 발문 필요
- 교사와 몇몇 학생이 주도하는 수업이 아니라, 전체 학생이 함께 만들어가는 수업이 될 수 있도록 모든 학생의 참여를 독려할 수 있는 교사의 여유로움이 필요
- 중요 지식 내용은 교사가 판서하고, 학생이 명확히 인지하는 작업 필요

5. 결과 및 종합 보고

- 계획된 2차 학교 방문 외에도 필요 시 추가 컨설팅을 하며 좋은 수업 운영을 위해 필요한 교수·학습과정안 작성, 발문 계획, 수업 기술 전반에 대한 컨설팅이 체계적으로 이루어짐.
- 의뢰자는 좋은 수업에 대한 열망이 높았으며, 자발적 컨설팅 신청으로 인해 컨설팅에 적극적인 자세로 임하여 컨설턴트가 의욕적으로 참여할 수 있었음.
- 동료장학 공개수업을 겸하는 컨설팅 수업 공개 내용에 대해 의뢰자와 참관 교사 모두 만족해하였으며, 본 컨설팅을 통해 의뢰자는 좋은 수업을 만들어가는 전 과정을 제대로 체험할 수 있어 좋았다고 함.
- 교수·학습과정안 작성에 대한 두려움이 많이 사라졌으며, 책과 연수로는 얻기 힘든 수업 운영에 대한 여러 가지 팁을 얻을 수 있어서 좋았고, 평소 학생들의 학습훈련의 중요성을 깨달았다고 함.
- 컨설턴트의 수업 결손을 이유로 의뢰자 수업을 직접 참관하지 못하여 아쉬웠고, 이후 의뢰자 수업 동영상 관찰로 추가 컨설팅을 약속하였음.

2 국어교과(학교 단위)

국어교과의 수업컨설팅 결과 보고서 예시로서 '국어과 창의·인성 수업 모델 및 지도안 작성의 실제'에 대한 수업컨설팅 사례를 제시하고 있다.

□ 신청 영역 및 주제

영역	교수-학습
주제	국어과 창의·인성 수업 모델 및 지도안 작성의 실제

□ 컨설팅 장학 운영 기간

20○○년 4월 25일~4월 25일

□ 컨설팅팀

구분	성명	소속	직위	컨설팅 분야
팀장		○○초등	교사	1, 2학년 공개 수업지도안 작성
컨설턴트		○○초등	교사	3, 4학년 공개 수업지도안 작성
컨설턴트		○○초등	교사	5, 6학년 공개 수업지도안 작성
지원장학사		○○교육청	장학사	창의·인성 모델학교 운영 및 지도안 작성

□ 컨설팅장학 내용

구분	추진 내용
사전 협의	• 각 학년 공개 수업 차시 선정 • 동학년 협의에 의한 1차 지도안 작성 • 컨설턴트 및 컨설팅 신청교사 모두 지도안에 대해 고민하기 • 창의·인성 모델 학교의 운영 방안 탐색
진단	• 국어를 정확하고 효과적으로 사용할 수 있는 학습 훈련에 대한 컨설팅 요구가 있었으며 이에 대한 효율적인 방법 탐색에 대한 정보 제공이 필요함 • 국어과 수업에 대한 전반적 흐름 및 학생들이 즐겁고 재미있는 가운데 학습 능력을 향상시키고 수업 목표를 도달할 수 있는 수업 아이디어에 대한 컨설팅이 요구됨
대안 수립	• 국어과 수업을 역동적으로 진행할 수 있는 수업지도안 작성 • 본교 학생의 특성에 맞는 수업 흐름 작성 • 국어 문화를 바르게 이해하고 존중하는 태도 및 성숙한 문화시민의 인성적 소양을 기르기 위한 국어과 수업 방안 탐색 • 창의·인성 모델학교의 효율적 운영
실행	• 국어과 수업지도안 작성의 실제에 대한 컨설팅 • 발표력 및 자기 표현력 향상을 위한 다양한 교수학습 방법 협의 및 컨설팅 • 각 학년별 작성한 지도안을 바탕으로 수업 흐름에 대한 컨설팅 • 지도안상에서 예상되는 문제점 및 대안에 대한 협의 및 컨설팅 • 국어과 수업에서 강조되는 사항 및 국어과 수업을 통해 꼭 성취해야 할 요소들에 대한 컨설팅 • 창의·인성 모델학교 운영의 효율적인 방안 컨설팅
결과	• 각 학년별 2차 국어과 공개 수업지도안 완성 • 국어과 수업 진행에 요구되는 다양한 교수·학습 방법 공유를 통해 학생 중심의 수업에 대한 마인드 형성 및 지식 습득 • 창의적인 국어과 표현력 향상을 위한 구체적 수업 사례에 대한 정보 공유를 통해 국어과 수업방법 개선 • 창의·인성 모델학교 운영의 실질적인 사항을 점검·확인 및 개선점 파악
기타	• 교실 환경 구성에 대한 협의 • 주의 집중을 위한 교사의 모션 연구

특히, 국어교과의 수업컨설팅 협의록 예시로서 '국어과 수업력 신장을 위한 교수-학습 탐구'에 대한 사례를 제시하고 있다.

<table>
<tr><th>영역</th><th colspan="3">교수·학습</th></tr>
<tr><td>주제</td><td colspan="3">국어과 수업력 신장을 위한 교수 학습 탐구</td></tr>
<tr><td>일시</td><td></td><td>장소</td><td>영어체험실</td></tr>
<tr><td rowspan="2">참석자</td><td>컨설턴트</td><td colspan="2"></td></tr>
<tr><td>참석자</td><td colspan="2">조○○, 주○○, 이○○, 노○○, 신○○, 김○○</td></tr>
<tr><td>컨설팅 장학 내용</td><td colspan="3">• 국어과 수업공간 및 수업자들을 위한 물리적 환경 조성
• 왼손잡이 학생에 대한 배려
• 수업지도안의 작성 순서: 학습 목표 파악 → 교육과정을 통한 성취기준 확인 → 학생 실태 파악 → 학생관 및 지도관 추출
• 학생관: 선수학습 정도, 오늘 활동과 관련된 기본학습, 공부할 텍스트의 경험 여부
• 학습 조직의 다양화 및 개인 발화 기회의 확대
• 쓰기 활동의 수준차를 극복하기 위한 노력: 상위 그룹학생에게는 고쳐쓰기, 실감나게 읽기, 짝끼리 설명하기 등의 기회 부여, 하위 그룹 학생에게는 쓴 곳까지만 발표하고 나머지는 말하기 활동으로 대체
• 창의·인성 요소를 활용한 지도안 작성
• 개정 교육과정의 국어과 교과서 활용 방안</td></tr>
<tr><td>협의 결과</td><td colspan="3">• 2009개정 교육과정의 취지를 알고 교과서 활용 및 수업 개선의 방향을 찾게 되었음.
• 국어과 수업모형 및 수업지도안 작성의 방법을 알게 됨.</td></tr>
<tr><td>우수 사례</td><td colspan="3">• 개정 전, 후 교과서를 실제 비교하며 교육과정을 살펴봄
• 각자의 지도안과 우수 모범 지도안을 비교하며 분석함.</td></tr>
</table>

3 사회교과(개인 단위)

사회교과의 수업컨설팅 결과 보고서 예시로서 '창의적인 사회과 교수-학습 설계'에 대한 수업컨설팅 사례를 제시하고 있다.

□ 의뢰인

의뢰인	○○○	소속학교 및 학반	초등학교 학년 반
전화번호		메일주소	

□ 컨설팅장학 지원단

구분	성명	소속	직위	전화번호	비고
컨설턴트	○○○	○○초등학교	교사		

□ 컨설팅장학 일시

○1회: 20○○년 5월 9일(수) 오후 14:30~16:30

□ 의뢰 영역 및 의뢰 과제

의뢰 영역	교수학습 영역
의뢰 과제	창의적인 사회과 교수-학습 설계

□ 추진 경과표

구분	일정	주요 추진 내용	비고
사전 협의	4월 26일	• 컨설팅 목적 확인: 사회과 수업공개	전화
진단 단계	5월 3일	• PCK 수업 공개에 대한 컨설팅 요청 • 3학년 사회과 PCK 확인	전화
대안 수립 단계	5월 7일	• 3학년 사회과 수업설계	전화
실행 지원 단계	5월 14일	• 1:1 수업컨설팅 실시 • 수업 지원팀도 같이 참석 • 과정안을 보며 의뢰인의 수업 의도를 살려 PCK 중심의 사회과 수업설계	면담
평가 및 보고 단계	7월28일	• 컨설팅 결과 정리 • 컨설팅 장학 활동 보고서 작성	

□ 세부 추진 내용

1. 사전 협의

- 20○○년 4월 26일 컨설팅 목적 확인: 사회과 수업 공개
- 수업연구교사로서 수업 공개를 앞두고 3학년 사회과 PCK 중심 수업설계 의뢰

2. 착수

- 3학년 사회과 PCK 확인
- 의뢰인은 단원 차시 결정 및 교내 지원 팀을 작성하여 협의를 거쳐 과정안 작성

3. 진단

- 작년에 학습지도연구대회 1등급 후 올해 수업연구교사 첫 해임

4. 대안 수립

- 의뢰인이 과정안 작성이 끝나지 않아 수업연구교사 계획서와 수업계획서만 발송

5. 실행 지원

- 의뢰인의 교실에서 1:1 수업컨설팅 실시. 수업연구교사 지원교사 2명 같이 참석.
- 의뢰인의 수업연구계획서를 토대로 수업연구주제를 간단히 설명하고 수업계획서를 토대로 수업의 흐름을 이야기하였으나 수업 방향이 연구주제를 살리지 못함.
- 의뢰인에게 질문을 통해 수업연구주제와 수업의도를 보다 명확하게 인식하게 함
- 수입연구주제인 베나인시를 확인하고 이를 활용한 수업 방향을 제시함.
- 사회과 PCK를 살려 교육과정, 선수학습 계열성 확인, 사회과 수업의 목표에 따른 사회과 수업의 특성을 살린 수업 흐름을 안내함.
- 의뢰인의 수업 의도 및 수업 아이디어를 중심으로 학습목표에 따른 학습과제 분석을 시작으로 전시학습상기부터 차시예고까지 단계별 내용을 꼼꼼하

게 짚어 수업 아이디어를 제시하여 다듬으며 학생 집단 조직, 교사활동, 학생활동, 자료 제작, 발문, PCK전략을 제시하여 수업연구주제를 살리면서도 사회과 탐구 능력 신장을 위한 학생 사고 활동을 활발하게 하는 수업으로 설계함.

6. 결과 및 종합 보고

- 의뢰자는 기본적인 수업 진행 능력이 뛰어난 교사이나 수업연구교사를 처음 시작하여 연구 주제에 맞는 수업 진행의 방향을 바로 잡아줌.
- 동료 지원교사가 같이 참석하여 차후 실제 수업 준비 과정에서 오류발생을 줄이고 보다 완성도 높은 수업을 설계할 수 있었음.
- 공개수업 후 수업영상을 보내와 수업을 분석한 결과 컨설팅한 수업설계 내용대로 수업을 진행하였고 PCK 전략 활용 및 학생 사고 활동이 활발한 수업을 진행함.
- 2학기 2차 수업컨설팅(10.4(수) 예정)에도 큰 기대를 함

4 과학교과(개인 단위)

과학교과의 수업컨설팅 결과 보고서 예시로서 '과학과 수업 전략 및 수업컨설팅'에 대한 수업컨설팅 사례를 제시하고 있다.

□ 의뢰인

의뢰인	○○○	소속학교 및 학반	초등학교 학년 반
전화번호		메일주소	

□ 컨설팅장학 지원단

구분	성명	소속	직위	전화번호	비고
컨설턴트	○○	○○초등학교	교사		

□ 컨설팅장학 일시

○1회: 20○○년 5월 9일(수) 오후 14:30~16:30

□ 의뢰 영역 및 의뢰 과제

의뢰 영역	교수학습 영역
의뢰 과제	과학과 수업 전략 및 수업컨설팅

□ 추진 경과표

구분	일정(장소)	주요 추진 내용	비고
사전 협의	5월 2일	• 컨설팅 목적 확인: 처음에는 국어과 수업방법 개선을 의뢰함	전화
진단 단계	5월 3일	• 공개 수업에 대한 컨설팅 요청 • 5학년 국어과 PCK 확인	전화
대안 수립 단계	5월 7일	• 의뢰인이 교과를 과학과로 변경 • 과학과 수업 과정안, 수업 동영상 발송 • 수업 과정안 및 수업 동영상 분석	전화, 메일
실행 지원 단계	5월 9일	• 1:1 수업컨설팅 실시 • 과학과 수업 동영상 관찰 및 분석 • 과학과 수업 PCK 협의	
평가 및 보고 단계	7월 28일	• 컨설팅 결과 정리 • 컨설팅 장학 활동 보고서 작성	

□ 세부 추진 내용

1. 사전 협의

- 20○○년 5월 2일 컨설팅 목적 확인: 국어과 수업방법 개선
- 순수하게 자신의 수업방법 개선과 수업 전문성 신장을 위해 컨설팅 요청함

2. 착수

- 의뢰인의 5학년 국어과 수업 공개를 위한 수업설계 및 과정안 작성을 지원하기 위해 과정안의 메일 발송을 기다림

3. 진단

- 의뢰인은 과정안 작성, 컨설턴트는 5학년 국어과 PCK 확인

4. 대안 수립

- 의뢰인이 교과, 수업일시 변경. 2일 전에 과학과 과정안, 수업영상을 메일로 발송
- 컨설턴트는 5학년 과학과 수업 과정안 및 수업 동영상 분석하여 정리하고, 과학 수업 관련 자료를 수집함

5. 실행 지원

- 의뢰인의 교실에서 1:1 수업컨설팅 실시. 교실 곳곳에서 수업 아이디어가 돋보이며 수업과 아이들에 대한 관심 및 열정이 느껴짐
- 노트북을 가지고 가서 수업 동영상을 함께 관찰하면서 수업 분석협의 실시
- 과학과 수업 PCK 협의: ① 수업단계별 분석한 내용을 의뢰인에게 주고 수업의 잘된 점을 먼저 확인하여 의뢰인의 자신감을 높인 후 ② 컨설턴트가 의뢰인에게 수업의 궁금한 점을 묻고 의도를 확인하고, ③ 수정·보완이나 논의가 필요한 점에 대해 협의함. 순환학습모형으로 수업을 진행하였으나 내용상 가설검증수업이 더 알맞으며 과학과 탐구능력 신장을 위한 실험결과 예상하기, 실험계획세우기, 실험오류 원인분석, 실험결과 발표 및 원리와 법칙 정리 등의 학생 활동을 더 강조하기 위해서 교사의 발문, 질문, 탐문과 응답처리 등을 중심으로 협의함

6. 결과 및 종합 보고

- 의뢰자는 기본적인 수업 진행 능력이 뛰어난 교사로서 국어과 수업공개에서 과학과로 교과를 변경하여 수업을 공개하고 이를 관찰, 분석하였음
- 과학과 성격, 교육과정, 교수모형, 교수법, 실험수업방법 등에 대한 과학과 PCK를 중점적으로 협의하여 지원함

• 수업설계 및 진행 시 고려할 점에 대해 알게 된 내용을 토대로 자신감을 가지고 추후 학습지도연구대회에 참가할 의사를 밝힘

5 영어교과(학교 단위)

영어교과의 수업컨설팅 결과 보고서 예시로서 '창의적 영어수업'에 대한 수업컨설팅 사례를 제시하고 있다.

□ 신청 학교

학교명	○○중학교	전화번호	
교장	○○○	교감	○○○

□ 신청 영역 및 주제

영역	교수－학습
주제	창의적 영어수업

□ 컨설팅 장학 운영 기간: 20○○년 6월 11일

□ 컨설팅팀

구분	성명	소속	직위	컨설팅 분야
팀장	김○○	○○중학교	교감	창의성 함양을 위한 영어 수업 및 영어교육활동

□ 컨설팅장학 내용

구분	추진 내용
사전 협의	• 학교 현황 분석: 영어교사 현황 및 영어 교육 활동 분석 • 수업지도 계획 및 지도안 협의 및 지도
진단	• 학교 및 학력: 사교육 없는 학교. 상업으로 인해 학생들의 영어 수업이 타학교에 비해 많으며, 영어 학력도 높은 상황 • 영어교사 현황: 원어민교사, 수준별 이동수업 강사, 중견교사 등 다양한 구성원의 협조가 잘 이루어져 있으나, 4명의 교사 중 3명이 학교의 주요 업무부장을 맡고 있어 수업방법 개선의 다양성을 시도하기엔 역부족이라 함. • 수준별 이동 수업: 2+1로 이루어져 있음 • English Festival Day 활동–좀 더 다양한 활동이 이루어져야 함 • 수행평가 및 서술형 평가–쓰기(20%), 듣기(20%), 말하기(10%)
대안 수립	• 교사들의 수업방법에 대한 협의를 할 수 있는 교과협의회 활성화 • 학생들의 적극적인 참여를 유도하는 학습 방법 및 동기 부여 방안 강구 • 창의성 향상을 위한 수업방법
실행	• 원어민 교사, 수준별 이동수업 강사 및 영어회화 전담강사 중심의 수업 자료 개발을 통해 중견교사와 공유 권장 • 수준별 이동수업을 통한 학력 책임제 및 배움이 있는 수업 보충반 학생들의 배움 확인을 위해 매 수업 후 책임 문장 암기 후 퇴실–좋은 사례로 칭찬 • 기본반과 보충반 학생을 위한 다양한 수업방법 및 자료 개발 –Wprd Cards, 문장 카드 작성 등을 통해 학생들 조작활동을 통해 공부하는 수업 만들기 • 상반 학생을 위한 모둠별 수업, project 수업 등 동기 유발과 발표를 통한 학생주도형 수업 실현 –작품 학교 예술제 전시 • 수준별 문항 작성 권장 • 창의성 신장을 위한 학생 자기주도적 수업방법 협의 –칭찬, 긍정적이고 열린 분위기 조성, 흥미를 유발할 수 있는 다양한 수업 자료 등을 통한 교사와 학생 간의 긍정적 래포 형성 방법 협의
결과	• 수행평가의 영역별 조정에 대한 고민 쓰기(20%), 듣기(10%), 말하기(20%) 이유: 듣기는 1회성의 시험으로 20%를 부여하는 것보다, 말하기에서 10%, 평소 발표력을 수시 점검하여 10% 부여하여 학생들의 수업참여도 향상

구분	추진 내용
결과	• 창의적 수업 활동 잘 가르치는 교실이 아니라 배움이 있는 교실 – 학생주도형 수업 1) 좋은 수업이란? • 학생이 기다리는 수업 • 즐거운 마음으로 가르치는 수업 • 고등사고력을 기르는 수업 • 교수–학습활동이 역동적로 이루어지는 수업 2) 수업규칙 및 나의 수업명 갖기 3) 학생과 함께 가꾸는 수업 • 자료 개발 및 수업 디자인 • 학생의 다중지능 관찰–각자의 능력에 맞게 활동지시 4) 미술과 음악과 체육이 융합되는 영어수업 5) 각과 타이틀 활용 mind–mapping 라. 학습자료 제작 1) 학습 자료 제작 교사–아이디어 학생–자원봉사 발탁 활용 2) 영어캠프: 학생보고서 및 원어민교사 캠프보고서 작성
기타	• 학생중심 수업을 통해 배움이 있는 수업 나아가 미래인재형인 창의성을 표현할 수 있는 수업설계를 위한 교과협의회 활성화

특히, 영어교과의 수업컨설팅 결과보고서 예시로서 ‘영어교과 교수–학습 방법 및 수업안 작성’에 대한 수업컨설팅 사례를 제시하고 있다.

□ 신청 학교

학교명	○○중학교	전화 번호	
교장	○○○	교감	○○○

□ 신청 영역 및 주제

영역	교수–학습
주제	영어교과 교수–학습 방법 및 수업안 작성

□ 컨설팅 장학 운영 기간: 20○○년 5월 17일~6월 25일

□ 컨설팅팀

구분	성명	소속	직위	컨설팅 분야
팀장	○○○	남부교육지원청	장학사	학생활동 중심 수업방법 컨설팅
컨설턴트	○○○	○○중학교	교사	수업지도안 작성 및 수업방법 개선
컨설턴트	○○○	○○중학교	교감	교사 복무 및 영어 수업 방법 컨설팅

□ 컨설팅장학 내용

구분	추진 내용
사전 협의	• 학교교육계획서를 통한 학교 현황 분석 • 영어수업지도 계획과 수업지도안 협의 및 지도 • 컨설팅 주제 및 영역과 신규교사로서 수업의 환경요인(학생지도) 등에 대한 사전 의견교환
진단	• 1999년 신설교로 아파트단지 안에 위치하고 있어 학생들의 학습 환경이 비교적 비슷함. 가정과의 연계지도가 잘 이루어지고 있으며 학부모와 교사들의 영어학습과 학생지도에 대한 열의가 높음 • 영어교사의 구성은 원어민교사(2명), 신규교사(1명), 중견교사(6명), 수준별 강사(2명) 등으로 이루어져 다양한 교육경력의 교사 간 협조가 잘 이루어지고 있으며, 2+1 수준별 이동 수업을 통한 학생 개인차를 고려한 수업을 운영하고, 교과교실제 운영과 영어전용교실 구축으로 수업 개선에 대한 열의가 높음. 하지만 교과교실제와 영어전용교실 위한 자원이 다소 부족하여 효율적인 활용에 어려움이 있음 • 수업지도에 있어 교사들은 학생들의 현재 상황을 정확하게 파악하고 있으며, 학생-교사 간의 정서적 공감대 형성이 잘 이루어져 있고 수업지도안에 대한 기초교육이 잘 되어 있으며 지도안 작성에 대해 매우 전문적인 소견을 가지고 있음 • 신규 교사로서 학생들의 동기부여를 위한 수업전략 및 다양한 학생 중심 수업 방법을 통한 학생 참여도를 높일 수 있는 수업력 제고 전략 필요
대안 수립	• 신규교사의 수업지도력 및 전문성 신장 방안 구안 • 학생 활동 중심의 다양한 수준별 수업모델 및 수업방안 강구 • 학생들의 적극적인 참여를 유도하는 학습방법 및 동기부여 방안 강구

구분	추진 내용
실행	• 수업지도안이 체계적으로 잘 구성되었으며, 세련된 ICT활용과 다양한 activity의 단계적 접근 방법을 통해 수업목표 도달의 완성도를 높임 • 교사로서의 품성과 영어교사로서의 전문성 등 기본적인 자질에 대한 깊은 신뢰감을 보여줌 • 교사로서 학생들에 대한 긍정적인 이해를 바탕으로 상호간 라포 형성이 잘 이루어져 있고, 자신의 수업에 대한 자신감과 충분한 준비를 통한 안정적인 수업 운영을 보여줌
실행	• 학생들이 학습해야 할 내용에 대해 잘 구성된 시청각 자료를 제시함으로써 학생들의 학습의욕과 동기유발에 긍정적인 효과를 나타냄 • 학급 내 수준별 수업 운영을 위한 학생활동과 평가 방안 제시 • 수업진행에 있어 억양과 어조의 변화 및 적극적이고 긍정적 피드백을 통한 수업의 단조로움을 최소화할 수 있는 방법 제안 • 수업 내용 확인에 있어 학생들이 자기주도적으로 문제를 해결하고 사고할 수 있는 시간적 여유와 개별－그룹－전체 등 다양한 확인방법을 통한 완전학습도달에 대한 방법 제안 • 프로젝트 수업 계획, 표현 감상의 기회 제공 등 체계적 운영계획 수립 협의
결과	• 교사 스스로 영어에 대한 친밀감과 자신감을 표현해야 하고, 학생들에 대한 긍정적인 이해도를 바탕으로 학생들에게 다가갈 때 학생들도 영어학습에 대한 동기부여가 됨을 알게 되어 다시 초심으로 돌아가는 계기가 됨 • 학생들의 집중력과 호기심을 증진시킬 수 있는 다양한 수업방안을 알게 되고 이에 대한 꾸준한 연찬 노력 다짐 • 학생 활동 중심의 다양한 수업 방안 등에 대한 중요성을 인식하여 향후 교육과정 분석을 통한 학기별 수업 계획 작성, 프로젝트 학습 방법 구안, 학생주도 학습 방법 구안 등을 통해 자신의 수업에 자신감을 가질 수 있게 됨
기타	• 신규교사로 교내 장학활동이 매우 효율적으로 이루어지고 있어, 향후 영어교사로서 수업에 대한 꾸준한 자기 연찬을 약속하였음. 앞으로도 지속적인 컨설팅 및 코칭을 위한 긍정적 라포 형성 및 격려로 향후 지속적인 협의를 하기로 함

6 미술교과(학교 단위)

미술교과의 수업컨설팅 결과 보고서 예시로서 '표현 및 감상 능력 신장을 위한 창의적인 미술과 교수학습 지도 방법'에 대한 수업컨설팅 사례를 제시하고 있다.

□ 신청 학교

학교명	○○초등	전화번호	
교장	○○○	교감	○○○

□ 신청 영역 및 주제

영역	교수-학습
주제	표현 및 감상 능력 신장을 위한 창의적인 미술과 교수학습 지도 방법

□ 컨설팅장학 운영 기간: 20○○년 7월 4일

□ 컨설팅팀

구분	성명	소속	직위	컨설팅 분야
팀장	○○○	초등학교	교사	교수-학습
지원장학사	○○○			

□ 컨설팅장학 내용

구분	추진 내용
사전 협의	1. 미술과 교수·학습안 작성 및 공개 수업을 위한 연수 요청 2. 표현 및 감상 능력 신장을 위한 미술과 교수학습 지도 방법 연수 요청
진단	1. 미술과 교육과정 및 수업모형에 대한 이해 • 미술과 교육과정 및 필수학습요소에 대한 이해 필요 • 수업모형에 따른 구체적 단계별 활동 이해 필요 2. 미술과 교수–학습지도안 작성 방법 • 미술과 표현 영역에 대한 교수·학습과정안 작성 방법 이해 필요 3. 표현 및 감상 능력 신장을 위한 지도 방법 • 다양한 표현 재료와 용구를 통한 표현 방법의 부재
대안 수립	1. 미술과 교육과정 분석 및 다양한 수업모형에 대한 연수 2. 미술과 교수·학습 과정안 분석 연수 3. 표현 및 감상 능력 신장을 위한 지도 방법의 실제
실행	1. 미술과 교육과정 분석 및 영역별 수업모형 분석 • 시각문화미술교육과 미술과 교육과정의 연계성 연수 • 각 영역에 적합한 수업모형과 각 단계별 활동 예시 안내 • 수업 단계별 활동을 고려한 체계적인 수업 흐름 전개 방법 컨설팅 • 교수·학습 과정안 작성을 위한 구체적인 발문 및 기술 방법 컨설팅 2. 미술과 교수·학습 과정안 작성 • 수업설계란 수업 목표를 학습자들에게 효율적으로 성취시키기 위하여 수행되어야 할 필수 학습 요소를 고려하여 수업활동을 계획하는 것임. 따라서 선수 학습, 선행 학습에 따른 단원의 계열 수립 방법에 대한 컨설팅 실시 • 학생들의 개별화 특성 분석 및 본시 지도를 위한 학생 실태 분석 및 지도방법 컨설팅 • 한국과학창의재단에서 제공하는 창의·인성 요소에 따른 구체적인 전략 제시 및 수업컨설팅 • 미적체험, 표현, 감상 영역의 교수학습 과정 예시안 분석과 수업 전개에 대한 컨설팅 3. 표현 및 감상 능력 신장을 위한 지도 방법의 실제 • 다양한 미술과 수업 교구에 대한 안내 • 평면과 입체 등 다양한 표현 방법에 대한 협의 • 광고, 영화, 애니메이션 등 시각문화를 통한 표현 방법에 대한 컨설팅 • 오감을 활용한 표현 방법에 대한 컨설팅 • 미술과 감상 능력 신장을 위한 놀이 방법 및 자료 활용에 대한 연수
결과	1. 미술과 각 영역에 적합한 수업모형의 선정 및 단계별 활동 이해 2. 미술과 교수·학습 과정안 분석을 실시함으로써 체계적인 교수학습 과정안 설계 및 수업 전개 능력 배양 3. 시각문화 및 다양한 재료를 활용한 다양한 표현 방법 모색 및 감상 놀이와 자료 제작 방법 이해
기타	미술과 수업설계 및 지도안 작성에 대한 컨설팅을 통해 미술과 수업 지도에 대한 열정을 더욱 크게 느낌.

7 통합교과(학교 단위)

통합교과의 수업컨설팅 결과 보고서 예시로서 '통합 교과(즐거운 생활) 지도 및 창의적 미적 체험 방법'에 대한 수업컨설팅 사례를 제시하고 있다.

□ 신청 학교

학교명	○○초등	전화번호	
교장	○○○	교감	○○○

□ 신청 영역 및 주제

영역	교수-학습
주제	통합 교과(즐거운 생활) 지도 및 창의적 미적 체험 방법

□ 컨설팅 장학 운영 기간: 20○○년 10월 25일

□ 컨설팅팀

구분	성명	소속	직위	컨설팅 분야
팀장	○○○	초등학교	교사	교수-학습
지원장학사	○○○			

□ 컨설팅장학 내용

구분	추진 내용
사전 협의	1. 20○○ 교사 동아리 조직 및 연수 실시 2. 통합 교과(즐거운 생활) 지도를 위한 연수 요청 3. 창의적인 미술과 교수·학습 지도 방법 연수 요청
진단	1. 통합 교과 및 미술과 교육과정과 수업모형에 대한 이해 • 통합 교과 및 미술과 교육과정과 필수학습요소에 대한 이해 필요 • 수업모형에 따른 구체적 단계별 활동 이해 필요 2. 시각문화미술교육에 대한 이해 • 팝아트, 셀러브리티 아트 등 다양한 시각문화에 대한 이해 필요 3. 창의적인 미술과 교수·학습 지도 방법 연수 요청 • 다양한 표현 재료와 용구를 통한 표현 방법의 부재 4. 정서적·심미적인 환경 구성 • 효과적인 환경 구성 방법 이해 필요
대안 수립	1. 2009 개정 교육과정에 따른 통합 교과서 및 지도서 변화 분석 2. 미술과 교육과정에 대한 연수 3. 미적체험, 표현 및 감상 능력 신장을 위한 지도 방법의 실제 4. 미적인 교실 환경 구성 방법 연수
실행	1. 2009 개정 교육과정에 따른 통합 교과서 및 지도서 분석 • 통합의 의미에 대한 이해 • 주제별 통합 교과서의 특징 및 구성 분석 • 효율적인 통합 교과 시수 운영 방법 및 수업모형 분석 2. 미술과 교육과정 연수 • 시각문화미술교육과 미술과 교육과정의 연계성 연수 • 2009 개정 교육과정에 따른 미술과 교육과정 필수학습 요소 변화 연수 3. 표현 및 감상 능력 신장을 위한 지도 방법의 실제 • 다양한 미술과 수업 교구에 대한 안내 • 평면과 입체 등 다양한 표현 방법에 대한 협의 • 광고, 영화, 애니메이션 등 시각문화를 통한 표현 방법에 대한 컨설팅 • 오감을 활용한 표현 방법에 대한 컨설팅 • 미술과 감상 능력 신장을 위한 놀이 방법 및 자료 활용에 대한 연수 4. 미적인 교실 환경 구성 방법 연수 • 정서적이고 미적인 환경 구성 사례를 살펴보면서 환경구성 방법 연수
결과	1. 2009 개정 교육과정에 따른 통합 교과 교육과정 및 교과서, 지도서에 대한 선험적 이해 2. 시각문화 및 다양한 재료를 활용한 다양한 표현 방법 모색 및 감상 놀이와 자료 제작 방법 이해 3. 정서적이고 미적인 교실 환경 구성의 초석 마련
기타	2009 개정 교육과정에 따른 새로운 교과서 및 지도서 분석과 미술과 교수학습지도 방법에 대한 컨설팅을 통해 수업 지도에 대한 열정을 더욱 크게 느낌

8 기타(팀 단위)

한편, 창의·인성교과연구회에서 의뢰한 수업컨설팅 결과보고서 예시는 다음과 같이 정리할 수 있다.

창의·인성 교과연구회 컨설팅 결과 보고서

1. 컨설팅 및 연수 내용

순	일시	장소	요청 내용	컨설턴트
1	20○ ○.07.25	온라인컨설팅	수업안 교육과정 재구성 타당도	
2	20○ ○.08.28	컨설팅 및 강의	프로그램 개발 검토	
3	20○ ○.12.05	온라인컨설팅	수업모델의 이론적 배경	
4	20○ ○.12.07	온라인컨설팅	창의적 체험활동 구성 내용	
5	20○ ○.12.09	대면컨설팅	동영상 창의·인성 수업 공개 분석	

2. 컨설팅 및 연수 후 효과

컨설팅명	컨설팅 및 연수 내용
온라인 및 대면 컨설팅	• 수업모델의 제목과 주제 사이의 맥락이 불일치함을 파악하여 명료하고 새로운 주제를 제시함. • 사회과의 창의·인성수업모델 수업안을 분석하여 주고 회원에게 맞는 맞춤형 창의·인성 수업안 작성을 도와줌. • 창의·인성교육 요소의 각각의 의미를 알려주고, 창의·인성교육과정에 적합한 평가방법과 발문 내용을 안내하여 회원들이 개발한 수업안을 수정, 보완할 수 있도록 지도함. • 회원들이 각자 개발한 수업모델의 편집 양식이 서로 다른 부분을 지적하여 수업모델이 일관성을 갖도록 지도함. • 수업모델에 적용한 교수·학습모형과 개발 모델과의 타당성을 검토하고 수정, 보완할 내용을 알려주어 수정할 수 있도록 도와줌.

3. 컨설팅 후 수정 보완 사항

- 창의적 체험활동 장소 선택 시 지역 특색 고려－대안 강구: 동영상 활용 등
- 창의적 사고 기법 적용 시 각 내용별로 주의사항 확인·적용(교수 - 학습과정안)

창의·인성 교과연구회 컨설팅 요약서(면대면)

◎ 컨설팅 개요

창의 인성 교과연구회명		○○ 창의·인성교과연구회			
연구회 현황		연구회 대표			
인원수	개발교과	소속	성명	직위	연락처
5	범교과	○○초	○○○	교사	

소속	직위	성명	연락처	비고

◎ 컨설팅 내용

지도단계	∨현상파악 □ 원인분석 ∨대책수립 □ 대책실시 □ 점검
우수사례	
1. 학교 주변의 학교숲을 힐링(치유프로그램)으로 연계하여 선정한 것이 바람직함 2. 기타 내용을 지면관계상 연구회 대표에게 유선으로 설명할 것임(11.9) 3. 창의인성 교육요소 tip 제시가 친절해 보임	

개선 희망 사항	주요 개선방안
1. 전체적인 체계의 재정립이 필요함 2. 현 교육과정과의 관련성 제시 요망됨 3. 단원 교육과정 재구성의 세분화 4. 창의지성교육 요소 삽입 5. 경기 창의지성교육과의 연계성 부여 6. 전체 프로그램의 맥락화가 요망됨	1. 프로그램 제작 목록 제시 2. 교육과정 재구성 시 어느 교과, 어느 단원에서 추출한 요소인지 제시 요망 3. 교과와 단원의 고른 안배가 요망됨 4. 6가지 탐구 활동의 필요 근거 제시 5. 교사 및 학생 배움활동 제시 시 창의인성 교육과정 지도요소 중심으로 기술 6. 힐링 및 차시별 과정안과 관련된 교사용 지도자료의 적절한 제공 요망 7. 경기도교육청 창의지성교육 역량과의 연관성을 살펴 제시함이 좋을 것임

창의·인성교과연구회에서 온라인으로 3차례 의뢰한 수업컨설팅요약서 예시는 다음과 같다.

창의·인성 교과연구회 컨설팅 요약서(온라인)

◎ 컨설팅 개요

창의 인성 교과연구회명		○○ 창의·인성교과연구회			
연구회 현황		연구회 대표			
인원수	개발교과	소속	성명	직위	연락처
5	범교과	○○초	○○○	교사	

소속	직위	성명	연락처	비고

◎ 컨설팅 내용(1차 컨설팅)

지도단계	ㅁ현상파악 ㅁ 원인분석 V 대책수립 V 대책실시 ㅁ 점검
우수사례	
학교 숲을 이용한 다양한 체험활동을 통해서 학생들의 마음을 치유하고 달래주는 프로그램을 개발함으로써 일반화에 기여할 수 있음	
개선 희망 사항	**주요 개선방안**
교육과정 재구성을 할 때 필요한 교육과정 내용을 왜 가져왔는지 분명히 밝힐 필요가 있음	1차시부터 11차시까지 내용을 가져오기까지의 중간 내용을 삽입하고 기존의 원래 교육과정을 자세히 안내할 필요가 있음
1−11차시 내용을 1차시만 제시하여 전체적인 내용을 알기 어려움	1−11차시 내용을 구체적으로 알 수 있도록 1−11차시 프로그램을 전체적인 개요를 제시할 필요가 있음

◎ 컨설팅 내용(2차 컨설팅)

지도단계	□ 현상파악 ∨ 원인분석 ∨ 대책수립 □ 대책실시 □ 점검
우수사례	
창의적체험활동과 교과교육과 연계함으로써 교과연계 창의적체험활동 프로그램을 운영하여 교육과정 운영 방향을 제시함	
개선 희망 사항	**주요 개선방안**
힐링을 하기 위해 필요한 감정코칭 기법, 상담 기법 등을 제시하지 않았음	1－11차시 등 각 차시별로 유형별로 감정코칭 및 상담 기법을 구체적으로 삽입할 필요가 있음
6가지 탐구활동을 어떻게 활용했는지 차시 지도안에 구체적으로 제시하지 않았음	1－11차시 등 각 차시별 지도안에 6가지 탐구활동을 구체적으로 어떻게 학습활동을 했는지 밝힐 필요가 있음

◎ 컨설팅 내용(3차 컨설팅)

지도단계	□ 현상파악 □ 원인분석 ∨ 대책수립 □ 대책실시 □ 점검
우수사례	
교과지식 위주의 강의식 수업이 아니라, 다양한 체험활동 위주의 체험학습 수업이므로 초등학교 저학년 발달 단계에 적합한 수업 형태임	
개선 희망 사항	**주요 개선방안**
슬기로운생활 성격이 통합교과 성격이므로 바생, 즐생 등과의 연계성이 부족하고 융합적인 성격이 부족함	1－11차시 등을 슬생, 바생, 즐생 등과 연계된 통합교과 성격이 나타나도록 수정하고 융합적인 사고력을 기를 수 있는 내용으로 보완할 필요가 있음
1－11차시별 각 차시별로 활동 사진 및 결과물이 부족하여 구체적인 학습내용을 파악하기 어려움	1－11차시 등 각 차시별로 지도안 다음에 활동 사진 및 결과물을 삽입할 필요가 있음

| **토론문제** |

- 교과별·단위별 수업컨설팅에서 강조해야 할 바를 논하시오.
- 교육현장에서 주로 활용되는 수업컨설팅 형태를 알아보고 수업컨설팅의 발전 방향을 논하시오.

PART

03

The Theory and Practice of Class Consulting for Future Education

미래교육 역량 향상을 위한 수업컨설팅

CHAPTER

12

인공지능과 미래교육 역량

12

CHAPTER

인공지능과 미래교육 역량

학습목표

- 4차 산업혁명의 시대의 개념과 특징을 이해한다.
- 4차 산업혁명 시대에 대비한 미래교육의 인간상과 교육 모형을 파악한다.
- 4차 산업혁명 시대에 대비한 미래 인재의 핵심역량을 파악한다.

KEY WORD 4차 산업혁명, 미래교육의 인간상, 미래교육 모델, 미래 인재의 핵심 역량

1 4차 산업혁명 시대의 개념

현재 전 세계는 인공지능이 중심이 되는 '제4차 산업혁명 시대'를 맞아 정치, 경제, 사회, 문화 등 다양한 분야에서 변화의 움직임이 대두되고 있다. 4차 산업혁명은 18세기 증기기관에 기초한 기계화혁명인 1차 산업혁명, 19세기에서 20세기 초 전기에너지에 기초한 대량생산혁명인 2차 산업혁명, 20세기 후반 컴퓨터와 인터넷 기반의 지식정보혁명인 3차 산업혁명과는 달리, 인공지능을 기반으로 한 사람, 사물, 공간을 초연결, 초지능화한 만물초지능 혁명이다(한경호, 2016). 결론적으로 말하자면 4차 산업혁명은 인공지능, 빅데이터, 사물인터넷, 클라우드, 3D 프린팅, 자율주행 자동차 등과 같이 소프트웨어와 데이터 기반의 지능 디지털 기술변환(intelligent digital technology transformation)에 의한 혁명이라 할 수 있다(Schwab, 2016).

특히, 4차 산업혁명 시대는 과학기술 간의 경계, 실재와 가상현실의 경계, 기계와 생명의 경계가 희미해지는 시대로서(조현국, 2017), 이전의 그 어떤 혁명보다도 가장 큰 변화를 가져올 것으로 예상할 수 있다. 즉, 기존의 현재 시장을 유지하면서 이뤄지는 현재 지향적인 형태의 지속적 혁신(sustaining innovation)과는 달

리, 기존의 시장을 완전히 대체하는 미래 지향적 형태의 파괴적 혁신이라 할 수 있다(Downes & Nunes, 2014). 이러한 4차 산업혁명으로 인해 세계 각국은 빈부격차 심화로 인한 국가 간 불평등과 불균형 심화, 저출산 및 고령화로 인한 경제적 위기, 기존의 직업의 변화로 실업률 증가, 인간성 상실의 위기 등 많은 위기가 노출될 수 있다(박남기, 2017; 한은미, 2016; 조현국, 2017).

따라서, 4차 산업혁명 시대를 적극적으로 준비하고 대응할 수 있는 미래교육의 목적과 방향 탐색, 교수-학습 방법 개선, 미래 사회에 길러야 할 인재 역량 등 다방면으로 모색할 필요가 있다. 또한, 4차 산업혁명 시대는 현재 인간이 수행하고 있는 거의 대부분의 기능이 인공지능으로 대체될 것을 감안하면, 미래교육의 방향도 "두뇌(brain)"의 기능을 밝히는 신경과학, 뇌과학, 인지과학을 토대로 획기적인 패러다임 전환을 가져올 필요가 있다. 즉, 기존의 뇌과학, 심리학, 교육학 등을 융합한 형태로 새롭게 등장하는 교육신경과학(educational neuroscience)은 뇌과학적 지식인 뇌의 인지기능 및 구조를 이해하고, 다양한 실험 상황에서 발견된 연구결과와 일치하는 교육적 원리와 전략을 마련하여 그것을 실제 교육 현장에 적용함으로써, 모든 학습자들이 자신의 뇌기능을 활용하여 주도적으로 학습을 계획, 수행할 수 있도록 하는데 목표를 둔 새로운 교육 패러다임이라 할 수 있다(Jensen, 2007; Ki, 2006).

2016년 다보스포럼에서 Schwab(2016)은 1차, 2차, 3차 산업혁명을 거쳐 제4차 산업혁명의 도래를 주장하였다. 먼저 1차 산업혁명을 통해서 증기기관의 발명으로 수송 수단, 물과 증기를 이용한 생산 기계들을 사용하여 산업의 발전을 가져왔고, 2차 산업혁명을 통해 대량 생산을 가능하게 한 자동화를 가져왔다. 또한, 3차 산업혁명은 정보기술의 발달로 컴퓨터를 통한 자동생산 시스템을 구축하였다.

특히, 4차 산업혁명은 컴퓨팅과 통신의 대상이 사람과 사람을 넘어 사람, 사물, 공간으로 퍼져가는 수평적 네트워킹 확장인 '초연결성(hyper connectivity)', 인터넷과 모바일 플랫폼을 기반으로 사이버물리복합시시스템(cyber physical system)과 인공지능을 주축으로 사회 시스템 간의 상호작용이 심화되는 수직적 네트워킹 확장인 '초지능성(hyper intelligence)' 등 [그림 12-1]과 같은 방향성을 가지고 있다.

그림 12-1 4차 산업혁명 시대의 방향성

초연결성(hyper connectivity)

컴퓨팅과 통신의 대상이 사람과 사람을 넘어 사람 · 사물 · 공간으로 퍼져가는 네트워킹의 수평적 관점에 주목하는 개념

초지능성(hyper intelligence)

초연결성을 지닌 인터넷과 모바일 플랫폼을 기반으로 CPS(Cyber Physical System: 사이버물리복합시스템)와 인공지능을 기축으로 하는 사회 시스템 간의 상호작용이 한층 심화되는 네트워킹의 수직적 확장에 비중을 두는 개념

2 4차 산업혁명 시대의 특징

4차 산업혁명의 특징을 1차, 2차, 3차 산업혁명과 비교해 보면 <표 12-1>과 같이 정리할 수 있다(성태제, 2017; 한동숭, 2016).

표 12-1 1, 2, 3, 4차 산업혁명의 비교 분석

구분	시기	에너지원	기술	주요 특징
1차 산업혁명	18세기	석탄, 물	증기기관	기계에 의한 생산
2차 산업혁명	19~20세기 초	석유, 전기	내연 연소기관 전기에너지	자동화에 의한 대량 생산
3차 산업혁명	20세기 후반	핵에너지, 천연가스	컴퓨터, 로봇	반도체, PC, 인터넷, IT
4차 산업혁명	2015년 이후	친환경에너지	인공지능, 사물인터넷, 3D프린터, 유전공학	빅데이터, 융복합

특히, 세계경제포럼(World Economic Forum)의 창립자인 Schwab(2016)은 1차 산업혁명은 기계화, 2차 산업혁명은 전기화, 3차 산업혁명은 정보화, 4차 산업혁명은 인공지능화, 디지털과 물리세계와의 결합, 바이오 분야의 혁신 등 <표 12-2>와 같이 구분하고 있다. 즉, 제4차 산업혁명은 인공지능, 로봇공학, 사물인터

넷, 자율주행자동차, 3D 프린팅, 나노기술, 생명공학, 재료공학, 에너지 저장 기술, 퀀텀 컴퓨팅(quantum computing)의 발달 등 과학기술의 혁명적인 진보가 이루어지는 시대라고 볼 수 있다(임종헌·유경훈·김병찬, 2017).

표 12-2 1, 2, 3, 4차 산업혁명의 핵심 기술 및 내용

구분	핵심 기술	내용
1차 산업혁명	물, 증기 (water and steam power)	물과 증기를 이용한 증기기관을 활용 생산성 향상
2차 산업혁명	전기 (electric power)	전기 에너지 이용을 통한 대량생산 체제 구축
3차 산업혁명	전자, 정보 기술 (electronics, information technology)	전자와 정보 기술을 이용한 자동화 및 디지털화
4차 산업혁명	디지털, 물리학, 생물학 (digital, physical, biological)	디지털 기술을 바탕으로 물리학, 생물학 결합

또한, Schwab(2016)은 1차 산업혁명은 제4차 산업혁명 시대의 특징을 속도, 범위와 깊이, 체제 변화 등 세 가지 측면에서 <표 12-3>과 같이 설명하고 있다.

표 12-3 4차 산업혁명의 특징

구분	특징
속도 (velocity)	• 과학기술을 포함한 인간 삶의 변화 속도가 기하급수적 증가 • 각 분야들 간의 연계 및 융합 가속화
범위와 깊이 (breadth & depth)	• 디지털혁명을 기반으로 한 과학기술의 변화 주도적 • 사회, 경제, 문화, 교육 등 사회 전반의 광범위한 변화로 연결 • 인간의 정체성에 대한 철학적 사유 및 논의까지 요구하는 변화
체제 변화 (systems impact)	• 시스템 및 체제의 변화, 패러다임 변화 • 개인적인 삶, 국가 체제, 세계 체제 등 변화까지 연결

지금까지 살펴본 산업혁명의 변화 과정과 특징을 정리하면 [그림 12-2]와 같이 도식화할 수 있다(안종배, 2017).

그림 12-2 산업혁명의 변화 과정과 특징

3 미래교육의 인간상

4차 산업혁명 시대의 바람직한 인간상은 인터넷, 글로벌한 시민적 책임의식, 탐구적 자율인 등 총체적이고 포괄적이다. 이러한 인간을 기르기 위해서 인지능력(기초인지능력, 인문학적 소양 등), 인지특성(지적호기심·탐구정신 등), 정의적 특성(정직, 성실, 은근, 끈기 등) 등 [그림 12-3]과 같이 크게 세 가지 핵심 역량을 길러야 한다(성태제, 2017).

그림 12-3 제4차 산업혁명 시대 인간상과 핵심 역량

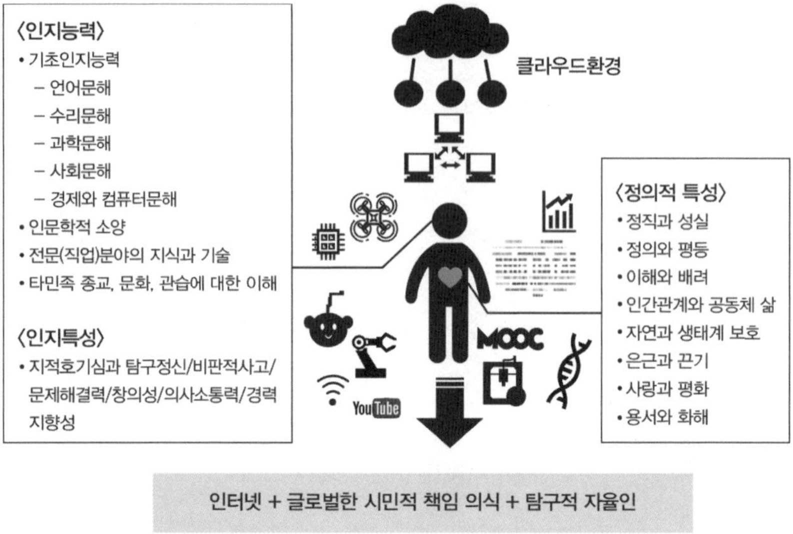

4 미래교육 모형

4차 산업혁명 시대 미래의 교육 모형은 <표 12-4>와 같이 5P(Permeable, Public, Pervasive, Paced, Personal) 학습 체제로 정의할 수 있다(조헌국, 2017).

표 12-4 4차 산업혁명 시대의 미래교육 모형 5P 학습체제

구분	개념	특징
Permeable	• 산업 사회와 직업 생태계의 변화로 인해 등장하게 될 융복합 중심의 교육과정 개편은 기존의 전공이나 학문 분야 간 장벽의 붕괴 가속화	• 온라인과 오프라인, 인문학과 과학기술, 교과와 비교과, 현실과 사이버 세계, 생물과 무생물 등 경계 붕괴 • 교양과 전공 경계 붕괴, 교양교육 내 여러 학문 분야 간 경계 붕괴 • 교수자와 학습자의 경계 모호

구분	개념	특징
Public	• 인간과 기계의 결합과 개방형 플랫폼의 보급은 집단 지성 등 공동체 중심의 학습 자산 형성 강화	• 인간과 기계를 포괄한 집단 학습을 통해 인간의 인지적, 신체적, 정서적 능력 극대화 • 학습의 성과물 역시 개인의 것이 아닌, 집단의 것으로 이해 • 이론과 실천의 연계 강화
Pervasive	• 인공지능의 발달과 빅데이터의 활용은 학습에 대한 시공간적 제약을 해제하여 언제 어디에서나 학습 가능	• 개방형 플랫폼과 사이버 물리 시스템을 통한 토론과 실습, 강의가 복합된 교과목 운영
Paced	• 탈도시화, 탈분권화된 교육과정의 등장은 개인 잠재력과 학습 목적에 적합한 맞춤형 학습 실현	• 각자의 수준에 맞게 학습량과 과제를 조절해 누구든지 목표에 도달 가능
Personal	• 개인의 성격과 인성을 다루는 인간성을 위한 교육 강조	• 생명 가치와 인간에 대한 참된 이해, 서로 다른 문화 이해 및 배려, 존중

그림 12-4 4차 산업혁명 시대의 교육과정, 교수학습법, 평가 연계 모형

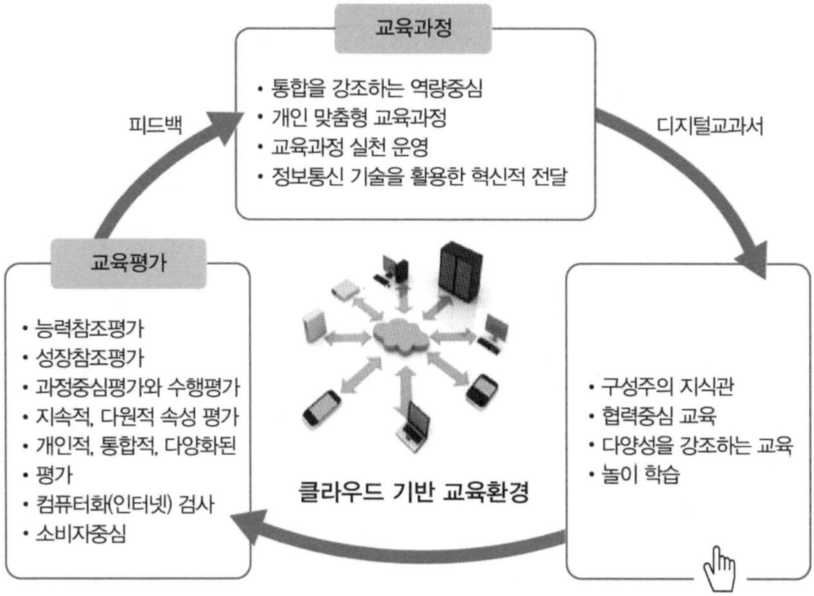

특히, 성태제(2017)는 제4차 산업혁명의 특징이 융합과 초유기체이듯이 교육도 교육의 모든 활동이 분절이지 않으며 초유기적으로 이루어져야 하기 때문에, 교육과정, 교수·학습, 교육평가가 유기적인 관계를 가지며 클라우드 환경과 사이버 공간에서 [그림 12-4]와 같이 이루어져야 한다고 주장하였다.

5 미래사회에 필요한 핵심 역량

특히, World Economic Forum(2016)은 4차 산업혁명 시대에 길러야 할 미래 인재의 핵심 역량으로 특정 기능 역량(functional skills)보다는 사회적 역량, 자원 관리 역량, 시스템 역량, 문제해결 역량, 과학기술 역량 등 다기능 역량(cross-functional skills)을 강조하였다.

표 12-5 4차 산업혁명 시대 인재 핵심 역량

능력(ability)	기본 역량(basic skills)	다 기능 역량(cross-functional skills)	
인지능력 • 유연한 인지 • 창의성 • 논리적 추리력 • 문제 민감성 • 수학적 추리력 • 시각화 능력	직무내용 역량 • 능동적 학습 • 발표력 • 독해력 • 문장력 • ICT 역량	사회적 역량 • 협업능력 • 감정지능 • 협상력 • 설득력 • 서비스 지향성 • 교수력(teaching)	자원관리 역량 • 재무관리 • 재물관리 • 인적자원관리 • 시간관리
신체능력 • 육체적 힘 • 손재주	직무처리 역량 • 경청 • 비판적 사고 • 모니터링 역량	시스템 역량 • 의사결정 • 시스템 분석	과학기술 역량 • 장비 유지, 보수 • 장비 운영, 제어 • 프로그래밍 • 품질관리 • 테크놀로지 및 사용자 경험 디자인 • 기술 문제해결
		문제해결 역량 • 복잡한 문제해결	

특히, 4차 산업혁명 시대 미래교육에서 길러야 할 역량으로 김진숙(2017)은 2015 개정 교육과정에서도 제시하고 있는 창의융합형 인재를 강조하면서 초연결, 초지능, 초융합 사회를 살아가는 창조융합형 인재(creative learner)를 제안하였다. 창조융합형 인재가 갖추어야 할 역량으로 상황 맥락 지능, 감성 지능, 사회정서 지능, 신체 지능 등 [그림 12-5]와 같이 도식화할 수 있다.

그림 12-5 4차 산업혁명 시대의 인재 역량(김진숙, 2017)

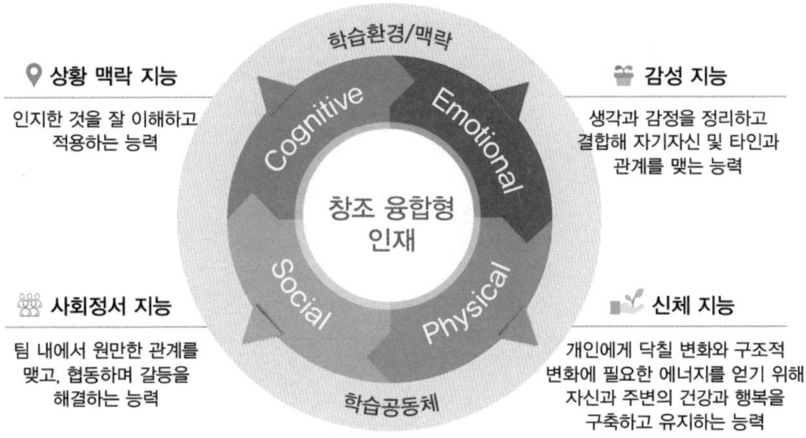

또한, 4차 산업혁명시대의 미래교육에서 길러야 할 인재상은 건강한 미래사회를 주도할 창의적으로 사고하는 인성을 갖춘 전문 인재 즉, '미래 창의 혁신 인재(future creative professional)'라 할 수 있다(안종배, 2017). 이러한 인재를 기르기 위해 필요한 역량은 창의로운 인지 역량, 인성을 갖춘 정서 역량, 협력하는 사회 역량, 생애주기 학습 역량 등 [그림 12-6]과 같이 도식화 할 수 있다.

그림 12-6 4차 산업혁명 시대의 인재 역량

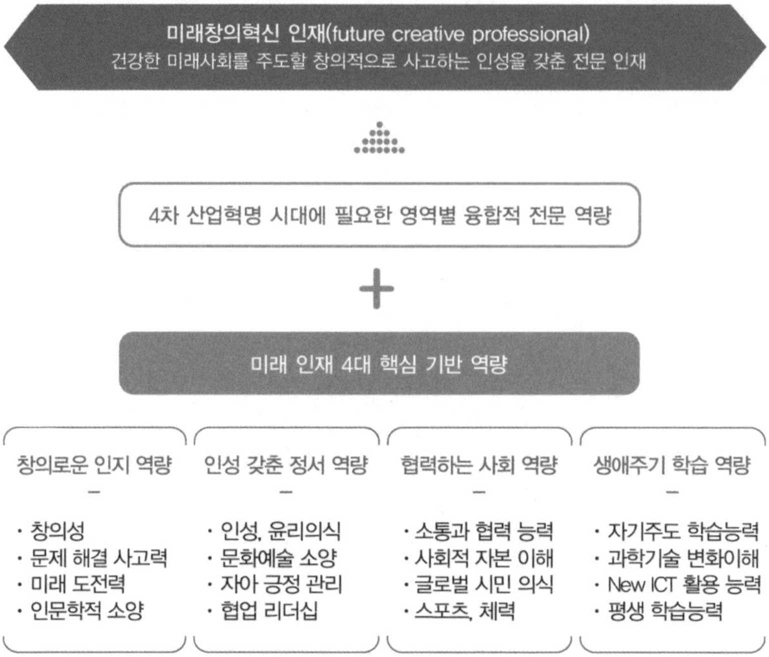

자료: 안종배, 2017.

한편, 제4차 산업혁명 시대에 새롭게 강조될 시민성의 덕성 및 역량을 소개하면 <표 12-6>과 같이 정리할 수 있다(김봉섭·김현철·박선아·임상수, 2017).

표 12-6 4차 산업혁명 시대 시민성의 덕성 및 역량

영역	의미	덕성	역량
① 인공지능 관련 '지식 정보에 대한 권리와 의무'	인공지능의 작동 원리와 오작동 위험성에 관한 필수 지식정보를 충분히 알고 이해할 수 있어야 하며, 필요한 정보의 공개를 요구할 권리를 요구할 권리와 더불어 필수 지식을 숙지하고 변경된 사항들에 대해 관심을 갖고 업데이트를 위한 노력을 기울일 의무도 갖고 있음.(알	근면, 성실의 덕성(꾸준한 정보 탐색과 업데이트를 위한 노력)	정보 검색과 획득, 취사선택의 능력(알 권리 행사, 알아야 할 의무 준수)

영역	의미	덕성	역량
① 인공지능 관련 '지식 정보에 대한 권리와 의무'	권리, 소비자 교육을 받을 권리, 환경의식에 대한 책임, 정보에 대한 책임 등)		
② 인공지능 관련 '태도와 의지에 대한 권리와 의무'	분쟁이나 피해가 발생하거나 발생할 가능성이 있는 경우에, 귀찮다고 넘어가거나 내 일이 아니라고 덮어두지 않고 적극적으로 해결을 위해 참여하려는 태도와 의지에 관련한 권리와 의무(안전할 권리, 선택할 권리, 의견 반영 권리, 구제받을 권리, 지속가능 환경 권리, 기술적 중립성 권리, 비판의식에 대한 책임, 사회적 배려에 대한 책임 등)	공감, 배려, 끈기, 이타적 덕성 (피해에 대해 공감하고, 분노하며, 도와주려는 태도)	자기동기화 능력 (귀찮고 힘들어도 문제해결을 위해 포기하지 않으려는 실천 의지를 스스로 북돋우고 그것을 유지하는 능력)
③ 인공지능 관련 '실천과 조직에 대한 권리와 의무'	문제 해결을 위해 효과적으로 대응하고, 자신의 문제해결뿐만 아니라 비슷한 처지의 다른 소비자들을 위해 단체를 조직하고, 연대하여 문제해결의 절차를 제도화하는 데에까지 나아갈 수 있는 권리와 그렇게 해야 할 의무(의견 반영 권리, 단체조직활동의 권리, 참여에 대한 책임, 연대에 대한 책임 등)	능동, 적극, 책무성 (움츠러들지 않고 앞으로 나아가 문제를 해결하고 책임을 감당하려는 태도)	의사소통력, 사회적 조직력 (다른 사람들과 함께 힘을 합치고 효과적으로 협력할 수 있는 능력)

6 미래교육에 필요한 핵심 역량

일반적으로 역량과 유사한 개념은 비전, 미션, 핵심 능력, 핵심 역량, 역량 요소, 역량 메뉴, 지식, 기술, 내적 특성, 행동 등(이홍민·김종인, 2006)이 있는데, 20세기 초반에는 경영학, 심리학, 교육학 등에서 많이 사용되어 왔으나, 최근에는 그 활용 범위가 확대되고 있다. 이러한 핵심 역량의 개념은 학자들마다 매우 다양하게 정의하고 있다(<표 12 - 7> 참조).

표 12-7 핵심 역량의 개념

구분	개념
Hamel & Prahalad (1990)	경쟁기업이 결코 따라올 수 없는 자기 기업 특유의 차별화된 기술 및 노하우의 결정체
OECD (2003)	복잡한 요구를 성공적으로 충족시키는 능력 또는 활동, 과제를 수행하는 능력
Spencer & Spencer (1998)	직무나 특정 상황에서 준거가 되는 효과적이고 탁월한 수행 성과에 직접 관련된 개인 동기, 특질, 자아의식, 지식, 기능 등의 안정적이고 지속적인 특성
Dubois (1993)	삶에서의 역할을 성공적으로 수행하도록 사용되거나 소유하고 있는 개인의 특성
Boyatzis (1982)	직무에서 효과적이고 탁월한 수행의 원인이 되는 개인의 내적인 특성
Klemp (1980)	직무현장에서 효과적이고 우수한 성과를 산출하는 개인의 잠재적 특성
이광우 (2008)	다양한 현상이나 문제를 효율적으로 또는 합리적으로 해결하기 위해 학습자에게 요구되는 지식, 기능, 태도의 총체
현주 외(2004)	요구를 충족시키거나 과제를 성공적으로 수행할 수 있는 능력
김태기 외(2002)	특정한 상황이나 직무에서 준거에 따른 효과적이고 우수한 수행의 원인이 되는 개인의 내적 특성
김진모 (2001)	조직 환경 속에서 탁월하고 효과적으로 업무를 수행할 수 있는 조직원의 행동 특성으로, 그들에게 요구되는 지식, 기술, 태도의 총체

특히, 핵심 역량은 선천적으로 타고 나는 것이 아니라, 학습될 수 있는 것으로서, 지적능력, 인성(태도), 기술 등을 포괄하는 다차원적(multidimensional) 개념으로, 향후 직업세계를 포함한 미래의 삶에 성공적으로 대처하기 위해 필수적으로 요청되는 능력이다(최승현 외2011; 이광우 외, 2008; 박순경 외, 2008). 또한, 핵심 역량은 개인 또는 사회인으로서 성공적이고 행복한 삶을 유지하기 위해 기본적으로 갖추어야 할 보편적 능력으로서(이광우 외, 2009), 직업적 삶, 사회적 삶, 인간적 삶, 개인적 삶 등 다양한 측면에서의 유의미한 삶을 살아나가기 위해 필수적인 능력이다.

한편, 미래 사회에 필요한 핵심 역량과 교과별 지식이 구심점이 된다는 측면에서 21세기 핵심 역량과 교과지식의 균형 잡힌 발달을 강조하였다(Griffin, et al, 2012). 즉, 교과지식과 핵심 역량을 긴밀하게 잘 연계함으로써 지식의 깊은 이해는 물론 지식을 활용할 수 있는 창의성도 함양할 수 있다.

따라서, 미래 학교 교육과정은 기존의 교과내용을 보다 교과답게 가르치는 방편으로서 핵심 역량을 도입할 수 있다(최승현 외, 2011). 이러한 미래 학교 교육과정의 비전 및 인간상으로 '창의·융합형 인재' 및 '미래 핵심 역량을 지닌 융합인재'를 설정하여 교과 교육과정을 통한 핵심 역량 구현 및 핵심 역량을 통한 교과 교육과정 구현이라는 목적을 달성하기 위해 '교과 교육과정'과 '핵심 역량'이라는 두 가지 축으로 [그림 12-7]과 같이 도식화할 수 있다(이근호 외, 2012).

그림 12-7 미래 학교 교육과정의 두 가지 축

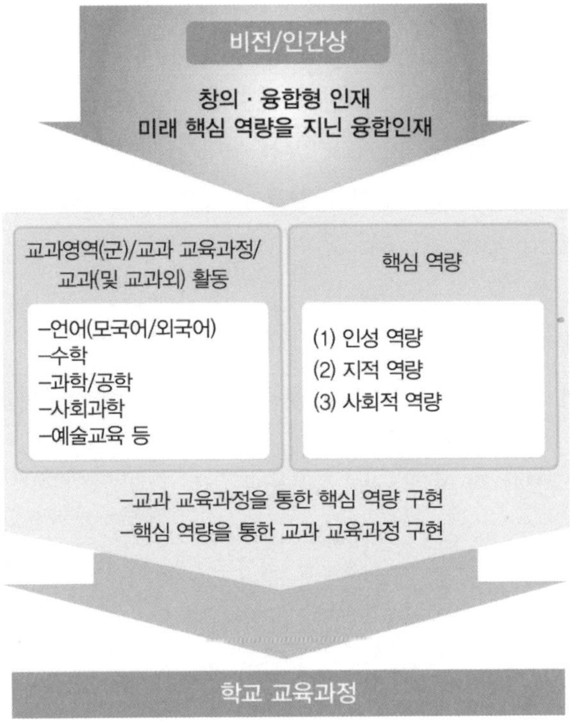

표 12-8 핵심 역량 유형

구분	개념	구성요소
인성 역량	• 인간 성품 계발과 관련된 역량 • 자기존중, 수용, 잠재력 계발, 자기통제와 조절능력 등 개인 차원 및 개인 자격으로 타인을 만나 발생하는 관계 속에서 필요한 역량	도덕적 역량, 자아정체성, 자기인식, 자존감, 개방성, 이해심, 배려윤리 등
지적 역량	• 기본 소양 준비를 기초로 문제를 해결하고 그 과정 속에서 비판적·창의적 사고를 발휘하는 데 필요한 역량	창의적 사고능력, 학습역량
사회적 역량	• 사회적 소통을 중시하고 참여를 통해 문제를 인식하고 사회생활 속에서 자신의 위치나 진로를 개척해 나가는 데 필요한 역량	• 사회생활 능력: 공동체에서 개인 삶과 관련된 역량 • 직무수행능력: 인적자본으로서 직업생활에 필요한 역량

일반적으로 핵심 역량은 인성 역량, 지적 역량, 사회적 역량 등 크게 3가지 유형으로 <표 12-8>과 같이 구분할 수 있다(이광우 외, 2009).

한편, 미래 사회는 저출산 및 고령화, 과학·정보통신기술 발전, 지구촌 및 다원화 사회 등 다양한 특징을 가지고 있다. 이러한 미래 사회 특징에 따른 미래 교육의 방향과 그에 요구되는 핵심 역량을 소개하면 <표 12-9>와 같이 요약할 수 있다(이근호 외, 2012; 박재윤 외, 2010).

표 12-9 미래 학교 교육과정에 필요한 핵심 역량

구분	미래 사회 특징	미래 교육 방향	핵심 역량	비고
저출산 및 고령화	• 가족규모변화, 핵가족	• 삶의 질을 높이는 교육	• 삶 향유능력 • 건강한 자아상 • 문화 및 예술적 감수성	인성 역량
	• 저출산 및 고령화	• 학습코칭, 자기주도적 학습 • 평생학습기반 구축 • 삶과 교육·문화 연계 • 진로교육 활성화 • 학교학습과 직업 간 연계성 강화 및 평생직업 능력 개발	• 자기주도적학습역량 • 자기관리능력 • 문화예술소양	지적 역량

구분	미래 사회 특징	미래 교육 방향	핵심 역량	비고
과학·정보통신 기술 발전	• 기술혁신, 네트워크 사회 • 가치관 및 생활양식 변화	• 인간소외 해소 교육	• 자아정체성 • 다름에 대한 관용	인성 역량
	• 첨단테크놀로지 • 디지털화된 지식사회 • 정보화, 네트워크 사회	• 교육체제 유연화 • 가상현실 이용한 학습 환경, 사이버학습 • 디지털교과서, 스마트러닝, U러닝 • 평생학습사회	• ICT소양 • 정보처리능력 • 자기주도학습역량 • 문제해결역량	지적 역량
지구촌 및 다원화 사회	• 다원주의 • 사회 다원화 • 다문화 및 세계화	• 교육대상자 다원화 • 다문화교육 • 세계시민교육 • 국제이해교육 • 학교와 지역사회 연계 강화	• 남과 더불어 살 수 있는 자질 • 공동체의식 • 타인 배려 • 열린 자세로 세상 수용 • 다문화이해능력	인성 역량
	• 국제화/세계화 • 다원주의 • 사회다원화/신자유주의 • 다문화 및 세계화	• 교육경쟁 심화 • 학교와 지역사회 연계 강화 • 다문화 이해 교육	• 글로벌 시민의식/세계시민성 • 문화 및 예술적 감수성 • 의사소통능력 • 문제해결능력 • 갈등조정능력 • 개인적/사회적 책무성 • 문화적 역량	사회적 역량
지식 기반 사회	• 간학문적 융합기술발달 • 학문 간 융복합/융복합 지식 창출	• 간학문적, 범교과적, 융합학문적 교육 • 고급융합기술 인력 양성 • 통섭형 인재양성 • 학제간 통합교육	• 전문지식	지적 역량
사회·경제적 양극화	• 개인주의 성향 강화 • 사회적 갈등/격차 심화	• 교육 양극화/격차 해소 요구 • 교육기회 형평성/교육복지 증진 요구	• 배려와 관용 • 소통과 협동 • 팀워크 역량	사회적 역량
환경 문제	• 제한된 지구환경	• 친환경교육/인간중심 사고를 벗어난 생태중심 사고 • 지속가능발전교육	• 글로벌 시민의식 • 생태적 지속가능성 • 사회적 책무성 • 환경감수성/생태학적 윤리/환경의식	사회적 역량

| **토론문제** |

- 4차 산업시대에 필요한 바람직한 인간상을 기르기 위한 수업방법에 대해 토의해 봅시다.
- 미래인재에 필요한 핵심역량을 기를 수 있는 수업방법을 토의해 봅시다.

CHAPTER

13

인공지능

1. 인공지능 정의하기
2. 인공지능의 발전에 따른 직업 사회의 변화
3. 인공지능 시대 교육의 지향점
4. 인공지능 활용 교육

13

CHAPTER

인공지능

학습목표

- 인공지능의 개념과 특성을 이해한다.
- 인공지능을 활용한 수업 및 학습의 변화를 이해한다.
- 인공지능 시대 교사의 역할을 설명할 수 있다.

KEY WORD 인공지능, 일자리, 인공지능 활용수업, 미래 역량

1 인공지능 정의하기

'인공지능을 영어로 번역하면 'Artificial Intelligence'이다. 'Artificial'의 의미인 '인공(人工)'은 '사람이 하는 일', '사람의 힘으로 만들어 내는 일'을 의미한다. 'Intelligence'가 의미하는 '지능'은 인간의 지적인 능력을 일컫는 단어로 학자마다 다르게 정의되고 있다. L.M 터먼은 지능을 '추상적 사상을 다루는 능력'이라고 정의하였고, D.웩슬러는 '유목적적으로 행동하고, 합리적으로 사고하고, 환경을 효과적으로 다루는 개인의 종합적 능력'이라고 정의하고 있다.[1] 지능은 학업성취와 같은 개인이 실제로 학습한 것과는 다르다. 지능의 지적인 사고와 지적인 행동은 사전지식에 달려있다. 일반적으로 세상사에 대한 지식이 많고 수행에 필요한 구체적인 지식이 많은 자일수록 더 지적으로 행동할 가능성이 크다. 따라서 지능은 반드시 영구적이고 변하지 아니하는 특성이라고 볼 수 없다. 지능은 경험과 학습을 통해 변화될 수 있다.[2]

1 두산백과. https://terms.naver.com/entry.nhn?docId=1144078&cid=40942&categoryId=31723.

2 Jeanne E. Ormrod(2011). Pearson-Allyn&Bacon, Inc., p.170. Educationl Psycology:

지능에 대한 다양한 정의로 인해 인공지능 대한 정의 역시 명확하게 정의내리기 어렵다. 단, 일반적으로 인간이 했을 경우에 사람들이 지능적이라고 받아들일 행동을 할 수 있는 컴퓨터 프로그램이나 기계를 창조한다는 것이 인공지능의 주요한 개념이다. 인공지능학자인 제리 카플란은 그의 저서에서 자신이 생각하는 인공지능의 본질은 제한된 데이터를 기초로 적당한 시기에 적절히 일반화해내는 능력이라고 기술하였다. 그가 정의한 인공지능의 본질을 생각해보면 왜 인공지능과 빅데이터가 불가분의 관계인가를 추론할 수 있다. 정보의 양이 많으면 많을수록 인공지능이 해낼 수 있는 일의 범위가 넓어지기 때문이다.

아라이 노리코는 그의 저서에서 인공지능(AI)은 어디에도 존재하지 않는다고 이야기하였다. 기본적으로 컴퓨터가 하는 일은 계산이며, 인공지능의 목표는 인간의 지적 활동을 사칙연산으로 표현하는 것이다. 하지만 인간의 지능을 과학적으로 관측할 방법이 애초에 없기 때문에 인간 지능의 원리를 수학적으로 해명하고 이를 공학적으로 실현하는 것은 근본적으로 무리라고 이야기하고 있다.

그럼에도 불구하고 인공지능은 미래사회 빛나는 청사진을 제시하며 우리 사회를 바꿀 획기적인 기술로 인식되고 있는 것이 사실이다. 제리 카플란은 그의 저서에서 인공지능 역사의 획기적인 사건들을 정리하였다. 먼저 1997년 당시 체스 세계 챔피언인 게리 카스파로프를 꺾었던 IBM의 컴퓨터 프로그램 '딥 블루(Deep Blue)'이다. 이를 시작으로 하여 최근에는 전문가 수준의 컴퓨터 체스 프로그램은 아주 흔한 건 물론이고 그 능력도 매우 뛰어나서 컴퓨터 프로그램들끼리 겨루는 대회들이 세계 곳곳에서 열린다고 한다. 스탠퍼드 인공지능 연구소장을 맡고 있던 세바스찬 스런이 '구글 리서치'로 옮겨 개발한 실용적인 자율주행차 역시 인공기능 기술이 인간생활과 결합된 훌륭한 사례이다. 미국의 텔레비전 퀴즈쇼인 '제퍼디(Jeopardy)'에서 승리한 IBM의 왓슨(Watson)역시 놀랄만한 성과였다. 왓슨이 이 업적을 이루기 위해 활용한 데이터베이스 양이 2억 페이지 이상이라니 놀라울 따름이다. 구글이 개발한 프로그램인 알파고(AlphaGo)의 활약 또한 빠뜨릴 수 없다. 알파고는 2016년 3월 한국은 물론 세계 최고의 바둑 선수

Developing Learners(7th Edition), https://ko.wikipedia.org/wiki/%EC%A7% 80%EB%8A%A5#cite_note - 8에서 재인용.

중 하나인 이세돌과 맞붙어 다섯 판 가운데 네 판을 이겨 승리를 거두었다. 최근 인공지능은 음성 인식, 영상 인식 등 인식 기술의 발전을 기반으로 더욱 활용 저변을 넓혀 가고 있다.

2 인공지능의 발전에 따른 직업 사회의 변화

'싱귤래리티(singularity)'는 인공지능의 발전과 관련된 단어로 '특이점'으로 번역된다. 제리 카플란의 정의에 따르면 '싱귤래리티'는 앞으로 언젠가는 기계의 지능이 충분히 높아져서 자기 스스로를 재설계하고 개선할 수 있게 되어, 종국에는 인간이 제어할 수 없는 지성에 이를 것이라는 견해이다. 발명가이자 구글의 기술 부문 이사인 레이 커즈와일은 인공지능이 인간의 지능을 뛰어넘는 미래가 2045년에 도래할 것이며, 그때가 되면 인공지능이 스스로 인공지능을 만들기 시작하고 사람의 뇌를 컴퓨터상에 재현할 수 있을 것으로 예측했다.[3] 아라이 노리코가 현재 기술로 불가능하다고 말한 인간의 지적 활동을 사칙연산으로 표현하는 것이 2045년에는 가능해 질 것이라는 예측이 가능함 지점이다.

이러한 예측은 기술이 인간을 위협할 것이라는 두려움의 요인이 되기도 한다. 인공지능과 기술의 발달이 인간의 직업을 빼앗아 갈 것이라는 논리적 예측도 있지만 더 나아가 인간이 로봇의 지배나 위협을 받게 될지도 모른다는 공상과학 소설 같은 예측들도 나오고 있는 것이 그 예이다.

2013년 옥스퍼드 대학 연구팀은 '고용의 미래: 컴퓨터화에 영향 받기 쉬운 직업(The Future of Employment: How Susceptible are Jobs to Computerzsation?)'이라는 논문에서 10~20년 뒤에도 남아있을 직업과 사라질 직업을 예측하였다. <표 13-1>은 옥스퍼드 대학 연구팀이 예상한 '컴퓨터(AI)화의 결과로 10~20년 후에는 사라질 직업 목록'이다.

하지만 제리 카플란은 그의 저서인 '인공지능의 미래'에서 인공지능 시스템과

3 AI 2045. Nikkei.ince(2018). AI 2045, 인공지능 미래보고서. 일본경제신문사. 반니(2019).

로봇에 대해 생각할 때 흔히 일자리를 두고 인간과 경쟁하는 기계 노동자들을 떠올리지만 그런 관점은 인공지능이 노동 시장에 미칠 영향을 예측하는 데 별로 도움이 안 된다고 이야기한다. 오히려 그는 자동화가 일의 본질을 바꾼다는 사실에 주목해야 한다고 이야기한다. 그는 인공지능이 누군가를 '일자리에서 몰아낼' 것인지 여부를 예측하려면 그 사람이 몸담은 직종에 종합적으로 어떤 기술이 필요하며 그런 기술을 그 사람이 행하는 일의 나머지 부분과 분리할 수 있는지, 그리고 인공지능의 적용 여부를 떠나서 자동화가 기본적으로 얼마나 쉬운지를 따져보아야 한다고 이야기한다.

즉, 반복적인 일이나 육체노동이 필요한 직업군에서는 컴퓨터를 기반으로 한 기술이 직업의 존속을 위태롭게 하는 일이 발생하지만 지각과 정교한 조작이 필요한 과업, 창의적 지성이 필요한 과업, 사회적 지성이 필요한 과업은 자동화로 인해 사라질 위기가 덜하다는 것이다. 인공지능은 데이터를 기반으로 판단을 내릴 수는 있으나 전체를 보고 인간 관계를 고려하여 결단을 내리는 것은 불가능하다는 것이다. 이를 통해 우리는 앞으로 미래 사회를 위해 어떤 인재를 길러야 할지 추측해 볼 수 있을 것이다.

표 13-1 10~20년 후에는 사라질 직업 상위 25개

1	전화 영업 사원(텔레마케터)
2	부동산 등기 심사·조사원
3	손바느질 재봉사
4	컴퓨터를 사용한 데이터 수집·가공·분석 담당자
5	보험업자
6	시계 수리공
7	화물 취급인
8	세무 신고 대행인
9	필름 사진 현상 기술자
10	은행의 신규 계좌 개설 담당자
11	도서관 사서 보조원

12	데이터 입력 작업원
13	시계 조립·조정공
14	보험금 청구·보험 계약 대행인
15	증권 회사 일반 사무원
16	수주 담당자
17	(주택·교육·자동차 대출 등의)대출 담당자
18	자동차 보험 감정사
19	운동 경기 심판
20	은행 창구 담당 직원
21	금속·목재·고무의 에칭·조각업자
22	포장기·충전기 조작원
23	조달 담당자(구입 보조원)
24	화물의 발송·수취 담당자
25	금속·플라스틱 가공용 밀링 머신·평상반 조작원

자료: C.B.Frey and M.A.Osborne, "The Future of Employment: How Susceptible are Jobs to Computerisation?" Septemver 17, 2013. 아라이 노리코(新井紀子) (2018) 재인용

3 인공지능 시대 교육의 지향점

아라이 노리코(新井紀子)는 2011년부터 인공지능 프로젝트 <로봇은 도쿄 대학에 들어갈 수 있는가?>의 디렉터를 맡고 있는 일반의 수학자이다. 그의 연구는 인공지능의 발전과 한계를 알 수 있다는 점과 더불어 우리가 교육을 통해 길러내야 할 인재는 어떤 모습인가에 대해 생각하게 하는 바가 크다. 꽤 많은 우리나라 학생들의 이른바 스카이(SKY)라고 부르는 서울대, 고려대, 연세대와 같은 명문대에 입학하기를 바라는 것만큼 일본에서도 도쿄대가 가진 명성과 인지도는 매우 높다.

'도로보군(東ロボくん)'이라는 애칭으로도 알려진 이 프로젝트의 결과부터 이야

기 하자면 도로보군은 도쿄대에는 합격하지 못했다. 하지만 일본의 메이지 대학, 아오야마 가쿠인 대학 등 유명 사립대학에는 합격할 수 있는 표준점수를 얻었다고 한다. 이는 일본 대학 진학 희망자의 상위 20퍼센트에 달하는 수준이라고 한다. 인공지능이 인간의 직업이나 역할을 대체할 것이라는 주장에 힘이 실린다. 하지만 그는 그의 저서에서 인공지능이 만능은 아니며 인공지능이 인간의 일을 전부 대신하는 미래는 적어도 우리나 우리 자녀 세대가 살아 있는 동안에는 찾아오지 않을 것이라고 전망한다.

옥스퍼드 대학 연구팀은 10~20년 후에도 남아있을 직업을 <표 13-2>와 같이 제시하였다. 여기 제시된 직업들은 인공지능이 대신할 수 없거나 대신하기 어려운 직업들로 고도의 이해력과 커뮤니케이션 능력, 유연한 판단력이 필요한 직업군들이다. 이런 직업들은 인공지능이 할 수 없는 인간만의 지능을 기반으로 한다고 할 수 있다. 아라이 노리코는 이를 독해력, 상식, 유연성과 발상력이라고 이야기하였다.

표 13-2 10~20년 후에도 남아 있을 직업 상위 25개

1	레크리에이션 지도자
2	(기계의)정비·설치·수리 업무 일선 감독자
3	위기관리 책임자
4	정신 건강·약물 관련 사회복지사
5	청각 훈련사
6	작업치료사
7	치과 교정사·치과 기공사
8	의료 사회복지사
9	구강 외과의
10	소방·방재 업무의 일선 감독자
11	영양사
12	숙박 시설 지배인
13	안무가

14	세일즈 엔지니어
15	내과·외과 의사
16	교육 코디네이터
17	심리학자
18	경찰·형사 업무의 일선 감독자
19	치과의사
20	초등학교 교사(특별 지원 교육은 제외)
21	의학자(전염병학자는 제외)
22	초·중학교 교육 관리자
23	족부 전문의
24	임상 심리사·상담사·학교 상담사
25	정신 건강 상담사

자료: C.B.Frey and M.A.Osborne, "The Future of Employment: How Susceptible are Jobs to Computerisation?" Septemver 17, 2013. 아라이 노리코(新井紀子) (2018) 재인용

대부분 기술의 발달이 그렇듯 인공지능의 발달 역시 인간에게 있어 위기이자 기회이다. 사라질 직업, 사라지지 않을 직업도 있겠지만 생겨날 직업도 있을 것이다. 교육자에게 중요한 것은 새로운 시대를 살아갈 다음 세대가 자신의 삶을 바르게 가꿔나가기 위해 어떤 역량을 길러야 하는지를 판단하고 이를 위한 교육 프로그램을 개발하여 적용하는 것이다.

아라이 노리코는 '독해력'을 미래 세대가 길러야할 주요한 역량이라고 보고 이를 위한 교육 프로그램을 개발하여 적용해 나가고 있다. 그는 인공지능의 가장 큰 기술적 단점은 '의미를 이해'하지 못하는 것이라고 하였으며 이를 바탕으로 하여 인간에게 '독해력'이 가장 중요하다는 결론에 다다랐다. 독해력은 커뮤니케이션의 바탕이며 교육을 통해 길러줄 수 있는 능력이다.

박미자는 '부모라면 지금 꼭 해야 하는 미래교육'이라는 저서에서 기계가 할 수 있는 단순하고 반복적인 일보다 인간만이 할 수 있는 일들을 찾고 창조해서 해야 하는 시대가 될 것임을 예견하며 미래 인재에게 필요한 힘으로 공감 능력, 회복 탄력성, 예술 감수성을 들었다. 박미자는 각각의 능력을 다음과 같이 정의

하였다. 첫째, 공감은 다른 사람의 상황, 기분, 감정을 그 사람의 입장이 되어 느끼는 심리적 동조 방식으로 다른 사람과의 원활한 의사소통이 가능해지게 하는 능력이다. 둘째, 회복 탄력성은 인간 내면의 힘으로 사람이 크고 작은 좌절에 빠졌다가도 그것을 도약의 발판으로 삼아 포기하지 않고 앞으로 나아가는 능력을 말한다. 셋째, 예술 감수성은 뭔가를 생각하고 느끼고 표현하는 능력으로 창의력의 바탕이 된다. 그가 이야기한 이 세 가지 힘은 DeSeCo(Definition and Selection of Competencies) 프로젝트가 이야기한 미래 역량을 기반으로 한다.

DeSeCo(Definition and Selection of Competencies) 프로젝트는 1997년부터 2003년까지 OECD에서 진행한 연구활동이다. DeSeCo 프로젝트는 미래 사회를 빠르고 지속적으로 변화하는 기술에 맞춰 모든 과정을 단숨에 숙달하는 것은 물론 적응력까지 필요한 세계, 사회가 더욱 다양화하면서 대인관계에서 이질적인 사람들과의 접촉이 확대되는 세계, 세계화로 인해 새로운 형태의 상호의존이 생기고, 행동의 영향과 결과가 개인이 속한 지역 또는 국가 공동체의 범위를 훌쩍 뛰어넘는 세계라고 정의하고 이러한 세상에서 반드시 지녀야 할 핵심 역량을 크게 '여러 도구를 상호작용적으로 활용하는 능력(use tools interactively)', '사회적으로 이질적인 집단에서의 상호작용 능력(interact in heterogeneous groups)', '자율적으로 행동하는 능력(act autonomously)'의 세 가지 범주로 제시하였다.[4]

이어진 OECD Future of Education and Skills 2030 연구에서는 미래를 살아갈 학생들에게 길러줘야 할 역량이 무엇인지를 찾아내고 이를 기르기 위한 교육의 방향을 설정하고자 하였다. 이 연구에서는 미래를 2030년으로 특정하고 있는데, 그 이유는 2030년이 현재 초등학교에 입학하는 학생들이 전문 직업인으로 사회생활을 시작하는 해일뿐만 아니라 중등학교를 시작하는 학생들이 사회생활을 하는 세대의 중심 그룹이 되는 시대이기 때문이다.[5] 연구에서는 학생들이 미래 삶의 질을 높이기 위해 지향해야 할 학습의 틀을 [그림 13-1]과 같이 제시하였다. 이를 통해 미래 사회 학생들에게 중요한 것은 지식의 여부가 아니라 어떤 행동을 이끌어낼 역량이라는 것을 알 수 있다.

4 http://www.oecd.org/pisa/35070367.pdf.

5 이근호 외(2017). OECD Education 2030 교육과정 조사에 따른 역량 중심 교육과정 비교 연구. 한국교육과정평가원(연구보고CRC2017-8).

그림 13-1 The OECD Learning Compass 2030

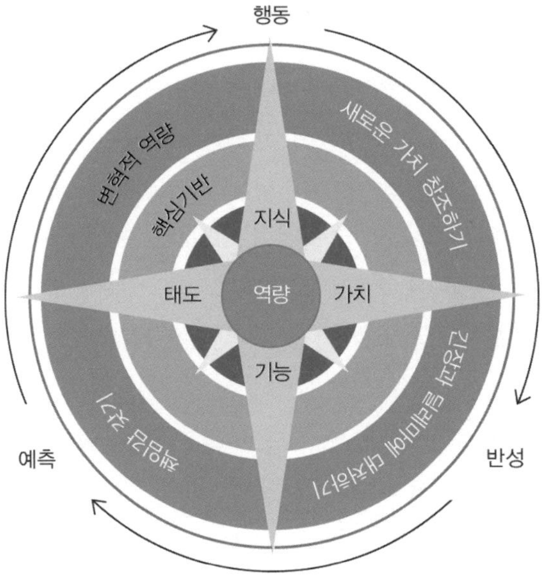

우리나라는 이런 세계 교육의 흐름에 발맞춰 '2015 개정 교육과정'을 역량 중심 교육과정이라 명명하고 교육을 통해 길러줘야 할 6가지 핵심 역량을 제시하고 있다. 자기관리 역량, 지식정보처리 역량, 창의적 사고 역량, 심미적 감성 역량, 의사소통 역량, 공동체 역량의 6가지 핵심 역량을 기르기 위한 수업방법으로는 학생참여중심 수업이 강조되고 있다. 이는 학생들이 수업을 통해 역량을 강화할 수 있도록 하는 수업의 형태로 기존의 강의식 수업에서 벗어나 토의·토론, 실험·실습, 문제해결학습, 프로젝트 등 개별 또는 소집단 형태의 활동 중심 수업을 의미한다. 아울러 평가에 있어서도 교사 중심의 평가에서 벗어나 자기 평가, 동료 평가 등 다양한 평가 주체를 활용하여 종합적인 평가를 실시할 것을 강조하고 있다.

미래 사회는 지금까지 우리가 겪어왔던 세계와 또 다른 모습으로 우리를 기다리고 있을 것이다. 하지만 교육을 통해 미래 사회를 대비할 수 있는 역량을 길러준다면 우리는 기술과 인간의 성공적인 조화를 통해 더욱 발전할 미래 모습을 꿈꿀 수 있을 것이다.

4 인공지능 활용 교육

인공지능의 발달은 교육방법에 있어서도 새로운 기회이다. 최근 인공지능을 활용한 각종 교육 자료들은 학생들의 개별화 학습과 자신의 학습 상황에 대한 기록을 통해 학습 과정을 평가할 수 있는 자료로도 활용되고 있다. 교육부는 '2020 업무계획'을 통해 미래인재 양성의 일환으로 AI첨단분야 인재 양성을 목표로 내세우고 있다. 이 계획에서 교육부는 인공지능이 교육에 필요한 이유로 교실을 벗어난 교육현장, 개별화 학습 및 맞춤형 교육의 실현, 다양한 학습도구를 활용한 학생들의 흥미 유도 및 학습동기 유지를 들고 있다. 이 부분에서는 인공지능이 교육 현장에 활용되고 있는 모습들을 살펴봄으로써 인공지능 활용 교육의 실현 방법을 모색해 보고자 한다.

가. 인공지능 활용 수학 교육 솔루션

인공지능 활용 수학 교육 프로그램의 예로 '노리(Knowre)'가 있다. 노리는 놀면서 수학의 지식을 쌓자는 의미로, 우리 기술로 만든 인공지능 기반 맞춤형 수학 교육 플랫폼이다. 노리는 개발 학습자의 취약점을 인공지능을 이용하여 정밀히 분석하고 실시간으로 개인 맞춤형 솔루션을 제공하여 효과적인 학습을 제공한다는 장점이 있다. 노리의 주요 특징 중 하나는 틀린 문제의 풀이 과정을 분석하여 학습자가 모르는 수학 개념을 찾아내는 것이다.[6] 노리의 학습 서비스는 무료로 수학 관련 동영상 강의를 제공하고 연습 문제를 풀 수 있는 시스템을 구축했던 칸아카데미(Khan Academy)에서 한 걸음 더 나아간 형태라고 보인다. 최근에는 칸아카데미 역시 개인 맞춤형 수업과 게임의 요소를 도입하여 학생 스스로 자기의 진도에 맞게 학습할 수 있다. 이렇듯 인공지능 활용 수업은 개별화된 맞춤형 교육계획을 구성하고 자기주도적 학습을 촉진시키는 데 도움이 될 수 있다.

---

6 https://m.blog.naver.com/moeblog/221874090154.

나. 인공지능 활용 외국어 교육

네이버는 2018년 1월 세계 최대 전자쇼 CES에서 통번역 이어폰 '마스'를 발표하였다. 이어폰 한 쌍을 두 사람이 나눠 낀 다음 서로 다른 언어로 대화를 나누면 이어폰에서 자동으로 통역을 해주는 기술로 네이버의 인공지능 플랫폼인 클로바 앱을 설치하면 다른 스마트폰과도 연동이 가능하다.[7] 음성 인식은 인공지능의 주요한 기능이며 최근 일상생활에서 가장 많이 활용되고 있는 인공지능 기술 중의 하나이다. 구글 번역(Google Translate)기를 활용하여 영어 작문을 하거나 해외 여행에서 스마트폰의 번역 앱을 활용하는 것은 더 이상 먼 미래의 이야기가 아니다.

최근 외국어 교육에서는 인공지능의 음성 언어 인식 기술을 이용하여 1대 1 대화를 실습할 수 있는 시스템을 구축하는 데 힘쓰고 있다. 외국어 학습에서 가장 중요한 것은 표현 능력일 것이다. 인공지능 스피커를 활용한 외국어 학습을 통해 학습자들은 외국어 발화 시간을 늘리고 이를 통해 표현 능력을 신장시킬 수 있다.

다. 인공지능을 활용한 SW교육

우리나라 SW교육에서 가장 보편적으로 활용하고 있는 블록형 코딩 프로그램인 엔트리에서는 최근 인공지능 활용 블록을 개발하였다. 엔트리의 인공지능 활용 블록의 오디오 감지, 비디오 감지 등을 이용하면 목소리를 글을 쓰거나 오브젝트를 움직일 수도 있고, 카메라를 이용하여 몸을 움직이는 게임을 만들 수도 있다.[8]

학생들이 절차적 사고를 통해 자신만의 새로운 인공지능 코딩을 해 나가는 경험을 통해 미래사회에 필요한 창의적 사고 역량을 기를 수 있을 뿐 아니라 인공지능을 더욱 친근하게 느낄 수 있을 것이다.

---

7 부산광역시교육청(2019). 인공지능 기반 교육 가이드북.

8 https://playentry.org/ds#!/notice/5ea157fd7d82620181a74fe6.

라. 각종 인식 기능을 활용한 인공지능 기반 교육

인공지능의 영상 인식 기능을 활용한 플랜트 스냅(Plant Snap) 앱은 스마트 기기로 식물을 촬영하면 식물의 이름과 정보를 알려주는 식물 식별 앱이다. 50만여 종에 대한 정보를 제공하며 현재 94%의 정확성으로 보인다고 한다. 또한 근처 식물 지도를 제공하여 다른 사용자가 등록한 식물을 직접 관찰할 수 있으며 자신이 찾은 식물을 플랜트 스냅 앱 지도에 등록하고 공유할 수도 있다. 플랜트 스냅 앱은 인공지능의 딥러닝 기술을 기반으로 하여 사용자의 정보에 따라 계속 배우면서 정확도가 향상된다. 이러한 앱은 과학시간 식물 학습에 활용이 가능하다.

영상 인식은 체육 수업에서도 활용이 가능하다. 농구 슈팅 연습을 위한 앱인 홈코트(Home Court)는 인공지능 기반 플레이어 추적 기능으로 선수를 실시간으로 추적하고 팔과 다리의 각도, 공의 궤적도 실시간으로 추적할 수 있다고 한다.

이런 다양한 인공지능 기술 활용 수업을 통해 교사는 수업의 다양성을 꾀하고 아울러 학생 성장 중심의 수업을 디자인하여 실천할 수 있을 것이다.

마. 인공지능 활용 수업에서 교사의 역할

유발 하라리는 최근 일본 NHK와의 인터뷰에서 인공지능 시대에 지켜야 할 것은 그게 뭐가 되었든 인간이라고 이야기하였다.[9] 기술은 우리에게 많은 선택지를 준다. 교사는 교육 활동을 통해 학생들이 앞으로 계속해서 발전해 나갈 과학기술을 바르게 활용할 수 있도록 올바른 인성과 긍정적인 학습 경험을 가질 수 있도록 해야 할 필요가 있다. 아울러 과학기술 및 인공지능을 수업 현장에서 활용함으로써 학생들이 과학기술을 친숙하게 인식하게 할 필요가 있다.

인공지능 활용 수업에서 교사는 모든 지식과 정보를 알고 있을 필요가 없다. 대신 다양한 기술을 수업에 접목함으로써 학생들의 배움을 촉진 및 확장 시킬

9 마루야마 슌이치·NHK다큐멘터리제작팀·유발 하라리 외 4인(2020). 초예측, 부의 미래. 웅진지식하우스.

수 있어야 한다. 이를 위해 교사는 교육과정과 학생에 대한 이해와 더불어 기술의 발달에 관심을 갖고 학생들에게 최선의 교육 활동을 제공할 수 있도록 하는 수업 디자이너로써의 역할을 강화해 나아가야 할 것이다.

| **토론문제** |

- 인공지능이 발달한 미래 사회에 적합한 인재상과 갖춰야 할 역량은 어떤 것이 있는지 이야기해 봅시다.
- 인공지능 활용 수업을 계획할 때 교사는 어떤 점에 유의해야 할지 상호 의견을 나눠보시오.

CHAPTER

14

원격수업

1. 새로운 교육
2. 4차 산업혁명과 교육의 변화
3. 원격수업, 그것이 알고싶다
4. 원격수업을 위한 수업 디자인 방안

14
CHAPTER
원격수업

학습목표

- 원격수업의 개념과 원리를 이해한다.
- 원격수업의 형태를 구분하여 비교한다.
- 원격수업설계의 중요 요건을 설명할 수 있다.

KEY WORD 원격수업, 화상수업, 온라인수업, 블렌디드 러닝, 플립 러닝, 거꾸로 수업

1 새로운 교육

'10년이면 강산도 변한다'는 속담은 한국 교육계에서는 예외일지도 모른다. 네모 반듯한 교실, 딱딱한 나무 의자와 책상, 교사와 학생의 위치까지 옛날 교실의 모습과 오늘날 교실의 모습은 몇몇 IT기기를 제외하고는 상당 부분 비슷하다. 교육이나 수업의 형태 역시 지속적인 변화의 움직임은 있어왔지만 교사가 학생을 가르치는 큰 틀은 우리나라 공교육이 시작된 이래 변함 없이 이어져 내려온 전통이다. 이러니 '19세기 교실에서 20세기 교사가 21세기 학생을 가르친다'는 자조 섞인 말도 나올 수 있었을 것이다.

조정호(2019)는 국가 교육과정에서 정해놓은 과목들과 과목별 수업 시수를 준수하여 정해진 수업 기간에 관련 법령을 준수하여 학생들을 가르치는 우리나라의 학교교육을 모더니즘 교육 중심이라 분석하였다. 그가 분석한 모더니즘 교육의 특성은 크게 세 가지이다. 첫째, 학생과 교사의 관계이다. 모더니즘 교육은 학생과 교사의 관계를 주요한 교육 형태로 보고 있다는 것인데, 교사와 학생이 대치되고 있는 전통적 교실의 형태를 떠올리면 쉽게 이 특성을 이해할 수 있다. 둘째, 지식 위주의 교육과정이다. 교육과정은 학생이 배워야 한다고 정해놓은

교육내용으로 2015개정 교육과정의 성취기준이 이에 해당한다고 할 수 있다. 셋째, 학교교육 시간과 공간의 제약이다.

하지만 최근 이러한 모더니즘 교육은 4차 산업혁명이라는 새로운 시대적 흐름과 세계적 팬데믹을 불러일으킨 코로나 19로 인해 변화와 도전을 피할 수 없는 상황이 이르렀다. 본 장에서는 새로운 시대적 흐름에 따른 교육 현장의 변화를 살펴봄으로써 미래교육이 나아가야 할 방향을 제시해 보고자 한다.

2 4차 산업혁명과 교육의 변화

'4차 산업혁명'은 2016년 세계경제포럼(World Economic Forum)의 글로벌 의제(global agenda)로 제시된 단어로 많은 저서에서 회자되어왔다. 인공지능으로 대변되는 4차 산업혁명은 18세기 철도 건설과 증기기관, 기계화를 바탕으로 한 1차 산업혁명, 19세기 말에서 20세기 초 전기와 생산 조립 라인을 통한 대량 생산이 가능하게 된 2차 산업혁명, 20세기 중반부터 시작된 반도체와 컴퓨터 정보화 및 자동화 생산시스템을 통한 3차 산업혁명의 다음 단계로 이해될 수 있다. 2016년 이세돌과 알파고(AlphaGo)의 세계적 바둑대결로 우리에게 새로운 시대의 변화를 확실히 각인시켰다. '인공지능(artificial intelligence)'이라는 용어는 1956년 미국 다트머스(Dartmouth) 학술회의에서 존 메카시(John McCarthy)가 이야기 한 것으로 간단히 '인간의 지능을 가지고 행동하는 기계'라고 할 수 있다(2019 최은택).

클라우스 슈밥(Klaus Schwab)은 4차 산업혁명이 기존의 산업혁명보다 빠른 속도(velocity)로 사회 변화를 일으키고, 범위(scope)도 지역, 사회, 국가, 산업 전반에 걸쳐 확대되며, 이로 인해 경영, 관리 운동, 법 등의 모든 시스템에 영향(system impact)을 주면서 사회 변화를 촉진시킬 것이라고 하였다.[1]

1 송경진 역(2016). 클라우스 슈밥의 제4차 산업혁명. 새로운 현재. Klaus Schwab(2016). The Fourth Industrial Revolution, Geneva: World Economic Forum. pp.12 - 13. 최은택(2019)에서 재인용.

교육 역시 마찬가지일 것이다. 변하지 않을 것 같았던 모더니즘 교육에도 변화의 바람이 불기 시작했다. 이 바람을 더 거세게 만든 것이 바로 '코로나 19'이다.

코로나 19는 2020년 전 세계적으로 팬데믹 현상을 일으킨 바이러스로 이로 인해 전세계 학교는 기존에 학교와 교실이라는 물리적 공간에서 교사와 학생의 관계 속에 이뤄지던 전통적인 교육의 형태를 '원격수업' 혹은 '온라인수업'의 형태로 바꾸지 않을 수 없게 되었다. 우리나라에서도 '온라인개학'이라는 형태로 온라인상에서의 비대면 수업이 이뤄졌으며 '등교개학'이 시작된 이후에도 '온라인수업'과 '등교수업'을 병행하는 등 교육 형태가 지역과 교실에 따라 다양한 양상으로 진행되었다. 교사들은 새로운 형태의 수업에 적응하느라 바빴고 온라인 수업 콘텐츠 제작, 비대면 수업 플랫폼 구축 등 다양한 교육적 도전이 있었다.

이러한 과정 속에서 학생과 교사의 관계, 지식위주의 교육과정, 학교교육 시간과 공간의 제약이라는 모더니즘 교육의 특성은 새로운 교육의 형태로의 변화를 피할 수 없었다. 물론 이러한 교육의 변화가 비단 코로나 19로 인한 것만이 아니라 할지라도 모든 교사가 새로운 형태의 수업의 생각하게 되었다는 데는 이견이 없을 것이다. 학생과 교사의 관계는 1대 다수의 전통적인 형태에서 1대 1의 형태로 변화하였고 지식 중심 교육과정은 역량 중심 교육과정으로 변화하였으며 시간과 공간은 교육에서 제약 사항이 되지 못하게 되었다.

최근 3년간의 'Horizon Report'에서는 새롭게 부상하는 지능정보기술이 매년 학교 교육 내 기술 적용을 가속화하는 주요 주제(key trend)를 단기, 중기, 장기로 구분하여 <표 13－1>과 같이 제시하였다. 이제 전염병의 위협 또한 학교 교육 내 기술 적용 가속화의 한 요인이 되지 않을까 생각해 본다.

표 14-1 학교 교육에 기술 적용을 가속화하는 주요 추세

시기	단기(1년 이내)	중기(2~3년)	장기(4~5년)
2015년 전망	• 혼합학습(blended learning)의 증가 • STEAM(Science, Technology, Engineering, Art, and Mathematics) 학습의 부상	• 협력학습의 적용 증가 • 소비자로서의 학습자로부터 생산자(creators)로서의 학습자로의 관점 전환	• 학교의 기능과 작용방식에 대한 재고 • 디퍼 러닝(deeper learning)으로의 전환
2016년 전망	• 문해력으로서의 코딩 강조 • 생산자로서의 학습자 강조	• 협력학습의 확산 • 디퍼 러닝의 확산	• 교사 중심의 접근에서 학습자 중심의 접근으로의 전환에 따른 학습 공간 재설계 • 학교의 기능과 작용방식에 대한 재고
2017년 전망	• 문해력으로서의 코딩 강조 • STEAM 학습의 부상	• 학습분석학(learning analytics) 등을 활용한 학습 측정에 대한 관심 증대 • 교사 중심의 접근에서 학습자 중심의 접근으로의 전환에 따른 학습 공간 재설계	• 혁신문화의 지속적 발전과 확산 • 디퍼 러닝의 확산

자료: NMC Horizon Report: 2015 K-12 Edition(Johnson, L., Adams Becker, S., Estrada, V., and Freeman, A., 2015:6-19에서 일부 발췌); NMC/CoSN Horizon Report: 2016 K-12 Edition(Adams Becker, S., Freeman, A., Giesinger Hall, C., Cummins, M., and Yuhnke, B., 2016:6-19에서 일부 발췌); NMC/CoSN Horizon Report: 2017 K-12 Edition(Freeman, A., Adams Becker, S., Cummins, M., Davis, A., and Hall Giesinger, C., 2017:8-23에서 일부 발췌). 홍선주 2017 재인용

가. 교사와 학생의 관계 변화

교실의 최고 권력자는 교사이다. 학생 중심 교육을 표방하며 학생 중심으로 수업을 보고자 하는 노력이 있기는 하였으나 이는 교실 수업 상황에서 학생을 존중하자는 의미 이상은 가지지 못하였다. 학생 중심 교육에서도 가르치는 주체는 바로 '교사'이기 때문이다. 전통적인 수업에서 교사는 지식을 전달하고 수업을 진행하는 주도적인 역할을 수행하게 된다. 하지만 정보통신기술을 활용한 4차 산업혁명 시대의 수업은 교사에게 새로운 역할을 부여하였다.

홍선주(2018)는 지능정보사회에서 교사의 새로운 역량의 필요성을 이야기하며 앞으로 교사는 개별 학습자의 학습을 안내하고 멘토링을 제공하는 지원자로서의 역할을 요구받게 된다고 하였다. 이는 교실 수업에서 교사가 퍼실리테이터로 기능하게 됨을 의미한다. 퍼실리테이터(facilitator)는 우리말로 '촉진자'로 번역된다. 퍼실리테이터로서의 교사는 전통적인 지식 전달자로서의 역할에서 벗어나 '학습 안내자, 사고 촉진자, 경험구성자'로서의 대안적 역할을 수행해야 한다(교육부 2016).

4차 산업혁명 시대의 수업에서 교사의 퍼실리테이터로서의 역할이 중요한 이유는 수업에서의 관계가 더 이상 교사와 다수의 학생으로 규정되는 것이 아니기 때문이다. 정보통신발달과 지능정보사회에서의 수업은 점점 개인화되며 이로 인해 교사와 학생의 일대일 관계가 더욱 강화될 것이다.

나. 역량 중심 교육과정

기존 지식 중심 교육과정에서는 지식 전달과 암기 위주의 교육이 중시되었다. 학생은 교사가 전달해 주는 지식을 외워야 했으며 평가에서는 이러한 지식을 많이 기억하고 있는 학생이 우수한 성적을 거둘 수 있었다. 하지만 정보통신기술의 발달로 인해 지식을 암기하는 것은 지양해야 할 교육의 형태가 되었다. 그보다는 학습자가 학문적 학습을 통해 얻은 지식이나 기술을 실세계 문제 해결에 적용해 보는 학습 경험을 가지게 함으로써 실질적으로 자신의 삶을 가꿔나갈 수 있는 힘을 기르는 '역량 중심 교육과정'이 필요하게 되었다.

2015 개정 교육과정은 '역량 중심 교육과정'을 표방하고 학생에게 필요한 역량을 '자기주도적 학습 역량', '지식정보처리 역량', '창의적 사고 역량', '심미적 감성 역량', '의사소통 역량', '공동체 역량'의 여섯 가지로 정하였다.

다. 시간과 공간의 제약 없는 학교교육

4차 산업혁명 시대의 교육 모습은 매일 아침 등굣길 풍경도 바꿔놓을 것이다. 학생들은 지능정보기술을 활용하여 자신이 편한 시간에 새로운 수업 플랫폼을 통해 개인화된 커리큘럼에 따라 학습 콘텐츠를 자기주도적으로 학습하고 이를 토론, 포트폴리오 등 다양한 형태로 표현할 수 있다.

MOOC(Massive Open Online Courses)같이 웹 서비스를 기반으로 이뤄지는 온라인 공개수업의 형태가 각 교실에서 이뤄지게 되는 것이다. 이런 상황에서는 다수를 대상으로 한 획일적 형태의 수업이 아니라 개인화된 맞춤형 교육 활동이 이뤄지게 된다. 일각에서는 이러한 교육 형태의 변화가 학교의 해체를 의미하는 것이 아닌지 우려하기도 한다. 하지만 다르게 생각하면 이는 학교의 확장과 교육의 다양화를 의미하는 것이라고도 할 수 있다. 학생은 원격 화상교육, 블렌디드 러닝, 플립 러닝 등의 원격수업 형태로 5G를 통해 언제 어디서든 자신의 학교를 만들 수 있을 것이다.

3 원격수업, 그것이 알고싶다

원격수업에 대한 사전적 의미는 정의되어 있지 않으나 원격과 수업이라는 두 단어의 의미가 합해진 단어인 것을 고려할 때, 원격수업은 정보통신기술을 활용하여 직접적으로 대면하지 않고 운영하는 모든 형태의 수업을 통칭할 수 있다. 원격수업은 교수자와 학습자의 대면 상황 여부에 따라 원격 화상교육과 플립 러닝, 블렌디드 러닝으로 나눌 수 있다. 본 장에서는 세 가지 형태의 원격수업 형태를 분석적으로 살펴보고자 한다.

가. 원격 화상교육

원격 화상교육은 교수자와 학습자가 화상회의용 카메라, 컴퓨터 소프트웨어를 사용하여 실시간으로 의사소통을 하며 운영하는 수업 형태를 이야기 한다. 본래는 기업에서 지리적으로 떨어져 있는 두 지역을 시청각으로 결합해서 실시간 회의를 하기 위한 시스템이었으나 최근에 들어서 교육 현장에서의 사용이 점차적으로 증가하고 있으며 교사와 학습자 또는 학습자 상호간의 양방향적인 의미의 교섭과 정보교환을 가능하게 한다(Gillies, 2008). Gillies는 원격 화상수업이 실시간 의사소통을 가능하게 하여 언어 습득에 유용하다고 이야기 하였다. 이를 증명하듯 원격 화상수업은 외국어 교육 학습 분야에서 많이 연구되었다.

조세경(2001)은 성격에 따라 원격 화상교육을 스튜디오형 화상교육, ISDN형 화상교육, 인터넷 기반 화상교육, 일대일 방식의 화상교육, 일대다인 방식의 화상교육으로 구분하였다. 스튜디오형 화상교육, ISDN형 화상교육, 인터넷 기반 화상교육은 정보통신기술의 발달에 따른 원격 화상교육의 변화라고 할 수 있으며 일대일 방식의 화상교육, 일대다인 방식의 화상교육은 교수자와 학습자의 관계에 따른 구분이라 할 수 있다.

스튜디오형 화상교육은 교수자가 방송국 스튜디오처럼 마이크, 조명기구, 촬영장비를 갖추고 교육을 하는 형태로 경제적 측면에서 많은 투자를 요구한다. 위성TV를 활용한 수업의 형태라고 할 수 있다. ISDN(Intergrated Services Digital Network)형 화상교육은 컴퓨터를 활용하여 디지털 정보를 안정적으로 전달할 수 있다는 장점이 있다. 인터넷 기반 화상교육은 ISDN형 화상교육보다 정보통신망이 더욱 개발된 시점에 적용된 화상교육이라고 할 수 있다.

현재 정보통신기술의 발달 상황으로 볼 때 더 이상 인터넷 발전에 따른 원격 화상수업의 형태 구분은 의미가 없다고 생각된다. 특히 우리나라의 경우 가구 인터넷 보급률은 81.6%[2]에 이른다. 이 통계 지표는 이동통신망을 통한 무선인터넷(이동전화 무선인터넷)접속을 제외한 것이다. ITU(International Telecommunication Union)에서 167개국의 ICT에 대한 접근성, 이용도, 활용력 등을 종합평가하여 한 나라의 정보통신 발전 정도와 국가 간 정보격차를 종합적으로 나타내는 지수에서도 우리나라는 인터넷 접속 가구비율 1위, 종합 2위를 차지할 정도로 높은 인터넷 보급률을 보이고 있다. 즉, 원격 화상수업에 인터넷이 보급되지 않아 참여하지 못하는 학생은 소수일 것이라는 것이다. 이제 원격 화상수업은 다양한 플랫폼을 활용하여 모바일로도 참여할 수 있는 등 참여가 용이한 형태로 발전해 가고 있다. 하지만 그럼에도 불구하고 원격 화상수업을 위해서는 웹캠 등 시스템을 구축해야 하며 기술적인 오류가 발생할 수 있다는 단점도 있다. 박미혜(2000)는 <표 14-2>와 같이 원격 화상교육의 장점과 단점을 분석하였다.

2 과학기술정보통신부 및 한국정보화진흥원. 인터넷이용실태조사(국가승인 지정통계 제120005호)

표 14-2 원격 화상교육의 장점 및 단점

장점	단점
원격지 간의 이동 및 출장으로 소요되는 막대한 경비와 시간의 최소화	시스템의 초기 투자 비용 및 관리비용 높음
교수자와 학습자 간의 정확하고 신속한 상호작용이 가능한 동시에 면대면 상황과 동일한 교육경험 가능	기술적인 제한 요소 있음
정확하고 신속한 정보 공유와 자료 축적 가능	교사 및 학습자들이 지정된 시간에 영상 강의실로 모여야 한다는 한계점 존재

원격 화상교육은 교수자와 학습자가 물리적으로 다른 공간에 있더라도 정보통신망을 활용하여 수업을 가능하게 한다.

하지만 교수자가 수업을 이끌어나가는 교사 중심 수업의 형태를 벗어나기 힘들어 교실에서 일어날 수 있는 교사와 학생, 학생과 학생 간의 다양한 상호작용을 기대하기에는 어렵다는 단점이 있다. 또한 주로 강의나 연습 형태의 언어 교육에서는 장점을 가지고 있는 반면에 실험, 실습, 노작 등 학생 참여형 수업을 실천하는 것은 불가능하다. 이를 보완할 수 있는 원격수업의 형태로 플립 러닝과 블렌디드 러닝이 있다.

나. 플립 러닝

플립 러닝은 2000년에 Baker에 의해 'fliiped classroom'으로 소개된 후 2012년 미국 콜로라도 주의 우드랜드 파크 교사인 Bergmann & Sams가 개인적 사정으로 수업에 참여하지 못한 학생들을 위해 수업내용을 온라인 동영상으로 제공하는 것을 'flipped learning'으로 정의하면서 국내에 역전학습, 적시수업, 역진행 학습, 거꾸로 학습이라는 다양한 용어로 도입되었다(Hung, 2015).

플립 러닝은 수업 시간에 활용된 핵심적인 교과내용을 교사가 동영상으로 제작하여 학생들이 가정에서 미리 보고 오게 하고 수업시간에는 교사와 학생, 학생과 학생끼리 질의응답이나 토론, 또는 팀별 활동 등을 하는 형태로 운영된다. 이러한 수업은 기존의 교사 중심의 주입식 교육 수업 방식을 학생 중심 수업으로 뒤집은 것으로 수업 방식의 변화를 통해 학생들의 학습을 향상시키는 데 그 목적이 있다(Bergmaan & Sams, 2012).

국내에서 플립 러닝을 대중에게 소개한 것은 한 방송사에서 방송했던 다큐멘터리 프로그램이었다. 2015년 KBS에서 방영한 '거꾸로 교실이 마법'이라는 프로그램에서는 플립 러닝을 우리말로 번역한 '거꾸로 교실'로 소개하였다. 총 3편으로 구성된 프로그램에서 학생들은 수업 참여도에서 눈에 띄는 변화를 보였고 이를 통해 거꾸로 교실에 대한 교육계의 인지도가 높아졌다.

플립 러닝은 미리 학습 영상을 보고 수업에 참여한다는 점에서 예습과 비슷하게 생각될 수 있다. 단, 차이점이 있다면 과거 예습이 미리 책이나 교과서를 읽어보는 것이었다면 플립 러닝은 정보통신기술을 활용하여 시간과 공간의 제약 없이 동영상으로 수업의 주요 아이디어를 얻을 수 있다는 것이 차이점이다.

이민경(2014)는 플립 러닝 프레임워크의 두 가지 구성요소를 [그림 14-1]과 같이 교육기술과 활동을 통한 학습으로 나누었다. 즉, 플립 러닝이 교육기술과 학생 활동을 통해 학습환경을 바꾼다는 것으로 교육의 패러다임이 교사 중심에서 학생 중심으로 변해가는 데 플립 러닝이 해결책이 될 수 있음을 나타내고 있다.

그림 14-1 플립 러닝 프레임워크

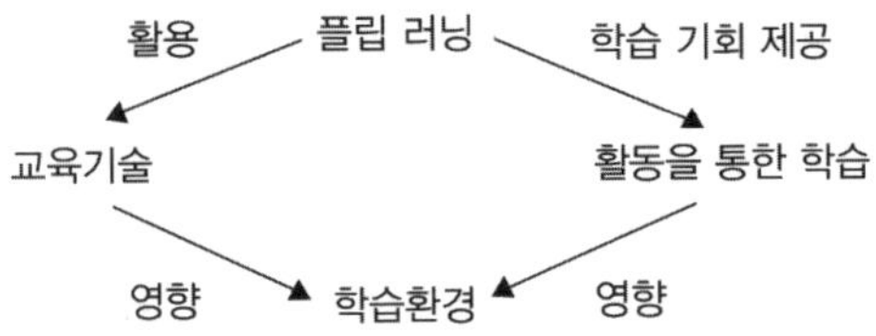

김백희(2014)는 <표 14-3>과 같이 전통적인 수업방식과 플립 러닝 수업방식을 교실 안과 교실 밖으로 구분하여 그 차이점을 정리하였다.

표 14-3 전통적인 수업방식과 플립 러닝 수업방식 비교

전통적인 수업방식	구분	플립 러닝 수업방식
교사 중심의 일방적인 지식전달을 위한 수업	교실 안	교사와 학생, 학생과 학생 간의 상호작용(토론, 토의)
문제풀이, 토론 및 과제	교실 밖	선행 학습 자료를 통한 일방적인 수업
교사의 학생에 대한 지식 전달이 쉬움	장점	학생 중심의 주도적 학습, 심화학습 가능, 학생 간 학습 수준 편차가 줄어듦
학생의 심화학습이 어려움	단점	교사의 플립 러닝용 학습 준비 부담이 큼, 학생이 사전에 학습을 진행해야 하는 부담이 큼

플립 러닝 적용에 있어서 교사들이 가장 부담을 느끼는 것은 동영상 자료의 제작이다. 하지만 Bergmann & Sams(2013)은 플립 러닝에서 사전 학습으로 반드시 동영상을 제작할 필요는 없다고 했다. 사전 학습 동영상은 수업 활동을 위한 도구이며 동영상 자료의 유무보다는 수업 형태의 실천이 플립 러닝을 가능하게 하는 가장 중요한 요소인 것이다. 일례로 사전 동영상을 보고 왔다고 하더라도 수업이 강의식의 교사 중심 수업 형태로 이뤄진다면 명확한 의미에서 플립 러닝이 이뤄졌다고 보기 어렵다. 김은영 외(2015)의 연구에서는 플립 러닝의 구조를 <표 14-4>와 같이 정의하고 있다.

이지연 외(2014)의 연구에서는 전통적인 수업과 플립 러닝의 수업 구조 및 활동 내영을 수업 전, 수업도입, 수업 중, 수업 후, 일과시간 중으로 세분화하여 <표 14-5>와 같이 제시하였다. 이 연구에서 주목할 것은 플립 러닝에서는 수업에 대한 피드백이 수업 중에 이뤄진다는 것이다. 기존의 전통적인 수업 형태

표 14-4 플립 러닝의 구조

수업 구조	세부 활동
교실 수업 전 활동	강의용 비디오 보기 강의노트 읽기, 퀴즈/질문에 대한 답 작성, 학생 산출물 제작
교실 수업 활동	퀴즈, 질의응답, 토론, 실험, 탐구활동, 문제해결활동, 프로젝트, 콘셉트맵 개발

에서 교사의 가르친다는 행위가 자신이 전달해야 할 지식을 최대한 효율적으로 전달하는 데 있었다면 플립 러닝에서는 학생이 학습목표와 관련된 지식을 습득하는지 확인하고 부족한 부분에 대한 즉각적인 피드백을 주는 것이 교사의 교수 행위에서 중요한 부분을 차지하게 된다.

김시원(2016)은 플립 러닝의 특성을 학습자, 교사, 수업구조 면에서 분석하였다. 첫째, 플립 러닝은 학생을 자기주도적인 능동적 학습자로 바꾼다. 학생이 스스로 수업의 분량 및 진도를 조절할 수 있어 학습결손이 일어난 학생들도 뒤처지지 않고 참여할 수 있고 개개인의 수준에 맞는 보충·심화학습도 가능하다. 둘째, 교사는 학습 조력자, 촉진자, 협력자, 문제해결자로서 역할이 전환된다. 이를

표 14-5 전통적인 수업방식과 플립 러닝 수업방식 비교

수업 구조	전통적인 수업	플립 러닝
수업 전	• 교사는 강의 준비 • 학생이 해야 할 과제 안내	• 교사는 다양한 학습내용 준비 • 학생은 제공된 교과내용을 학습하고 문의사항 기록
수업 도입	• 교사는 도움될 요소 파악 • 학생은 기대 학습에 대한 정보 획득	• 교사는 학생들이 필요로 하는 도움을 예상 • 학생은 교사에게 학습 안내에 대한 질문을 함
수업 중	• 교사는 수업에 이용되는 모든 자료를 사용하려고 함 • 학생은 수업에 참여	• 교사는 학생의 문의에 대한 피드백과 소규모 강의를 통해 학생들의 과정을 안내
수업 후	• 교사는 학생들의 과제를 평가 • 학생은 지연된 피드백을 받으며 과제 진행	• 교사는 학생들이 필요로 하는 것에 대해 추가적인 설명과 리소스를 제공하고 질 높은 작업 및 활동에 대해 점수를 부여함 • 학생은 교사의 설명과 피드백에 따라 그들이 보유하고 있는 지식이나 기술을 계속 활용함
일과 시간 중	• 교사는 수업시간에 있었던 일을 종종 반복함 • 학생은 공부한 것에 대한 확인을 필요로 함	• 교사는 학생들의 이해력을 높이기 위해 지속적인 안내를 함 • 학생은 본인들이 필요로 하는 것을 구하기 위한 능력을 갖춤

통해 학생들의 학습에 대한 교사의 영향력이 보다 커지게 된다. 셋째, 수업구조를 활동중심적인 수업으로 변화시킨다. 특히 교사와 학생 간, 학생과 학생 간의 상호작용으로 고차적 사고력과 문제해결능력을 기를 수 있고 새롭고 신선한 지식을 획득할 수 있는 기회를 제공할 수 있다.

플립 러닝은 정보통신기술을 활용하되 교실 수업과의 연계성을 강화하여 학생 참여형 수업을 운영할 수 있다는 점에서 수업 현장에서의 적용성이 더욱 강화된 원격수업의 형태이다.

다. 블렌디드 러닝

혼합형 학습이라고 번역되기도 하는 블렌디드 러닝(Blended lerning)은 간단히 전통적 교실 수업과 온라인 교수학습을 결합하는 것(Huang, 2009)으로 정의할 수 있다. Mantyla(2001)역시 혼합형 학습을 '학습자들의 학습 성과를 향상시키기 위하여 두 가지 이상의 제시기법이나 전달방식을 결합하는 것으로 정의하고 있다. Singh과 Reed(2001)는 블렌디드 러닝이 '4right'의 속성을 가지고 있다고 하였는데 이는, 학습목표달성을 최적화하는 것에 초점을 두고 적합한(right) 시간에 적합한(right) 사람에게 적합한(right) 스타일에 맞춰 적합한(right) 학습관련기술을 적용하는 것이라는 의미를 담고 있다.

임정훈(2004)은 블렌디드 러닝이 온라인과 오프라인 학습 환경을 물리적으로 결합하는 것이 아니라 학습목표, 학습방법, 학습 시간과 공간, 학습활동, 학습매체, 상호작용방식 등 다양한 학습요소들을 결합하여 최상의 학습효과를 도출해내기 위한 온라인 학습 설계전략이라고 하였다. 한국교육공학회(2005)는 블렌디드 러닝이 학습목표, 학습내용, 학습시간과 공간, 학습방법, 학습매체, 상호작용방식 등 다양한 학습요소들의 복합적 활용을 통해 최적의 학습효과를 창출해내기 위한 설계전략으로서, 주로 온라인 학습 전략과 오프라인 학습 전략을 적절히 결합, 활용함으로써 학습 성과를 극대화하기 위한 학습이라 정의하였다.

지금까지 제시된 블렌디드 러닝의 정의를 살펴보면 정보통신기술을 활용하여 학습자에게 맞는 최적화된 교육 활동을 제공하는 것으로 IT기술을 활용한 수업 활동을 통합적으로 아우르는 개념이라고 이해할 수 있다. 온라인을 활용한 학습

자료 공유뿐 아니라 온라인을 활용한 실시간 원격 수업을 통한 상호작용, 개인별 학습과제 등 모든 형태의 수업이 블렌디드 러닝이 될 수 있다.

Singh와 Reed(2001)는 블렌디드 러닝의 원칙으로 다음의 네 가지를 제시하였다. 첫째, 전달방법보다 학습객체에 중점을 둔다. 둘째, 더 많은 학습자의 접근을 지원하기 위해 다양한 개인의 학습 스타일이 필요하다. 셋째, 학습자는 서로 다른 지식을 학습경험에 개입시킨다. 넷째, 많은 경우 가장 효과적인 학습전략은 '내가 필요한 것'을 '필요한 시간에'이다. 이런 원칙들은 블렌디드 러닝이 학습자 중심의 수업설계 전략임을 명확히 하고 있다. 학습자의 학습을 위해 다양한 형태의 학습 활동이 유기적이고 탄력적으로 이뤄질 수 있다는 것인데 김동희(2011)는 이러한 다양한 형태의 활동을 병합한 블렌디드 러닝의 학습 구성을 <표 14-6>과 같이 제시하였다.

블렌디드 러닝은 학습자의 학습목표 성취를 위해 온라인과 오프라인 학습을 적절히 병행하여 운영한다는 면에서 활용 가능성이 높은 학습 전략이라 할 수

표 14-6 전통적인 수업방식과 플립 러닝 수업방식 비교

실시간 면대면 활동(형식적)	실시간 면대면 활동(비형식적)
• 교사 주도의 수업 • 워크숍 • 멘토링/코칭 • 실습훈련(OJT)	• 동료 간의 연계조직 • 스터디 그룹, 워크숍, 조사팀 • 역할 모델링
온라인상의 협력활동(동시적)	**온라인상의 협력활동(비동시적)**
• 실시간 온라인 학습 수업 • 온라인 멘토링	• 이메일 • 온라인 게시판, 채팅 도구 • 온라인상의 자료 공유 • 온라인 카페, 온라인 커뮤니티
자기조절 학습	**직무보조**
• 웹 학습 모듈 • 온라인상의 자료 링크 • 시뮬레이션 • 비디오, 오디오, CD/DVD, 카세트 • 온라인상의 자기평가 테스트 • 워크북	• 보조 시스템 • 인쇄보조 • 지식 데이터베이스 • 문서화 • 직무보조 툴

있다. 실제 많은 분야에서 블렌디드 러닝을 활용한 수업 연구가 있어 왔다. 임정훈(2004)은 교실 수업과 웹 기반 학습을 연계한 커뮤니티 기반 프로젝트 학습모형을 연구하였으며, 김주영(2004)은 블렌디드 러닝을 활용한 토론 학습모형을 개발하기도 하였다. IT기술의 발달에 따라 교사가 활용할 수 있는 멀티미디어 자료, 학습 플랫폼들이 더욱 다양해지고 있다. 블렌디드 러닝을 활용하여 온라인 학습 환경을 활용한 학습자 중심의 교수학습 전략을 수립이 가능할 것이다.

4 원격수업을 위한 수업 디자인 방안

정보통신기술의 발달은 학습자가 물리적, 시간적 제약 없이 학습자가 언제 어디서건 학습 활동을 할 수 있게 만들었다. 원격수업은 이러한 학습 환경을 활용하여 학습자의 수업 참여도를 증진시키고 학업 성취도를 향상시키는 데 그 목표가 있다. 원격수업은 교사가 학습 콘텐츠, 과제, 강의 영상 등을 일방적으로 전달하거나 게시하는 것에 머무르는 것이 아니라 학습자의 학습 상황을 점검하고 학업 성취도를 확인하며 이를 교실 수업 상황에서 학생의 활동을 통해 학생 개인에게 맞는 적절한 피드백을 주는 형태로 운영되어야 한다. 이를 위해 원격수업 디자인을 위해 교사가 고려해야 할 것을 환경 구축, 수업 준비, 수업 실행, 수업 후의 시간별 설계 단계에 따라 살펴보고자 한다.

환경 구축 단계에서 교사가 고려해야 할 것은 적절한 온라인 학습 플랫폼 선정과 각 학생별 온라인 학습 환경 구축 상황 파악이다. 최근에는 각종 온라인 커뮤니티나 채팅 프로그램, SNS(네이버 밴드, 카카오톡, 유튜브)에서 실시간 방송을 지원하기도 하며 온라인 클래스 룸을 운영할 수 있는 다양한 웹 또는 모바일 사이트(구글 클래스 룸, 위두랑, 네이버 밴드)들이 구축되어 있다. 교사는 이러한 프로그램들을 비교하여 교사와 학생들이 가장 편리하게 활용할 수 있는 온라인 교육사이트를 선정한다. 아울러 각 가정별로 온라인 학습환경을 파악하여 학생들이 온라인 학습에 원활하게 참여할 수 있도록 기반을 마련하게 한다.

수업 준비를 위해서 교사는 각 교과별 교육과정을 분석하고 학생들의 학습

결과를 어떠한 방법으로 확인할 것인지를 결정한다. 이를 백워드 설계라고 하는데 원격수업에서는 백워드 설계가 무엇보다 중요하다. 백워드 설계에서는 학생이 학습을 통해 어떤 결과물을 생산할 것인지 먼저 정하게 된다. 포트폴리오, 보고서, 토론지 등이 그 예인데 원격수업 준비 단계에서 학생의 결과물을 미리 정해 놓지 않으면 교실 수업과의 연계성이 부족해 질 우려가 있다. 그 후 교사는 학생의 학습을 지원할 수 있는 다양한 온라인 학습 자료를 수집하여 온라인 클래스에 업로드 하게 된다.

수업 중 활동은 실시간 원격 화상 수업과 교실 수업으로 나눌 수 있다. 실시간 원격 화상 수업에서는 강의가 주를 이루고 학생들은 댓글로 반응하거나 실시간 질의 응답이 가능하다. 원격 화상 수업은 운영의 특성상 학생들의 활동적인 수업 반응을 이끌어 내기 어려우므로 수업 활동에 대한 결과를 확인할 때 학생들이 주도적으로 참여할 수 있는 방안을 추가적으로 고민할 필요가 있다. 교실 수업에서는 토의·토론, 실습, 실험 등 다양한 형태의 활동형 수업이 이뤄질 수 있다. 교사는 학생의 수업 참여 모습을 관찰하면서 적절한 피드백을 제시하고 이를 바탕으로 학생들이 학습 목표를 달성할 수 있도록 지원해 줄 수 있다.

수업 후에는 학생의 학습 결과물을 점검하고 평가기준에 따라 평가하며 그 결과 학습 목표에 도달하지 못한 학생의 원인을 분석하여 학생에게 맞는 보충학습을 제시하여야 한다. 아울러 교사 자신의 수업이 원활하게 이뤄져 학생의 학습을 적절하게 지원하였는지를 분석하고 이를 통해 자신의 수업을 개선해 나아가야겠다.

정보통신기술을 하루가 다르게 발전하고 있다. 원격수업의 디자인을 위해 교사가 가져야 할 근본적인 태도는 변화와 혁신에 대한 탄력적 대응이라고 할 수 있다. 변화된 상황을 분석하고 학습을 위해 현 상황에서 최적화된 솔루션을 제시할 수 있는 것이 미래사회 교사가 가져야 할 필수 역량이라 할 수 있을 것이다.

| **토론문제** |

- 원격수업 방안을 비교하여 각 교과별 수업에 따라 적합한 원격수업 방안을 선정하고 그 이유를 설명하시오.
- 원격수업설계 시 중점적으로 생각해야 하는 것이 무엇인지 상호 의견을 나눠보시오.
- 미래 사회에 교사가 갖추어야 할 역량이 무엇인지 원격수업 실천에 비춰 이야기해 봅시다.

부록

수업컨설팅 양식

1. 수업컨설팅 단계별 양식
2. 준비 단계 수업컨설팅 양식
3. 실행 단계 수업컨설팅 양식
4. 성찰 단계 수업컨설팅 양식

부록

수업컨설팅 양식

1 수업컨설팅 단계별 양식

단계	순서	필요한 양식	의뢰인용	컨설턴트용
준비	수업컨설팅 장학 신청	■ 수업컨설팅 장학 신청서	V	
	수업컨설팅 장학 컨설턴트 연결	■ 컨설턴트 위원 카드		V
		■ 수업컨설팅 장학 협약서	V	V
		■ 수업컨설팅 장학 연간 계획	V	
실행	수업컨설팅 장학 실시	■ 수업컨설팅 장학 일지	V	
		■ 수업컨설팅 장학 의견서		V
		■ 수업컨설팅 장학 수업 참관록		V
		■ 수업컨설팅 장학 수업 협의록	V	
성찰	컨설팅 결과 보고	■ 수업컨설팅 장학 평가지	V	
		■ 컨설턴트 평가지	V	
		■ 수업컨설팅 장학 보고서	V	
		■ 컨설턴트 결과 보고서		V
	피드백	■ 수업컨설팅 장학 우수 사례	V	
		■ 수업컨설팅 장학 조치 결과 계획서	V	

2 준비 단계 수업컨설팅 양식

가. 수업컨설팅 장학 신청서(예시) - [의뢰인용]

◎ 학교 기본 정보

학교명	(　　　　　) 학교			교장명		교감명	
주소							
학급수		교원수		학생수		전화번호	

◎ 신청 희망 날짜

– 1순위: 년 (　　) 월 (　　)일–(　　) 월 (　　)일

– 2순위: 년 (　　) 월 (　　)일–(　　) 월 (　　)일

– 3순위: 년 (　　) 월 (　　)일–(　　) 월 (　　)일

◎ 신청 영역

신청 영역		하위 영역

※ 신청 영역 해당 항목에 ○표 하고 하위 영역은 구체적으로 기술하여 주십시오.

◎ 신청 이유

신청 문제	( )
신청 문제 내용 및 의뢰 이유	

◎ 신청 희망 컨설턴트

연번	성명	소속	직위	전화번호	전문 분야	학위	비고

나. 수업컨설팅 장학 연간 계획(예시) [의뢰인용]

수업컨설팅장학 유형		
신청인		
컨설턴트명		
1회	컨설팅일시	
	컨설팅주제	
	컨설팅장소	
	컨설팅내용	
	컨설팅방법	면담(　) 이메일(　) 전화(　) 기타(　)
2회	컨설팅일시	
	컨설팅주제	
	컨설팅장소	
	컨설팅내용	
	컨설팅방법	면담(　) 이메일(　) 전화(　) 기타(　)
3회	컨설팅일시	
	컨설팅주제	
	컨설팅장소	
	컨설팅내용	
	컨설팅방법	면담(　) 이메일(　) 전화(　) 기타(　)

다. 컨설턴트 위원 카드(예시) [컨설턴트용]

수업컨설팅 장학 유형		
소속		
직위		
성명		
연락처	자택:	핸드폰:
주소		
주민등록번호		
전공분야		
계좌번호	( )	
학력		
주요 활동경력	○ ○ ○ ○	
주요 연구경력	○ ○ ○ ○	
수업컨설팅 장학 참여 경험	○ 참여한 수업컨설팅 장학 유형: ○ 참여 횟수:	
기타 참고사항	○ ○	

라. 수업컨설팅 장학 협약서(예시) [의뢰인용·컨설턴트용]

◎ 신청인

학교명	(　　　　) 학교			교장명		교감명	
주소							
학급수		교원수		학생수		전화번호	
소속학년		교육경력		학위		전공	
신청영역	수업컨설팅( ) 교육과정운영 컨설팅( ) 학교경영 컨설팅( ) 실무업무 컨설팅( ) 맞춤형연수 컨설팅( ) 기타 주제별 컨설팅( )						
신청사유 및 구체적 신청내용							

신청인 ____________는 위와 같이 수업컨설팅 장학을 받고자 하며 본인이 이러한 과제를 해결하는 데 있어 적극적이고 성실하게 임할 것을 약속합니다.

20 년 월 일

신청자: (인)

◎ 컨설턴트

<table>
<tr><td>소속</td><td></td><td>직위</td><td></td><td>성명</td><td></td></tr>
<tr><td>기간</td><td>학력</td><td colspan="2">전공</td><td colspan="2">학위</td></tr>
<tr><td></td><td></td><td colspan="2"></td><td colspan="2"></td></tr>
<tr><td></td><td></td><td colspan="2"></td><td colspan="2"></td></tr>
<tr><td></td><td></td><td colspan="2"></td><td colspan="2"></td></tr>
<tr><td>컨설팅경력</td><td colspan="5">○
○</td></tr>
</table>

컨설턴트 __________는 위와 같이 신청인의 수업컨설팅 장학 과제를 해결하는 데 있어 적극적이고 성실하게 지원할 것을 약속합니다.

20 년 월 일

컨설턴트(대표): (인)

3 실행 단계 수업컨설팅 양식

가. 수업컨설팅 장학 일지(예시) [의뢰인용]

<table>
<tr><td colspan="2">컨설턴트명</td><td colspan="2"></td></tr>
<tr><td colspan="2">신청인명</td><td colspan="2"></td></tr>
<tr><td colspan="2">컨설팅 일시</td><td colspan="2">20 년 월 일 시</td></tr>
<tr><td colspan="2" rowspan="6">수업컨설팅 장학 유형</td><td>수업컨설팅</td><td></td></tr>
<tr><td>교육과정운영 컨설팅</td><td></td></tr>
<tr><td>학교경영 컨설팅</td><td></td></tr>
<tr><td>실무업무 컨설팅</td><td></td></tr>
<tr><td>맞춤형연수 컨설팅</td><td></td></tr>
<tr><td>기타 주제별 컨설팅</td><td></td></tr>
<tr><td colspan="2">컨설팅주제</td><td colspan="2"></td></tr>
<tr><td colspan="2">컨설팅방법</td><td colspan="2">면담( ) 이메일( ) 전화( ) 기타( )</td></tr>
<tr><td colspan="2">현안 문제</td><td colspan="2"></td></tr>
<tr><td rowspan="3">컨설팅 내용</td><td>진행 사항파악</td><td colspan="2"></td></tr>
<tr><td>요구사항</td><td colspan="2"></td></tr>
<tr><td>기타</td><td colspan="2"></td></tr>
<tr><td colspan="2">특기사항</td><td colspan="2"></td></tr>
<tr><td colspan="2">추후계획 및 일정</td><td colspan="2"></td></tr>
</table>

나. 수업컨설팅 장학 수업 협의록(예시) [의뢰인용]

수업협의 일시 및 장소	년 월 일 시 (학년 반 교실)
컨설턴트명	
신청인명	
교과	
단원명	
차시	
수업목표	
협의내용	
컨설턴트의 컨설팅 요지	
종합결론	

다. 수업컨설팅 장학 의견서(예시) [컨설턴트용]

<table>
<tr><td colspan="2">컨설턴트명</td><td colspan="2"></td></tr>
<tr><td colspan="2">신청인명</td><td colspan="2"></td></tr>
<tr><td colspan="2">컨설팅 일시</td><td colspan="2">2011년 월 일 시</td></tr>
<tr><td colspan="2" rowspan="6">수업컨설팅 장학 유형</td><td>수업컨설팅</td><td></td></tr>
<tr><td>교육과정운영 컨설팅</td><td></td></tr>
<tr><td>학교경영 컨설팅</td><td></td></tr>
<tr><td>실무업무 컨설팅</td><td></td></tr>
<tr><td>맞춤형연수 컨설팅</td><td></td></tr>
<tr><td>기타 주제별 컨설팅</td><td></td></tr>
<tr><td colspan="2">컨설팅주제</td><td colspan="2"></td></tr>
<tr><td colspan="2">컨설팅방법</td><td colspan="2">면담( ) 이메일( ) 전화( ) 기타( )</td></tr>
<tr><td colspan="2">현안 문제</td><td colspan="2"></td></tr>
<tr><td rowspan="3">컨설팅
내용</td><td>진행 사항
파악 및 분석</td><td colspan="2"></td></tr>
<tr><td>요구 및
제안 사항</td><td colspan="2"></td></tr>
<tr><td>기타</td><td colspan="2"></td></tr>
<tr><td colspan="2">특기사항</td><td colspan="2"></td></tr>
<tr><td colspan="2">추후계획 및 일정</td><td colspan="2"></td></tr>
</table>

라. 수업컨설팅 장학 수업 참관록(예시)

[컨설턴트용]

수업참관 일시 및 장소	년 월 일 시 (학년 반 교실)
컨설턴트명	
신청인명	
교과	
단원명	
차시	
수업목표	
수업설계 및 준비	○ 우수한 점 ○ 개선할 점
수업 전개	○ 우수한 점 ○ 개선할 점
평가 및 수업 정리	○ 우수한 점 ○ 개선할 점
종합의견	

4 성찰 단계 수업컨설팅 양식

가. 수업컨설팅 장학 평가지(예시)

[의뢰인용]

영역	항목	평가지표	전혀 그렇지 않다	비교적 그렇지 않다	보통이다	비교적 그렇다	매우 그렇다	소계
I. 준비	1. 수업컨설팅 장학 운영 계획 수립	□ 수업컨설팅 장학 운영 계획 수립을 위한 노력 및 활동						
		□ 수업컨설팅 장학 운영 계획의 실현 가능성						
	2. 인적·물적 자원 확보 및 지원	□ 수업컨설팅 장학 운영 및 협력 조직의 적절성						
		□ 수업컨설팅단 운영 지원의 충분성						
	3. 학교컨설턴트 양성 및 연수	□ 학교컨설턴트 인력풀의 적절성						
		□ 학교컨설턴트 양성 및 연수 계획의 적절성						
		□ 학교컨설턴트 양성 및 연수 프로그램 운영의 적절성						
	4. 수업컨설팅 장학에 대한 홍보	□ 수업컨설팅 장학 홍보 계획의 적절성						
		□ 수업컨설팅 장학 홍보의 적절성						
	5. 수업컨설팅 장학 실시 준비 및 지원	□ 수업컨설팅단 구성의 적절성						
		□ 수업컨설팅 장학 준비 지원의 충분성						
		□ 수업컨설팅 장학 실시 시기, 기간, 방법의 적절성						

영역	항목	평가지표	전혀 그렇지 않다	비교적 그렇지 않다	보통이다	비교적 그렇다	매우 그렇다	소계
II. 실행	1. 수업컨설팅 장학 실시 과정 점검	ㅁ수업컨설팅 장학 실시 과정 모니터링의 적절성						
	2. 수업컨설팅 장학의 산출물	ㅁ수업컨설팅 장학 산출물의 적절성						
III. 성찰	1. 학교(교원) 만족도	ㅁ학교(교원)의 수업컨설팅 장학에 대한 만족도						
	2. 학교컨설턴트 만족도	ㅁ수업컨설팅 장학 참여요원 만족도						
	3. 수업컨설팅 장학 참여도	ㅁ수업컨설팅 장학 참여의 충분성						
	4. 수업컨설팅 장학 결과 및 만족도 결과 반영	ㅁ수업컨설팅 장학 결과 반영의 적절성						
		ㅁ수업컨설팅 장학 만족도 조사 결과 처리의 적절성						
합계								

나. 컨설턴트 평가지(예시)

[의뢰인용]

영역	항목	문항	전혀 그렇지 않다	비교적 그렇지 않다	보통이다	비교적 그렇다	매우 그렇다	소계
계획	사전 협의의 충분성	컨설턴트 간의 사전협의를 실시하였다.						
	의뢰 목적 진단의 충실성	의뢰인의 의뢰요청서를 검토하였다.						
		의뢰인이 의뢰한 목적을 확인하였다.						
		의뢰한 과제에 관련된 자료를 분석하였다.						
	컨설턴트 역할의 명료성	의뢰한 문제에 대한 컨설턴트의 역할을 명료화하였다.						

영역	항목	문항	전혀 그렇지 않다	비교적 그렇지 않다	보통이다	비교적 그렇다	매우 그렇다	소계
계획	컨설팅 계획의 실현가능성	의뢰인과 일정을 충분히 협의하였다.						
		컨설팅 세부 추진 계획을 수립하였다.						
	의뢰인과 소통의 적절성	컨설팅 세부 추진 계획을 의뢰인에게 통보하였다.						
	심층 면담의 충실성	의뢰인과 심층 면담을 실시하였다.						
실행	대안 탐색의 충실성	의뢰한 문제를 해결하기 위한 대안을 탐색하였다.						
		여러 대안들에 대한 장단점을 비교하였다.						
	최적 대안제시의 적절성	의뢰인에게 최적의 대안을 제시하였다.						
	문제해결 조력의 충실성	의뢰인이 문제해결을 실행하도록 도와주었다.						
	실행과정 지원의 충실성	의뢰인이 실행하는 과정을 수시로 점검하였다.						
		실행과정에서 의뢰인이 요청한 자문에 응하였다.						
평가	의뢰인 반응 분석 충실성	컨설팅에 대한 의뢰인 반응을 조사하였다.						
	자체 평가 실시의 충실성	컨설팅 자체 평가를 실시하였다.						
	결과보고서 작성의 충실성	컨설팅 결과보고서를 작성하였다.						
	컨설팅 결과 피드백의 적절성	컨설팅 결과를 의뢰인에게 통보하였다.						
	결과보고서 제출의 적시성	컨설팅 결과보고서를 컨설팅 관리자에게 적시에 제출하였다.						
	결과 활용의 다양성	컨설팅 장학의 결과를 다양하게 활용하였다.						
합계								

다. 수업컨설팅 장학 보고서(예시) [의뢰인용]

◎ 신청 학교 기본 정보

학교명	( ) 학교		교장명			교감명	
주소							
학급수		교원수		학생수		전화번호	
학교특색							

◎ 기간: 20 년 ( )월 ( )일 ~ ( )월 ( )일

◎ 신청 영역

신청 영역		하위 영역
수업컨설팅		
교육과정운영 컨설팅		
학교경영 컨설팅		
실무업무 컨설팅		
맞춤형연수 컨설팅		
기타 주제별 컨설팅		

※ 신청 영역 해당 항목에 ○표 하고 하위 영역은 구체적으로 기술하여 주십시오.

◎ 신청 이유

신청 문제	( )
신청 문제 내용 및 의뢰 이유	

◎ 컨설턴트 요원

연번	성명	소속	직위	전화번호	전문 분야	학위	비고

◎ 수업컨설팅 장학 단계별 주요 추진 내용

단계	추진 날짜	신청인 역할 수행 내용	컨설턴트 역할 수행 내용	컨설팅 결과 및 피드백 내용
준비		○	○	
		○	○	
		○	○	
실행				
성찰				

라. 컨설턴트 결과 보고서(예시)

[컨설턴트용]

◎ 컨설턴트 기본 정보

소속		직위		성명	
신청인					
컨설팅기간	20 년 월 일 ~ 20 년 월 일				
컨설팅장소					
컨설팅방법	면담( ) 이메일( ) 전화( ) 기타( )				
컨설팅 주요 내용					
기타의견					

마. 수업컨설팅 장학 우수 사례(예시) [의뢰인용]

◎ 수업컨설팅 장학 우수 사례

우수사례명		
우수사례 내용	추진목적	○ ○ ○
	추진내용	○ ○ ○
	추진성과	○ ○ ○

◎ 수업컨설팅 장학 우수 교원

소속		직위	
성명		교육경력	
담당업무		교과	
추천 특기사항			
세부 추천내용	○ ○ ○ 위와 같이 수업컨설팅 장학 우수교원으로 추천함. 20 년 월 일 담당장학사 (명)		

바. 수업컨설팅 장학 조치 결과 계획서(예시) [의뢰인용]

순	컨설턴트 요구 사항	조치 내용 및 계획	비 고
1			
2			
3			
위와 같이 조치하였음(조치할 계획임)을 보고합니다. 20 년 월 일 학교장			

참고문헌

공저자 약력

신재한

경북대학교 교육학박사
한국청소년상담학회 융합상담분과 Supervisor
국제뇌교육종합대학원대학교 뇌교육학과 교수
교육부 연구사
한국교육개발원 연구위원
한국교육과정평가원 교수학습센터 운영위원

김덕희

고려대학교교육대학원(교육학석사)
경북대학교 대학원(교육학박사)
경상북도교육청 교육과정담 장학관
경상북도교육청 정책과장
경상북도문경교육지원청 교육장
경북대학교 · 대구교육대학교 · 공주교육대학교 출강

미래교육을 준비하는 수업컨설팅
-이론과 실제-

초판발행 2021년 3월 1일

지은이 신재한·김덕희
펴낸이 노 현

편 집 조보나
기획/마케팅 오치웅
표지디자인 박현정
제 작 우인도·고철민

펴낸곳 ㈜ 피와이메이트
서울특별시 금천구 가산디지털2로 53 한라시그마밸리 210호(가산동)
등록 2014. 2. 12. 제2018-000080호
전 화 02)733-6771
f a x 02)736-4818
e-mail pys@pybook.co.kr
homepage www.pybook.co.kr
ISBN 979-11-6519-090-3 93370

정 가 25,000원

박영스토리는 박영사와 함께하는 브랜드입니다.